Hinter den Kulissen

Elmar Biebl

**Von Europas
größter Filmzeitschrift
cinema**

Inhalt

Einführung: Die Macht der Magie   6

Das Zauberschloß von Hollywood ○ Was ist ein Special Effect? ○ Die FX-Gurus von Fritz Lang bis George Lucas ○ Die Hundertschaften des Trick-Films ○ Über die Schwierigkeiten, hinter die Kulissen zu blicken

Die Anfänge   24

Die Wurzeln Magie und Fotografie ○ Als „Sehen" noch „Daranglauben" war ○ Als die Bilder schwindeln lernten ○ Glas- und Spiegeltricks ○ Überblendungen, Filter ○ Kerzen, heller als Sonnen ○ Horror als Brutstätte der FX

Storyboard   44

Mit dem Zeichenstift fängt alles an ○ Steven Spielberg: Zeichnen kann er nun wirklich nicht ○ Das Geheimnis des „Indy"-Götzen ○ „2001 — Odyssee im Weltraum": Das Logbuch des Stanley Kubrick ○ Die Ghostbuster-Monster

Blue Screen   52

Alles dreht sich um die Blaue Leinwand ○ Glastricks mit Orange ○ Kleine Farbenlehre ○ Aus zwei mach eins: Der komplizierte Prozeß ○ Blue Screen, Basis für fast alle Tricks ○ Profil John Dykstra: Hippie mit Oscars

Matte   66

Bauplan für den Boulevard des Alptraums: „Blade Runner" ○ Wie Gemälde zu Szenen werden ○ Atmosphäre durch Tüftelarbeit ○ Der Optische Printer ○ Was hier gähnt ist nicht der Abgrund ○ Profil Die Ellenshaws

Travelling Matte   88

Zum Fliegen braucht Superman den getrennten Hintergrund ○ Wie der Mann aus Stahl in den Seilen hängt ○ Prinzessin Leia ohne Zittern im Endorwald ○ Die ersten fliegenden Bilder ○ Das Geheimnis der tanzenden Oberkellner

Motion Control   102

Wenn Kamerabewegungen identisch wiederholt werden ○ Die verrissene Kamera ○ Ein total verhextes Kinderzimmer ○ Wie Jeff Goldblum die Fliege macht ○ Das Real Time Motion Control System: Wie der Computer teleportiert

Rück- und Frontprojektion 114

Wie ich von Richard Widmark erschossen wurde ○ Cary Grant flieht vor der Leinwand ○ Mit Spiegeltrick werden Affen in die Wüste geschickt ○ Wie man einem fertigen Film nachträglich einen Vordergrund verpaßt

Maske 122

Was mit der Deneuve angestellt wurde ○ Auch David Bowie sieht ganz schön alt aus ○ So wird man zu Staub oder zu einem Werwolf ○ Schminke, die unter die Haut geht ○ Künstliche Körperteile ○ Profil Dick Smith: Der Altmacher

Puppen 138

Sie stürzen und sterben für uns ○ Der Puppentod in „Das fliegende Auge" ○ Superstars: Miss Piggy and friends ○ Bizarres aus „Unheimliche Schattenlichter" ○ Drachen auf den Arm genommen ○ Profil Carlo „Leonardo" Rambaldi

Mechanische Effekte 146

Schwerelosigkeit entsteht, wenn die Kamera durchdreht ○ Fred Astaire tanzt rund ums Zimmer ○ Wie die Fliege an die Decke kommt ○ Auto-Tricks ○ So erschießt man Menschen ○ Pyromanen-Spaß: Feuer/Explosionen ○ Künstliche Tiere

Stop Motion/Animation 160

Jeder Film besteht aus Einzelbildern ○ Disneys „Tron": Zeichentrick mit Computer ○ Wie Ringo Starr den Saurier rausläßt ○ Die ruckenden Monster des Titanenkampfs ○ So funktionieren Laserschwerter ○ Profil Ray Harryhausen

Die Szenerie 168

Was „location" bedeutet ○ In „Die Farbe Lila" liegt Afrika in Kalifornien ○ Full Scale: Die Westernstraßen ○ Das Prinzip der zweiten Sonne ○ Wie man das Weiße Haus sprengt ○ Doug Trumbulls riesige Miniaturen

Computer Grafik 182

Die Zukunft hat schon begonnen ○ MusiClips verändern die Seh- und Drehgewohnheiten ○ Szenerien nur noch aus der Elektronik? ○ Ausblick in eine fantastische Zukunft

Register (Namen, Filmtitel) 190 / Impressum 194

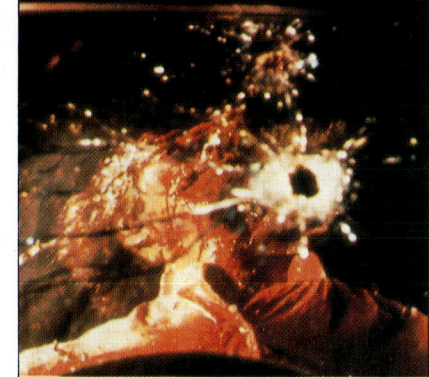

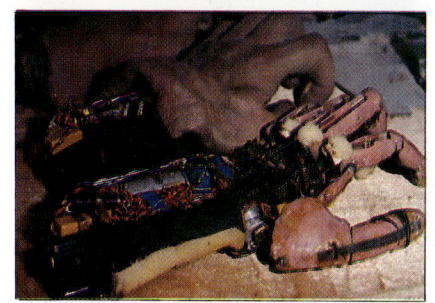

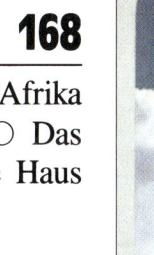

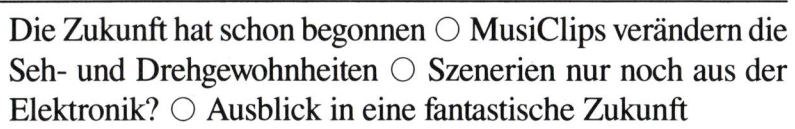

Die Macht der Magie

W elcome to the "Magic Castle".
Sieht sie nicht verwunschen
aus, diese hinter Bäumen versteckte
Villa, über deren Erker und Zinnen
gedämpfte Lichtstrahlen fingern?
Keine Angst, was hier nach Untoten
und Unholden, nach Spinnweben

und Spuk aussieht, das alles ist nur
Illusion. Glauben Sie mir, die
schwarzgekleideten Damen und
Herren, die nach sorgfältiger Kon-
trolle durchs Portal gelassen werden, sind keine Vampire. Besucher,
die einem der Salons zustreben,

fühlen sich plötzlich seltsam unbe-
haglich. Jemand beobachtet jeden
ihrer Schritte. Bis sie herausfinden,
daß es ein gestrenger Herr ist, der
ihnen von einem Gemälde aus ent-
gegenstarrt. Dessen Augen, obwohl
ganz offensichtlich gemalt, folgen

Ein verschlafener Vorort von Los Angeles wurde 1887 zur „City of Hollywood" erklärt. Noch ahnte niemand die turbulente Zukunft

dem befremdeten Gast, auch wenn er noch so hastig enteilt.

Wie gesagt, all das sind nur Illusionen, optische Tricks, „Make Believe", wie man hier sagt: Jemanden etwas glauben machen, was in Wirklichkeit nicht existiert. Oder zumindest nicht in dieser Form von Wirklichkeit. Oder erst zu einer Wirklichkeit wird aus der Wechselwirkung zwischen Illusionisten und Rezipienten, nämlich zur Wirklichkeit der Illusion.

Das „Magic Castle" — Sie werden's schon vermutet haben — steht in Hollywood. Das ist kein Zufall. Ist doch die eben beschriebene Wechselwirkung zwischen einem Trickkünstler und seinem Publikum auch das Geheimnis einer anderen Kunst der Illusion: Film. Keiner der seit der Jahrhundertwende in Hollywood oder anderswo in der Welt gedrehten Filme bildet „objektiv" die Wirklichkeit ab. Selbst wenn sie definieren könnten, was „Objektivität" oder „Wirklichkeit" bedeuten, hätten die Filmema-

cher wohl nicht die geringste Lust, dieselben auch anzustreben. Im Gegenteil: Sie wollen mit ihren ausgefeilten Techniken und Kunstgriffen nur eine einzige Wirklichkeit im Zuschauer entstehen lassen, nämlich die Wirklichkeit des Films.

Mit anderen Worten:
Jeder Film ist eine Illusion.

Übertrieben? Schauen Sie doch einfach mal auf den Seiten 68 bis 79 nach. Deckard, der „Blade Runner", biegt mit seinem Flugauto in den Broadway von Los Angeles ein. Ein spannender Augenblick (Wer ist wohl der nächste Android, den er abschießen wird?) und ein spektakulärer Anblick: Wildgekleidete Menschen hasten durch Rauch und Regen im Schatten von 400-Stockwerk-Gebäuden, die Deckard fliegend umkreist. Aber nichts an dieser Szene entspricht einer tatsächlichen, außerhalb des Films ablaufenden Realität. Die Hochhäuser sind gemalt, die Straße

ist eine Studiokulisse, der Rauch wird eingeblasen, der Regen kommt aus gigantischen Duschköpfen. Die Menschen sind kostümierte Statisten, das Flugauto ein bügeleisen-großes Modell, das nicht fliegen kann, mit Deckard als bemaltem Gips-Winzling darin.

Aber das ist nur eine von mehreren Illusionsebenen: Deckard ist nämlich in Wirklichkeit gar keine Miniaturpuppe, sondern ein lebender Mann — die Puppe ist also nichts weiter als die Illusion einer Illusion. Denn selbstverständlich ist auch Deckard eine Illusion: Er ist in Wirklichkeit ein Schauspieler namens Harrison Ford, der im Jahre 2019, in dem der Film spielt, fast 80 Jahre alt sein wird, also kaum noch Androiden — die ohnehin keine sind — jagen könnte.

Und dann ist da noch die Realitätsebene des Zuschauers, besser: dessen Illusionsebene. Denn er ist ja nicht wirklich Augenzeuge einer dramatischen Verfolgungsjagd; er kann nicht

Hundert Jahre später: Eine Lichtermetropole

Die Namen der Unsterblichen auf dem Gehsteig des Hollywood Boulevards

Wie gigantische Fabrikanlagen erstrecken sich heute die Studios (hier Warner-Columbia) im Großraum von Los Angeles

wirklich in die Zukunft sehen. Er sitzt nicht — wie das Bild auf der Leinwand suggeriert — anstelle von Deckard im Flugauto und blickt hinunter auf die Lichter der Stadt. Er sitzt in einem Kinosessel und hat für das Vergnügen, nach allen Regeln der Kunst manipuliert zu werden, an der Kasse auch noch gutes Bares hingeblättert.

Mit anderen Worten:
Jeder Film ist eine Manipulation.

„Manipulation", werden Sie jetzt sagen, ist ein hartes Wort für die Aktivität von Illusionisten, die doch nur tun, was der Zuschauer erhofft. Schließlich bezahlt der doch sogar bereitwillig Geld dafür. Trotzdem ist es Manipulation, was die Magier/Filmemacher mit uns anstellen. Sie versuchen den Zuschauer so zu beeinflussen, daß er scheinbar freiwillig etwas akzeptiert, was er ohne den Manipulations-Akt nicht gesehen, erlebt oder gewollt hätte. Und doch darauf ganz im Sinne der Manipulation emotional reagiert; obwohl er genau weiß, daß er einer Manipulation aufsitzt. Und je raffinierter manipuliert wird, desto besser. Je weniger eine Illusion als Illusion erkennbar ist, je mehr sie also der Wirkung von Realität nahe- oder gleichkommt, desto größer die Genugtuung des Zuschauers.

Mit anderen Worten:
Ein Film ist dann gut, wenn der Zuschauer vergißt,
daß es ein Film ist, den er sieht.

Wie kann ein Zuschauer aber etwa in einem Fantasy- oder Science-fiction-Film vergessen, daß er „nur" einen Film sieht? Wenn Raketen, gelenkt von Außerirdischen, durch Galaxien brausen, dann handelt es sich doch ganz augenscheinlich nicht um die Dokumentation eines tatsächlichen Ereignisses. Und doch: Die Zuschauer reagieren. Sei es, daß sie lachen oder daß ihnen die Haare zu Berge stehen. Viele erlauchte Geister haben sich über die Illusionswirkung, die Schein- ▷

9

SUPERMAN

Höhenflug der Effekte: Waren früher Tricks simpel, Filme körnig und Schriften gemalt . . .

Gestern: Bei „Billy the Kid" (1933) bluteten noch nicht einmal die Erschossenen

Realität des Films ausgelassen. Die meisten von ihnen vergleichen den Film mit einer anderen Form von Kommunikation, der Sprache, also dem Absenden und Empfangen von Information. Allerdings nach dem Motto: Information ist nicht das, was ich sage, sondern das, was Du verstehst. Ein Film ist dementsprechend nicht etwa eine Rolle belichteten Zelluloids, dessen Bilderfolge mittels Lichtstrahl an eine Leinwand projiziert Bewegung simuliert, sondern Film ist das dabei stimulierte emotionelle/intellektuelle Erlebnis des Zuschauers. Schon 1915 verglich der US-Dichter Vachel Lindsay die Film-„Sprache" mit der zu Bildern transponierten Sprache der ägyptischen Hieroglyphen und entsprechend setzte er die Erfindung der Kinematographie mit der Erfindung der Buchdruckerkunst gleich. Die Zeitschrift „Le Film" fand 1918 gar ein „kinematographisches Alphabet". 1935 räsonierte der Engländer Raymond Spottiswoode über die „Grammatik des Films" und in der Zeitschrift „Der Film" erschien 1964 der Aufsatz von Alexandre Astruc: „Die Kamera als Federhalter". Aber da waren auch Theoretiker wie der geniale Regisseur Sergej Eisenstein, der in der „Montage der Attraktionen" (so der Titel seines Essays von 1923) das Geheimnis der Filmwirkung sah (Beispiel: Messer kombiniert mit Herz löst Kummer/Schmerz aus) oder der Soziologe Friedrich Knilli, der in den Bild-„Zeichen" des Films (Semiotik) den Schlüssel zur Filmwirkung sieht.

Machen wir's uns einfacher: Ich erzähle Ihnen einen Witz. Führt er zu einer überraschenden Pointe, und brin-

ge ich den „Joke" dieser Pointe entsprechend, werden Sie lachen. Sie reagieren also emotional, obwohl Sie wissen, daß die Mini-Story, die Sie da eben gehört haben, ausschließlich zu dem Zweck erfunden und erzählt wurde, jemanden zum Lachen zu bringen. Sie akzeptieren diese Illusion und Sie akzeptieren die Manipulation und haben sogar Ihren Spaß dabei.

Und genauso sitzen Sie im Kino und genießen Szenen, von denen Sie wissen, daß sie Illusion und Manipulation sind und nur zu dem Zweck er-

funden und gezeigt wurden, eine emotionale Reaktion auszulösen. Was besonders offensichtlich bei den außerirdischen Raumfahrern ist, die ihre Existenz ganz besonderen Illusionsmechanismen verdanken — den Special Effects. Streng genommen ist aber zwischen dem „Trickgehalt" der Effektszenen und dem Film selbst nur ein gradueller Unterschied.

Mit anderen Worten:
Jeder Film ist ein Special Effect.

Wieso denn das, werden Sie jetzt stirnrunzelnd fragen. Tatsächlich beruht die Wirkung des Films auf einem Trick: Man fotografiert sämtliche Einzelphasen einer Bewegung. Jedes der Fotos zeigt ein statisches, unbewegtes Bild; jeder Moment der fotografischen Bewegung ist auf einem Einzelbild „festgefroren". Mit einem Lichtstrahl können wir die Abbilder dieser „Dias" an eine Leinwand projizieren. Die „Dias" sind aber auf einem Filmstreifen aneinandergereiht, den wir durch einen Projektor laufen lassen und zwar können wir dies so schnell tun, daß die Trägheit des Auges (persistence of vision) dabei überlistet wird. Der optische Reiz eines jeden Einzelbildes ist bei einer Geschwindigkeit von 24 Bildern pro Sekunde für unser Auge zu kurz. Durch

... sind die Effekte heute täuschend echt, Filme farbig und Schriften aus dem Computer

Heute: Mehr Effects, weil auch Brutalszenen („Scanners") realistisch aussehen

dieses Ineinanderübergehen der Einzelbilder entsteht in unserem Gehirn die Illusion von Bewegung. Wie gesagt, die Bewegung ist nur eine Illusion und sie entsteht nur in unseren, den menschlichen Gehirnen. Würde sich etwa eine Maus in den Vorführraum verirren, sie würde selbst einen der besten Micky-Maus-Filme todlangweilig finden. Eine Maus kann bis zu 50 Einzelbilder pro Sekunde als einzelne optische Reize erkennen — der Micky-Maus-Film wäre für sie wie eine äußerst dröge Dia-Vorführung; von Bewegung keine Spur.

Der Film selbst hat also alle Merkmale eines Special Effects: Dank technischer Überlistung des Auges wird etwas simuliert, was eigentlich gar nicht vorhanden ist — in diesem Fall die Bewegung. Interessant in diesem Zusammenhang ist, daß Hollywood Filme sogar nach dieser Eigenschaft benennt: „Motion Pictures" (Bewegungsbilder) oder „Moving Pictures" (sich bewegende Bilder), abgekürzt „Movies", während in Europa meist das Wort „Film" gebraucht wird, was eigentlich nur soviel wie Beschichtung bedeutet, etwa dem Öl-Film auf einer Pfütze entsprechend; (also ein Vorrang des Materials vor der Funktion). Daß Film selbst ein Special Effect ist, wird so-

fort deutlich, wenn der Ablauf der Bilderfolgen nur geringfügig verändert wird. Wenn etwa Stanley Kubrick in „A Clockwork Orange" Malcolm McDowells Sexspielchen mit zwei Mädchen schneller als dies im wirklichen Leben geschehen könnte, an unseren Augen vorbeiwirbeln läßt, erzielt er prompt eine andere Publikumsreaktion als dies mit Normalgeschwindigkeit der Fall gewesen wäre: Statt schwülstiger Pornografie wird Slapstick daraus. Dieser „Zeitraffer"-Effekt (speeded-up motion) wirkt komisch (Zu Zeiten der Stumm-

film-Komödien war der Effekt allerdings unfreiwillig: Die von Hand gekurbelten Kameras brachten es nur auf 16 Bilder pro Sekunde; wenn dann projiziert wurde, entstand automatisch der Zappeleffekt). Stimmungsverändernd ist auch die Verlangsamung des Ablaufs (Zeitlupe, slow motion); unvergeßlich etwa in dem Todesballett am Ende von Arthur Penns „Bonnie und Clyde" — gedreht wurde die Szene mit mehr als 24 Bildern pro Sekunde: Bei der Projektion verlangsamt sich dann automatisch der Bewegungsablauf — nun wird's ganz deutlich, daß der Film selbst ein Special Effect ist.

Wenn wir aber in diesem Buch von „Special Effects" sprechen, dann meinen wir den Begriff spezifischer. Nämlich in dem Sinn, den der zweifache Oscar-Preisträger Eustace Lycett, ehemals Chef des Photographie Departments im Disney-Studio, so formuliert: „Ein Special Effect in einem Film ist jede Art von Technik oder Drehanordnung, die eingesetzt wird, um eine Illusion von Realität zu erzeugen, die anderweitig nicht gefilmt werden könnte, weil dies vom Motiv her unmöglich (weil fiktiv), zu teuer oder zu gefährlich wäre":

● **Fiktiv:** Kein Mensch kann die Gesetze der Schwerkraft aufheben. Wenn also Superman über Metropolis fliegt, muß dies durch fotografische Kunstgriffe simuliert werden (Seite 90).

● **Teuer:** Wegen einer kurzen Szene in Indien mit Stab und Betreuung dorthin zu fliegen, wäre extrem unökonomisch. Also simuliert man einen Tempel als Gemälde oder Kulisse im Studio (Siehe Seite 84).

● **Gefährlich:** Kein Schauspieler ▷

hängt gern vom Dach eines Wolkenkratzers. Deshalb wird das Hochhausdach im Studio gebaut und der „gähnende Abgrund" in den Film einkopiert (Siehe Seite 80). Der Einsatz eines Stuntmans für solche Aufnahmen wird üblicherweise nicht zu den Special Effects gerechnet, obwohl man über diese Einteilung streiten könnte — schließlich ist ja auch dies ein Trick, der „eingesetzt wird, um eine Illusion zu erzeugen, die anderweitig nicht gefilmt werden könnte". Ich bin aber der Auffassung, daß der Einsatz eines Doubles nicht primär der Realität des Films dient, sondern der realistischen Darstellung einer Rolle innerhalb des Films.

Jeder Special Effect dient nicht nur dem Realitätsbestreben des Films, er basiert auch auf dessen spezifischen Eigenschaften. Oder anders gesagt: Jeder Effekt ist eine Variation eines oder mehrerer Bestandteile des Mediums Film. Dessen drei Haupteigenschaften, aus denen sämtliche Trickvariationen folgen, sind:

1. Jedes Filmbild wird einzeln belichtet:

Auch wenn ein Film kontinuierlich abläuft, müssen seine Einzelbilder keineswegs kontinuierlich belichtet werden. Jeder, der schon mal mit einer Super-8-Kamera hantiert hat, kennt den simplen Trick: Man schießt mit der Filmkamera wie mit einem Fotoapparat eine Tasse auf einem Tisch. Nur ein einzelnes Bild. Dann rückt man die Tasse ein paar Millimeter weiter. Bild. usw. Wird der Film abgespult, „gleitet" die Tasse wie von Geisterhand gelenkt über den Tisch. Das nennt man *Stop Motion* oder Einzelbildaufnahmen. Auch alle Zeichentrickfilme (*Animation*) werden so hergestellt.

2. Jedes Filmbild ist ein Ausschnitt der Realität:

Auf der Leinwand ist jeweils nur der vom Filmemacher gewollte Ausschnitt zu sehen; was daneben ge-

„METROPOLIS" von Fritz Lang enthielt — obwohl schon 1926 gedreht — viele der raffiniertesten Special Effects

FRITZ LANG

Um sein Drama von der Entmenschlichung moderner Urbanität in Szene zu setzen, ließ der deutsche Regisseur Fritz Lang eine Miniaturstadt bauen. Die Stadt „Metropolis" besteht aus tischhohen Bauten mit „forced perspective": Die Hintergrundhäuser sind kleiner gebaut, so wird Perspektive „erzwungen". Mit Rock-Sound wurde der Film neu aufgeführt.

„MICKEY MAUS" ist die populärste Kreation des Filmgenies Walt Disney. Hier eine Szene aus „Fantasia"

WALT DISNEY

Er war ein Visionär und einer der ganz großen Innovatoren der Special Effects. Seine Bedeutung für den Film ist schon allein ablesbar an der Tatsache, daß die Bezeichnungen „Disneyfilm" und „Trickfilm" noch heute synonym gebraucht werden. „Animation" nennt man das Verfahren, was so viel bedeutet wie „Beseelung" von Zeichnungen mittels Bewegung.

„KING KONG" auf dem Empire State Building — seit 1933 eines der bekanntesten Motive der Filmgeschichte

ERNEST B. SCHOEDSACK

Der Regisseur Ernest B. Schoedsack glaubte an die Macht der Effekte. Für sein Affentheater namens „King Kong" (1933) inszenierte er eine Trick-Orgie: Modelle (allein 27 verschiedene für Kong), Glas und Spiegel, Rück- und Frontprojektion usw. Sie alle wurden so meisterlich eingesetzt, daß der Film selbst heute noch überzeugt und zum Remake führte.

„2001" ist ein Wunderwerk der Effektzauberei. Noch nie zuvor war etwa Schwerelosigkeit so echt dargestellt

STANLEY KUBRICK

Der in England lebende Amerikaner Stanley Kubrick ist kein „Trickregisseur". Aber mit seinem grandiosen Weltraum-Epos „2001 — Odyssee im Weltraum" gelang ihm nicht nur der Einsatz von optischen und mechanischen Effekten zu einer geradezu hypnotischen Wirkung. Er legte damit auch den Grundstein für die heutige Generation der Effects-Spezialisten.

schieht oder vorher geschah, bleibt verborgen. Unsichtbar sind deshalb die Drähte, die eine *Puppe* bewegen oder wie ein *Make-up* aufgelegt wurde. Oder daß die Flasche, die auf einem Schädel zerschellt, aus harmlosem Plastik besteht (*mechanische Effects*). Weil der Zuschauer daran gewöhnt ist, plötzlich eine leinwandfüllende Hand zu sehen und Sekunden später eine ganze Stadt mit Häusern in Spielzeuggröße, lassen sich auch die Ausmaße aller gefilmten Objekte manipulieren: *Modelle* und *Miniaturen* gehören zum Standardrepertoire der Trick-Experten.

3. Jedes Filmbild ist eine Komposition:

Ein Szenenbild besteht in der Regel aus Vorder- und Hintergrund; aus Objekten, die miteinander in Beziehung stehen. Aber all diese Elemente müssen nicht gleichzeitig aufs Bild gebannt werden. So lassen sich Gemälde als Hintergrund einspeisen (*Matte*) oder ein Schauspieler agiert vor einer Leinwand, auf der ein Film abläuft (*Rückprojektion*) oder er spielt vor einer blauen Leinwand (*Blue Screen*), deren Farbe ausgefiltert und durch ein anderes Filmelement ersetzt wird. Ganz besonders wirkungsvolle Kompositionen werden immer häufiger elektronisch zusammengewürfelt: *Computer Grafik*.

Aber ein Special Effect kommt selten allein; meist werden die Tricktechniken kombiniert. Ein Beispiel: Luke Skywalker reitet (in „Das Imperium schlägt zurück") auf dem Fabeltier Tauntaun über die Eiswüste eines fernen Planeten. Modellbauer Phil Tippelt von George Lucas' Industrial Light & Magic (ILM) entwarf und modellierte ein ca. 30 cm großes Tier mit Luke als Mini-Puppe obendrauf. Laufen lernte das Modell dank Einzelbildaufnahmen vor einer blauen Leinwand, die später durch die Aufnahmen einer echten Eislandschaft ersetzt wurde. Designer Stuart Freeborn baute ein „lebens"-großes Mo- ▷

STEVEN SPIELBERG

Das fliegende Fahrrad mit „E. T." ist das Markenzeichen seiner Firma, Amblin Productions

ER PAART KINDLICHE NAIVITÄT
MIT DEN RAFFINIERTESTEN TECHNIKEN

Im Grunde sei er „immer noch ein Peter Pan", sagt Steven Spielberg. Sein Vergleich mit dem immerjungen Fabeloptimisten ist angebracht: Spielberg bekennt sich zu seiner kindlichen, von Comics und TV-Serien geprägten Weltansicht und er appelliert auch in seinen Filmen „an das Kind in uns allen". Die Techniken, die er einsetzt, um uns dieses Weltbild zu vermitteln, sind allerdings alles andere als naiv — er bedient sich, wie sonst nur noch sein Freund George Lucas, aller Kunstgriffe, die Hollywood zu bieten hat. Schon sein erster großer Erfolg, „Der Weiße Hai", war ein Triumph mechanischer Effekte, ähnlich den „Indiana Jones"-Filmen und auch E. T. — Der Außerirdische", ja sogar in „Die Farbe Lila" — alles Filme, die uns in diesem Buch ständig wiederbegegnen werden. Sind sie doch Paradebeispiele für den Entwicklungsstand heutiger Filmtricks.

Sein Meisterwerk: Mit „E.T." schuf Spielberg einen außerirdischen Erfolg. Und er will dem Disney-Prinzip folgen: Statt Video alle paar Jahre Wiederaufführung

dell von Tauntaun, das schnauben, die Augen rollen und aus dem Maul Dampf blasen konnte. Schauspieler Mark Hamill saß auf dem Modell — für Großaufnahmen, die zwischen die Hüpfereien des Minimodells eingeblendet wurden. Dadurch entstand beim Zuschauer die Illusion, Luke würde wirklich mit einem Riesenbiest durch den Schnee gallopieren.

Solche Trickkombinationen sind — wie man sich denken kann — hochkompliziert. Sie verlangen ein eingespieltes Team von Spezialisten und wie auf den Seiten 20 und 21 zu sehen ist, arbeiteten an „Die Rückkehr der Jedi-Ritter" sage und schreibe 447 Crewmitglieder. Hollywoods Trickspezialisten sind, wie mir sowohl John Dykstra („Krieg der Sterne") als auch Max Anderson („Black Moon Rising") bestätigten, „Techno-Junkies": „Jede Herausforderung löst geradezu eine Besessenheit aus; dann wird probiert, gebastelt, geplant und erfunden, bis der Effekt makellos im Kasten ist." John Dykstra erfand ein revolutionierendes Kamerasystem („Dykstraflex"), George Lucas installierte seinen vielkanaligen „THX-Sound" in ausgewählte Kinos, Doug Trumbull entwickelte eine computergesteuerte Kamera und „Showscan", ein gestochen scharfer, fast lebensecht wirkender Film mit 60 Einzelbildern pro Sekunde. Hunderte von Patenten werden alljährlich angemeldet, die besten davon mit Oscars für „Scientific and Technical Achievements" (wissenschaftliche und technische Leistungen) ausgezeichnet. Und noch in weiteren Eigenschaften gleichen sich die Effects-Spezialisten: Sie sind allesamt Perfektionisten; sonst könnten sie mit ihren von Studios unabhängigen Klein- und Mittelbetrieben im Konkurrenz-Dschungel Hollywoods nicht überleben. Und sie sind — laut Joseph Westheimer, der für Hollywoods Filmakademie die besten Innovationen kürt, „große Kinder, die sich nicht von ihrem Spielzeug trennen können". Und schließlich: Sie alle ha- ▷

GEORGE LUCAS

Seine
Trickfirma:
„Industrial Light
& Magic" (ILM)

GEORGE LUCAS UND SEIN ILM:
DIE GRÖSSTE TRICKFIRMA DER WELT

Schon sein erster Film war eine Ab-folge von Special Effects: In Mutters Küche drehte George Lucas mit einer Super-8-Kamera Spielzeuggnome im Einzelbildverfahren. Als er dann ge-gen harte Widerstände des Holly-wood-Establishments 1977 seinen „Krieg der Sterne" entfachte, änderte

er nur die Quantität, die Dimension seiner kindlichen Fantasie und schuf so die erfolgreichste Trick-Trilogie der Filmgeschichte. Und heute ist na-hezu jeder große Effektfilm das Pro-dukt seines Studios „Industrial Light & Magic". Selbst große Studios kön-nen mit ILM nicht konkurrieren.

Sein Meisterwerk: „Krieg der Sterne" enthält die kunstvollsten Effekte der Filmgeschichte

ben den Ehrgeiz, ihre Leistungen un-entdeckt zu lassen.

Wird nämlich ein Trick als Trick er-kannt, reagiert das Publikum sauer oder amüsiert. Daß sich ein Trick aber nicht von der Realitätswirkung des Restfilms unterscheidet, ist eines der Hauptprobleme der Effektema-cher. Vergessen wir nicht: Jedes Film-bild ist so groß wie ein Dia, 35 Milli-meter breit. Das Abbild dieses „Dias" auf der Leinwand ist rund 700mal größer und damit auch jeder noch so kleine Fehler. Als etwa Paul Newman in Irwin Allens „Der Tag, an dem die Welt unterging" eine hals-brecherische Klettertour am Steilhang eines Vulkans simulierte und zwi-schen den Studio-„Felsen" und dem (offensichtlich gemalten) „Abgrund" deutlich ein Flimmern zu sehen war, bog sich das Publikum vor Lachen. Und sowas ist für einen Film tödlich: Am wichtigsten für den Erfolg eines Films ist die Mundpropaganda. In den USA gibt es über 20.000 Kinos. Aber die Hälfte der Einnahmen eines durchschnittlichen Films kommt aus rund hundert Erstaufführungshäu-sern. Ein weiteres Viertel bringen ein paar hundert Zweitaufführungskinos. Das bedeutet: 75 Prozent aller In-landseinnahmen kommen aus einer eng begrenzten Zahl von Kinos, die von einer lokal begrenzten Gruppe von Filmbesuchern frequentiert wer-den. Läßt ein Film die Initialbesucher unbefriedigt, spricht sich dies lauffeu-erartig herum — der Film „floppt". Das Interesse des typischen Filmpu-blikums (von ca. 14 bis 29 Jahren) an Filmen mit einem hohen Effektanteil ist groß und oft für einen Filmerfolg ausschlaggebend. Kein Wunder, daß die profitabelsten Filme oft diejenigen sind, bei denen die Szenerien sorgfäl-tiger ausgeleuchtet wurden als die Charaktere; Filme, die eine schmal-brüstige Handlung haben, aber bei der Action und den Effects die Mus-keln spielen lassen („E.T.", „Krieg der Sterne", „Indiana Jones"

Lesen Sie bitte weiter auf Seite 23

THE MASTERS OF

THE NEWEST STARS OF HOLLYWOOD HAVE MADE THE MOST EXTRAORDINARY FANTASIES REAL—AND THEY'RE JUST GETTING STARTED.

SPECIAL EFFECTS

DIE HUNDERTSCHAFTEN EINES SPECIAL-EFFECTS-FILMS

447 Beteiligte an „Die Rückkehr der Jedi-Ritter" plus Hunderte von freien Mitarbeitern: So gigantisch ist der Aufwand bei einem der großen Special-Effects-Filme.

STARRING

HARRISON FORD
as Han Solo

MARK HAMILL
as Luke Skywalker

CARRIE FISHER
as Princess Leia

BILLY DEE WILLIAMS
as Lando Calrissian

ANTHONY DANIELS
as C-3PO

CO-STARRING

PETER MAYHEW
as Chewbacca

SEBASTIAN SHAW
as Anakin Skywalker

IAN McDIARMID
as the Emperor

FRANK OZ
performing
Yoda

JAMES EARL JONES
as the Voice of
Darth Vader

DAVID PROWSE
as
Darth Vader

and
ALEC GUINNESS
as Ben (Obi-Wan) Kenobi

R2-D2	KENNY BAKER
Moff Jerjerrod	MICHAEL PENNINGTON
Admiral Piett	KENNETH COLLEY
Bib Fortuna	MICHAEL CARTER
Wedge	DENIS LAWSON
Admiral Ackbar	TIM ROSE
General Madine	DERMOT CROWLEY
Mon Mothma	CAROLINE BLAKISTON
Wicket	WARWICK DAVIS
Paploo	KENNY BAKER
Boba Fett	JEREMY BULLOCH
Oola	FEMI TAYLOR
Sy Snootles	ANNIE ARBOGAST
Fat Dancer	CLAIRE DAVENPORT
Teebo	JACK PURVIS
Logray	MIKE EDMONDS
Chief Chirpa	JANE BUSBY
Ewok Warrior	MALCOM DIXON
Ewok Warrior	MIKE COTTRELL
Nicki	NICKI READE
Stardestroyer Controller #1	ADAM BAREHAM
Stardestroyer Controller #2	JONATHAN OLIVER
Stardestroyer Captain #1	PIP MILLER
Stardestroyer Captain #2	TOM MANNION
Jabba Puppeteers	TOBY PHILPOTT, MIKE EDMONDS, DAVID BARCLAY
Puppeteers	MICHAEL McCORMICK, DEEP ROY, SIMON WILLIAMSON, HUGH SPIRIT, SWIM LEE, MICHAEL QUINN, RICHARD ROBINSON

EWOKS

MARGO APOSTOCOS	PHIL FONDACARO	BARBARA O'LAUGHLIN
RAY ARMSTRONG	SAL FONDACARO	BRIAN ORENSTEIN
EILEEN BAKER	TONY FRIEL	HARRELL PARKER JR.
MICHAEL H. BALKAM	DAN FRISHMAN	JOHN PEDRICK
BOBBIE BELL	JOHN GAVAM	APRIL PERKINS
PATTY BELL	MICHAEL GILDEN	RONNIE PHILLIPS
ALAN BENNETT	PAUL GRANT	KATIE PURVIS
SARAH BENNETT	LYDIA GREEN	CAROL READ
PAMELA BETTS	LARS GREEN	NICHOLAS READ
DAN BLACKNER	PAM GRIZZ	DIANA REYNOLDS
LINDA BOWLEY	ANDREW HERD	DANIEL RODGERS
PETER BURROUGHS	J. J. JACKSON	CHRIS ROMANO
DEBBIE CARRINGTON	RICHARD JONES	DEAN SHACKENFORD
MAUREEN CHARLTON	TREVOR JONES	KIRAN SHAH
WILLIAM COPPEN	GLYNN JONES	FELIX SILLA

JOHN CUMMING	NANCY MACLEAN	JOSEPHINE STADDON
JEAN D'AGOSTINO	PETER MANDELL	KEVIN THOMPSON
LUIS DE JESUS	CAROLE MORRIS	KENDRA WALL
DEBBIE DIXON	STACY NICHOLS	BRIAN WHEELER
MARGARITA FERNANDEZ	CHRIS NUNN	BUTCH WILHELM

PRODUCTION

Directed by
RICHARD MARQUAND

Produced by
HOWARD KAZANJIAN

Screenplay by
LAWRENCE KASDAN and GEORGE LUCAS

Story by
GEORGE LUCAS

Executive Producer
GEORGE LUCAS

Co-Producers
ROBERT WATTS, JIM BLOOM

Production Designer
NORMAN REYNOLDS

Director of Photography
ALAN HUME
B.S.C.

Edited by
SEAN BARTON

MARCIA LUCAS   DUWAYNE DUNHAM

Visual Effects

RICHARD EDLUND   DENNIS MUREN
A.S.C.

KEN RALSTON

Costume Designers
AGGIE GUERARD RODGERS, NILO RODIS-JAMERO

Mechanical Effects Supervision
KIT WEST

Make-Up and Creature Design
PHIL TIPPETT, STUART FREEBORN

Sound Design
BEN BURTT

Music by
JOHN WILLIAMS

First Assistant Director/ Second Unit Director	DAVID TOMBLIN
Casting	MARY SELWAY BUCKLEY
Location Director of Photography	JIM GLENNON
Additional Photography	JACK LOWIN
Production Sound	TONY DAWE, RANDY THOM
Supervising Music Editor	KENNETH WANNBERG
Music Recording	ERIC TOMLINSON
Orchestrations	HERBERT W. SPENCER
Chief Articulation Engineer	STUART ZIFF
Production Supervisor	DOUGLAS TWIDDY
Production Executive	ROBERT LATHAM BROWN
Unit Production Manager	MIKI HERMAN
Assistant Production Manager	PATRICIA CARR
Associate to Producer	LOUIS G. FRIEDMAN
Conceptual Artist	RALPH McQUARRIE
Art Directors	FRED HOLE, JAMES SCHOPPE
Set Decorators	MICHAEL FORD, HARRY LANGE
Property Master	PETER HANCOCK
Chief Hairdresser	PATRICIA McDERMOTT
Stunt Co-Ordinator	GLENN RANDALL
Stunt Arranger	PETER DIAMOND
Production Controller	ARTHUR CARROLL
Production Accountant	MARGARET MITCHELL
Second Assistant Directors	ROY BUTTON, MICHAEL STEELE, CHRIS NEWMAN, RUSSELL LODGE
Production Assistant	IAN BRYCE
Production Co-Ordinator	LATA RYAN
Co-Ordination Assistants	SUNNI KERWIN, GAIL SAMUELSON
Script Supervisor	PAMELA MANN FRANCIS
Location Script Supervisor	BOB FOREST
Location Casting	DAVE EMAN, BILL LYTLE
Assistant to Mr. Kazanjian	KATHLEEN HARTNEY ROSS
Assistant to Mr. Bloom	JOHN SYRJAMAKI
Assistant to Mr. Lucas	JANE BAY
Assistant Art Directors	MICHAEL LAMONT, JOHN FENNER, RICHARD DAWKING
Set Dresser	DOUG VON KOSS
Contruction Manager	BILL WELCH
Assistant Construction Manager	ALAN BOOTH
Construction Supervisor	ROGER IRVIN
General Foreman	BILL IIAMS
Construction Foremen	GREG CALLAS, GUY CLAUSE, DOUG ELLIOTT, STAN WAKASHIGE
Paint Foremen	GARY CLARK
Sketch Artist	ROY CARNON

Scene Artist	TED MICHELL
Decor and Lettering Artist	BOB WALKER
Set Draftsmen	REG BREAM,
	MARK BILLERMAN, CHRIS CAMPBELL
Production Buyer	DAVID LUSBY
Construction Storeman	DAVID MIDDLETON
Operating Cameramen	ALEC MILLS,
	TOM LAUGHRIDGE, MIKE BENSON
Focus Pullers	MICHAEL FRIFT, CHRIS TANNER
Assistant Cameramen	LEO NAPOLITANO, BOB LA BONGE
Second Assistant Cameramen	SIMON HUME, STEVE TATE,
	MARTIN KENZIE, MICHAEL GLENNON
Gaffers	MIKE PANTAGES, BOB BREMNER
Aerial Photography	RON GOODMAN, MARGARET HERRON
Helicopter Pilot	MARK WOLFE
Key Grip	DICK DOVA SPAH
Best Boy	JOE CROWLEY
Dolly Grip	CHUNKY HUSE, REG HALL
Matte Photography Consultant	STANLEY SAYER, B.S.C.
Rigging Gaffers	CLARK GARLAND, TOMMY BROWN
Chief Make-Up Artists	TOM SMITH, GRAHAM FREEBORN
Make-Up Artists	PETER ROBB KING, DICKIE MILLS,
	KAY FREEBORN, NICK DUDMAN
Hairdressers	MIKE LOCKEY, PAUL LE BLANC
Assistant Articulation Engineer	EBEN STROMQUIST
Armature Designer	PETER RONZANI
Plastic Designer	RICHARD DAVIS
Sculptural Designers	CHUCK WILEY, JAMES HOWARD
Key Sculptors	DAVE CARSON,
	TONY McVEY, DAVE SOSALLA,
	JUDY ELKINS, DEREK HOWARTH
Chief Moldmaker	WESLEY SEEDS
Moldmaker	RON YOUNG
Creature Technicians	RANDY DUTRA, KIRK THATCHER,
	DAN HOWARD, JAMES ISAAC,
	BRIAN TURNER, JEANNE LAUREN,
	RICHARD SPAH JR., ETHAN WILEY
Creature Consultants	JON BERG, CHRIS WALAS
Production/Creature Co-Ordinator	PATTY BLAU
Latex Foam Lab Supervisor	TOM McLAUGHLIN
Animatronics Engineer	JOHN COPPINGER
Wardrobe Supervisor	RON BECK
Costume Supervisor	MARY ELIZABETH STILL
Wardrobe Mistress	JANET TEBROOKE
Shop Manager	JENNY GREEN
Jeweler	RICHARD MILLER
Creature Costumers	BARBARA KASSAL, EDWINA PELLIKKA,
	ANNE POLLAND, ELVIRA ANGELINETTA
Assistant Property Master	CHARLES TORBETT
Property Supervisors	DAN COANGELO, BRIAN LOFTHOUSE
Property	HOLLY WALKER, IVAN VAN PERRE
Propmakers	BILL HARGREAVES, RICHARD PETERS
Master Carpenter	BERT LONG
Master Plasterer	KENNY CLARKE
Master Painter	ERIC SHIRTCLIFFE
Supervising Rigger	RED LAWRENCE
Supervising Stagehand	EDDIE BURKE
Sail Co-Ordinators	BILL KREYSLER, WARWICK TOMPKINS
Sails Engineering	DERRICK BAYLIS, PEGGY KASHUBA
Assistant Film Editors	STEVE STARKEY, CONRAD BUFF,
	PHIL SANDERSON, NICK HOSKER,
	DEBRA McDERMOTT, CLIVE HARTLEY
Sound Effects Editors	RICHARD BURROW,
	TERESA ECKTON, KEN FISCHER
Dialogue Editors	LAUREL LADEVICH, CURT SCHULKEY,
	BONNIE KOEHLER, VICKIE ROSE SAMPSON
Assistant Sound Editors	CHRIS WEIR, BILL MANN,
	GLORIA BORDERS, SUZANNE FOX
	KATHY RYAN, NANCY JENCKS
Re-Recording Mixers	BEN BURTT, GARY SUMMERS,
	ROGER SAVAGE, RANDY THOM
Re-Recording Engineer	TOMLINSON HOLMAN
Boom Operators	DAVID BATCHELOR, DAVID PARKER
Sound Assistants	SHEP DAWE, JIM MANSON
Audio Engineers	T. M. CHRISTOPHER, CATHERINE COOMBS,
	KRIS HANDWERK, K. C. HODENFIELD,
	HOWIE, TOM JOHNSON, BRIAN KELLY,
	JAMES KESSLER, SUSAN LEAHY,
	ROBERT MARTY, SCOTT ROBINSON,
	DENNIE THORPE, JOHN WATSON
English Lyrics by	JOSEPH WILLIAMS
Huttese Lyrics by	ANNIE ARBOGAST
Ewokese Lyrics by	BEN BURTT
Special Effects Supdrvisor	ROY ARBOGAST
Special Effects Foreman	WILLIAM DAVID LEE
Special Effects Floor Controller	IAN WINGROVE
Senior Effects Technjician	PETER DAWSON
Chief Electronics Technician	RON HONE
Wire Specialist	BOB HARMAN
Location Special Effects	KEVIN PIKE, MIKE WOOD
Choreographer	GILLIAN GREGORY
Location Choreographer	WENDY ROGERS
Production Accountant	COLIN HURREN

Assistant Accountants	SHEALA DANIELL, BARBARA HARLEY
Location Accountants	DIANE DANKWARDT, PINKI RAGAN
Transportation Co-Ordinator	GENE SCHWARTZ
Transportation Captains	JOHN FEINBLATT, H. LEE NOBLITT
Studio Transportation Managers	VIC MINAY, MARK LA BONGE
Location Contact	LENNIE FIKE
Still Photograhers	ALBERT CLAKE, RALPH NELSON JR.
Unit Publicist	GORDON ARNELL
Assistant Publicist	JUNE BROOM
Research	DEBORAH FINE

MINIATURE AND OPTICAL EFFECTS UNIT
INDUSTRIAL LIGHT AND MAGIC

Art Director-Visual Effects	JOE JOHNSTON
Optical Photography Supervisor	BRUCE NICHOLSON
General Manager, ILM	TOM SMITH
Production Supervisor	PATRICIA ROSE DUIGNAN
Matte Painting Supervisor	MICHAEL PANGRAZIO
Modelshop Supervisors	LORNE PETERSON, STEVE GAWLEY
Animation Supervisor	JAMES KEEFER
Supervising Visual Effects Editor	ARTHUR REPOLA
Effects Cameramen	DON DOW, MICHAEL J. McALISTER,
	BILL NEIL, SCOTT FARRAR,
	SELWYN EDDY III, MICHAEL OWENS,
	ROBERT ELSWIT, RICK FICHTER,
	STEWART BARBEE, MARK GREDELL,
	DAVID HARDBURGER
Assistant Cameramen	PAT SWEENEY, KIM MARKS,
	ROBERT HILL, RAY GILBERTI,
	RANDY JOHNSON, PATRICK McARDLE,
	PETER DAULTON, BESSIE WILEY,
	MARYAN EVANS, TOBY HEINDEL,
	DAVID FINCHER, PETER ROMANO
Production Co-Ordinators	WARREN FRANKLIN, LAURIE VERMONT
Optical Printer Operators	JOHN ELLIS, DAVID BERRY,
	KENNETH SMITH, DONALD CLARK,
	MARK VARGO, JAMES LIM
Optical Line-Up	TOM ROSSETER, ED L. JONES
	RALPH GORDON, PHILIP BARBERIO
Lab Technicians	TIM GEIDEMAN,
	DUNCAN MYERS, MICHAEL S. MOORE
Production Illustrator	GEORGE JENSON
Matte Painting Artists	CHRIS EVANS, FRANK ORDAZ
Matte Photography	NEIL KREPELA, CRAIG BARRON
Stop Motion Animator	TOM ST. AMAND
Chief Model Makers	PAUL HUSTON, CHARLES BAILEY,
	MICHAEL GLENN FULMER, EASE OWYEUNG
Model Makers	WILLIAM GEORGE, MARC THORPE,
	SCOTT MARSHALL, SEAN CASEY,
	LARRY TAN, BARBARA GALLUCCI,
	JEFF MANN, IRA KEELER,
	BILL BECK, MIKE COCHRANE,
	BARBARA AFFONSO, BILL BUTTFIELD,
	MARGHI McMAHON, RANDY OTTENBERG
Head Effects Animators	GARRY WALLER, KIMERLY KNOWLTON
Effects Animators	TERRY WINDELL, RENEE HOLT,
	MIKE LESSA, SAMUEL COMSTOCK,
	ROB LA DUCA, ANNICK THERRIEN,
	SUKI STERN, MARGOT PIPKIN
Visual Effects Editors	HOWARD STEIN,
	PETER AMUNDSON, BILL KIMBERLIN
Assistant Visual Effects Editors	ROBERT CHRISOULIS, MICHAEL GLEASON,
	JAY IGNASZEWSKI, JOE CLASS
Supervising Stage Technician	TED MOEHNKE
Stage Technicians	PATRICK FITZSIMMONS, BOB FINLEY III,
	ED HIRSH, JOHN McLEOD,
	PETER STOLZ, DAVE CHILDERS,
	HAROLD COLE, MERLIN OHM,
	JOE FULMER, LANCE BRACKETT
Pyrotechnicians	THAINE MORRIS, DAVE PIER
Supervisor-Still Photography	TERRY CHOSTNER
Still Photographers	ROBERTO McGRATH, KERRY NORDQUIST
Electronic System Designer	JERRY JEFFRESS, KRIS BROWN
Electronic Engineers	MIKE MacKENZIE, MARTY BRENNEIS
Computer Graphics	WILLIAM REEVES, TOM DUFF
Equipment Engineering Supervisor	GENE WHITEMAN
Machinists	UDO PAMPEL, CONRAD BONDERSON
Apprentice Machinists	DAVID HANKS, CHRIS RAND
Design Engineer	MIKE BOLLES
Equipment Support Staff	WADE CHILDRESS, MICHAEL J. SMITH,
	CRISTI McCARTHY, ED TENNLER
Administrative Staff	CHRISSIE ENGLAND, LAURA KAYSEN,
	PAULA KARSH, KAREN AYERS,
	SONJA PAULSEN, KAREN DUBE
	SUSAN FRITZ-MONAHAN, KATHY SHINE
Production Assistants	GARRETT BROWN
Steadicam (R) Plate Photography	BRUCE HILL PRODUCTIONS
Ultra High Speed Photography	JIM SCHURMANN, BOB HAGANS
Color Timers	SUNRISE FILM INC.
Negative Cutter	LOOKOUT MOUNTAIN FILMS,
Additional Optical Effects	PACIFIC TITLE, MONACO FILM LABS,
	CALIFORNIA FILM,
	VISUAL CONCEPTS ENGINEERING,
	MOVIE MAGIC, VAN der VEER PHOTO
	EFFECTS

Mime Artists	FRANKI ANDERSON, AILSA-BERK, SEAN CRAWFORD, ANDY CUNNINGHAM, TIM DRY,
	GRAEME HATTRICK, PHIL HERBERT, GERALD HOME, PAUL SPRIGER
Stunt Performers	BOB ANDERSON, DIRK YOHAN BEER, MARC BOYLE, MIKE CASSIDY, TRACY EDDON,
	SANDRA GROSS, TED GROSSMAN, FRANK HENSON, LARRY HOLT, BILL HORRIGAN,
	ALF JOINT, JULIUS LEFLORE, COLIN SKEAPING, MALCOM WEAVER, PAUL WESTON,
	BOB YERKES, DAN ZORMEIER

Nicht immer lassen sich Trickser austricksen. Dann schlägt Retter „Conan" zu

ÜBER DIE SCHWIERIGKEITEN, HINTER DIE KULISSEN ZU BLICKEN

Eigentlich ist es schon komisch: Da basteln erwachsene Leute mit Puppen und sonstigem Spielzeug herum und tun so geheimnisvoll, als hinge die nationale Sicherheit davon ab. „Tricks, die vor Filmstart bekannt werden", erklärte mir Max Anderson, der in "Black Moon Rising" einen Wagen von einem Hochhaus zum anderen springen ließ, „killen die Wirkung. Die Leute sind nicht mehr mitgerissen; sie denken: Das ist ja nur ein Spielzeugauto." Steven Spielberg ließ alle Gipsmasken von „E.T." zerstören. Die Miniaturen der Riesenwürmer in „Dune — Der Wüstenplanet" durften auf Anordnung von Dino de Laurentiis nur von einer Crew Auserwählter gesehen werden.

Bis zu einem gewissen Grad läßt sich dies auch verstehen: Oft ist das handlungstragende Element einer Szene nur ein kleines, schmuddeliges Plasikgebilde, das nach gar nichts aussieht. Oder der Trickprozeß ist zum Einschlafen dröge. Das wollen die Mythos-Macher lieber nicht an die große Glocke hängen.

Trotzdem: Jahrelange Kontakte zu Filmemachern öffnen auch Türen zu Tricklabors. Und falls sie doch geschlossen bleiben, muß man sich halt was einfallen lassen. Die gängige Arbeitskluft in Hollywood ist Tennisschuhe, Jeans, Baseballmütze. Ein Bart kann auch nicht schaden. So schmuggelte ich mich des öfteren in eine Crew, immer vorgebend, intensiv mit irgendetwas beschäftigt zu sein. Nicht immer klappte es: In Mexico City entging ich nur knapp einer Verhaftung bei den Dreharbeiten zu „Dune", aber dann bürgte der alte Kumpel Arnold Schwarzenegger, der nebenan „Conan" drehte für mich. Wie auch immer — es machte Spaß: Blieb ich unerkannt, freute ich mich diebisch, die Trickkünstler Hollywoods auf meine Art ausgetrickst zu haben. Ging's schief, ist es ja auch nicht schlecht, von Mr. Universum himself herausgehauen zu werden.

„Rambo", „Exorzist", „Der Weiße Hai", „Superman", um nur ein paar der Superhits zu nennen).

Daß solche Filme in dem Jahrzehnt zwischen 1975 und 1985 über 10 Milliarden Dollar eingespielt haben, zeigt die Bedeutung, die Special Effects für die Filmindustrie haben. Und deshalb lassen die Studios sich die Effekte auch einiges kosten. Als Steven Spielberg „Außerirdische" für seinen Film „Unheimliche Begegnung der Dritten Art" brauchte, kontaktierte er den in Rom lebenden Effektexperten Carlo Rambaldi. Der entwarf und baute diese „Aliens" für rund 30.000 Dollar. Als Rambaldi dann das Monster in „Alien" konstruierte, mußte 20th Century-Fox schon 175.000 Dollar hinblättern. Und als Spielberg schließlich für seinen Film „E.T." einen „Extraterristic" brauchte, baute ihn Rambaldi für über 1,4 Millionen Dollar, ein Preis, für den man in den USA nicht nur einen froschgesichtigen Gnom, sondern eine riesige Studiohalle bauen kann. Manchmal geht der Perfektionswille der Filmemacher so weit, daß die Tricks in keinem vernünftigen Kostenverhältnis zu den Gewinnerwartungen stehen. Deshalb versuchten die Produzenten Ilya und Alexander Salkind, gleich zwei „Superman"-Folgen auf einmal zu·drehen. Deshalb verwarfen Spielberg und Lucas eine Flugzeugattacke auf den fliehenden Indiana Jones (in „Indiana Jones und der Tempel des Todes") — diese nur rund eine Minute dauernde Action-Einlage hätte über eine Million Dollar gekostet. Und für die Lucas-Produktion „Howard the Duck" wurden die durch ein gigantisches Effect-Budget auf 45 Millionen Dollar aufgeblähten Produktionskosten dem Film zum Verhängnis. Gary Kurtz, Koproduzent von „Krieg der Sterne" mußte nach seinem Effektfilm „Der dunkle Kristall" Bankrott anmelden — er hatte noch ganze 363 Dollar auf seinem Konto.

Läßt sich aus diesen Erfahrungen folgern, daß der Special-Effects-Film

F/X, Special Effects oder Effekte?

„F/X" ist ein Film, der erstmals Tricks zum tragenden Thema wählte. „F/X", so werden nämlich in Hollywood die Tricks genannt; eine phonetische Kurzform von „effects". Weil das deutsche Wort „Effekt" mehrdeutig ist, verwenden wir in diesem Buch meist den Begriff Special Effects.

Mit und über Effects: „F/X – Tödliche Tricks"

seinen Zenit überschritten hat? Auf den ersten Blick sieht es wirklich so aus. In dem ersten, total auf Effekten aufgebauten Film „F/X Tödliche Tricks" mokiert sich die Assistentin des Trickexperten sinngemäß: „Filme werden nicht mehr über Menschen gemacht, sondern nur noch für Effekte". Das klingt wie ein Schwanengesang.

Wer allerdings etwas genauer hinschaut, wird feststellen, daß eher das Gegenteil zu erwarten oder bereits eingetreten ist. Jetzt geht es erst richtig los. Der Grund dafür läßt sich auf drei Buchstaben reduzieren: MTV. Dies steht für MusicTelevision und ist ein 1981 gegründeter Kabelkanal des amerikanischen Fernsehens, der rund um die Uhr an jedem Tag des Jahres nahezu ausschließlich Musik-Clips ausstrahlt und von 29 Millionen US-Haushalten empfangen wird. Das MTV-Prinzip, das sich in veränderter

Form auch in vielen außeramerikanischen Ländern durchsetzt, hat einen wachsenden Einfluß auf Hollywood. Inzwischen ist es die Regel, neben dem traditionellen „Trailer" (zusammengeschnittene Vorschau) auch ein Musikvideo als Werbemittel einzusetzen. Aber nicht genug, Filmszenen werden bereits eindeutig im Hinblick auf ihre Verwendung als Musik-Clip gedreht. Man denke zum Beispiel nur an „Rocky IV", wo „Rocky" Stallone durch die Stadt braust und sein bisheriger Werdegang in kurzen „Flashbacks" zusammengeschnitten ist. Das Charakteristische an einem Musikvideo ist — laut Bob Pittman, dem Gründer von MTV — „die nichterzählerische (non-narrative) Gefühlsansprache: Die Bilder gehen — ähnlich den Klängen der Musik selbst — an der Rationalität des Zuhörers/Zuschauers vorbei direkt in dessen Emotionen". Pittman, der überzeugt ist, daß „dieses Prinzip eine ganz neue Seherfahrung im Film auslösen wird", verließ MTV, um in Kooperation mit dem Universal-Studio Filmprojekte zu entwickeln. Da die meisten Musik-Clips nichts weiter als lange Special Effects sind, wird die Zukunft der Trickkünstler, vor allem derjenigen, die mit Computern umgehen können, gesichert sein.

Die Konsequenz dieses Trends wird sein: Die Macht der Magie mausert sich endgültig zur Superpower. Waren die Special Effects bisher Diener des Films, könnte der Film — wie das bei den Musik-Videos schon der Fall ist — Diener der Effekte werden. Ob dies zu begrüßen oder zu beklagen ist, bleibt dem Urteil und Geschmack des Publikums überlassen. Interessant ist es aber in jedem Fall zu wissen, was die Magier des Films anstellen, um uns, den Filmfreunden, eine Illusion der Realität vorzugaukeln. Dieses Buch ist eine Einladung an Sie, mit mir hinter die Kulissen jenes ganz besonderen Special Effects zu blicken, den wir unter dem Namen Film so sehr schätzen.

1. Kapitel

Anfänge

Als das Abbild die Wirklichkeit für immer verließ

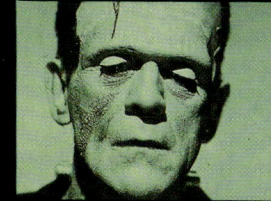

„Ich glaube nur, was ich sehe"; sagen heute noch eingefleischte Skeptiker. Aber: „Ich glaube alles, was ich sehe", das sagt kein Mensch mehr. Daß dies früher anders war, ist in unserer Ära der Illusionsmedien nur noch schwer nachvollziehbar. „Sehen" und „Daranglauben", das war seit Menschengedenken identisch. Hörten wir die Stimme eines Menschen, sprach wirklich einer — und nicht etwa eine Tonkonserve, eine schwarze oder metallene Scheibe. Sahen wir einen Menschen leibhaftig in Bewegung vor uns, dann war da wirklich einer — und nicht etwa eine Bildkonserve, ein Zelluloidstreifen oder ein Videoband.

Als um die Jahrhundertwende ein Film-Gangster in Richtung Kamera — also in Richtung Publikum — einen (noch dazu lautlosen)

Schuß abfeuerte, schrien die Zuschauer auf, einige fielen in Ohnmacht. Die Legende mag da einiges an Übertreibung hinzugefügt haben; unumstritten aber ist, daß *Erleben* und *Abbild eines Erlebens* noch so eng verbunden waren, wie eine Mutter und ihr Baby. Als die Bilder dann laufen lernten, entfernte sich „Baby" Abbild immer weiter von der „Mutter" Wirklichkeit. Tricks machten die Trennung komplett.

Wie wir in diesem Kapitel „Die Anfänge" sehen werden, hatten diese Effects drei Entwicklungsstufen hinter sich: Die Magie (im Spirituellen oder als Jahrmarkts-Gaukelei), die Fotografie und schließ-

lich die Erfindung des Films (später kam dann noch die Entwicklung der Computer und der Unterhaltungselektronik hinzu).

In dem Franzosen George Méliès vereinigten sich die Wurzeln Magie, Fotografie und Film; er war es, der als erster das unbegrenzte und verblüffende Trickpotential des Films erkannte und auch gleich in die Praxis umsetzte (siehe Seite 27). Ihm und allen anderen Filmemachern der frühen Jahre, die Trickelemente in ihre Pionierwerke aufnahmen, kam zugute, daß das Publikum noch unerfahren, also unkritisch war, was die Qualität der Effects betraf. Da mochten die Einzelbilder noch so ruckeln oder die Trennlinien bei Bildmontagen noch so überlappen — die Zuschauer waren zu beeindruckt vom Spektakel, als daß sie Wert auf technische Perfektion legten. Hinzu kam, daß die Filme damals von mangelhafter Qualität waren, flimmerndes und grobkörniges Schwarzweiß, das Nuancen ohnehin nicht zuließ.

Aber das änderte sich bald. Selbst George Méliès, der „Zauberer von Montreuil", konnte bald nicht mehr mithalten. 1938 verstarb er verarmt in Paris.

Interessant dabei ist, daß es vor allem Deutschland war, das den Boom der frühen Effekte entfachte. Vom expressionistischen Theater herkommend, inszenierten deutsche Regisseure visionäre Spektakel von oft hypnotischer Wirkung: „Der Golem" (1914 und 1920), „Das Kabinett des Dr. Caligari" (1919), „Nosferatu" und „Dr. Mabuse" (beide 1922), „Metropolis" (1926). Diese Filme hatten den stärksten Einfluß auf den internationalen Film, gingen sie doch über die fotografische Realität weit hinaus ins Fantastische. Bald trieben sie neue Blüten in der „Traumfabrik" Hollywood, wohin manche der deutschen Regisseure (z. B. Murnau oder Fritz Lang) auswanderten. Ein skuriller Ableger des Fantastischen entstand in den Fünfziger Jahren in England, wo unter dem „Hammer"-Zeichen Horror seine grauseligen Urständ' feierte.

Bis hin zu Stanley Kubricks „2001 — Odyssee im Weltraum" waren Fantasy-, Science-fiction- und Horrorstreifen ausschließlich B-Filme, meist billig heruntergekurbelte Schnellproduktionen. Aber das änderte sich, als Steven Spielberg und George Lucas diese B-Genres zu elaborierten Großproduktionen hochschraubten und so den Siegeszug der Special Effects krönten. Die Effectstechniken von morgen werden heute vorbereitet in einem Tal, das etwa sechs Autostunden von Hollywood entfernt liegt: Silicon Valley, dem Sitz der Computer-Industrie.

Besonders interessante Pionierleistungen sind auf den folgenden Seiten aufgeführt.

Montage aus vier Fotos

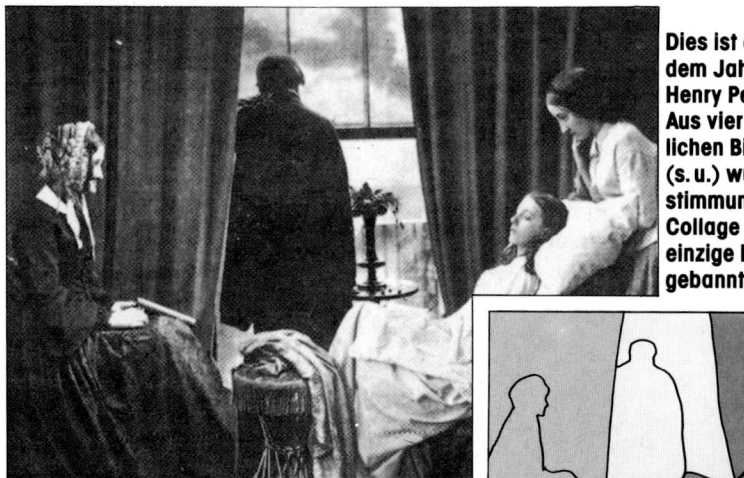

Dies ist ein Foto aus dem Jahr 1858 von Henry Peach Robinson: Aus vier unterschiedlichen Bildern (s. u.) wurde eine stimmungsvolle Collage auf eine einzige Bildplatte gebannt

Doppelbelichtung

Den „Zauber von Paul und Amy Neville" demonstriert diese Doppelbelichtung: Amy wurde (s. u.) vor einer schwarzen Wand gefilmt und in die Wand kopiert

Geisterbilder

Ein beliebtes Stilmittel wurden die Geistererscheinungen. Etwa in „Beau Brummel". Der alte Beau ist gestorben und ein junger Beau erhebt sich aus seinem Körper — auch hier eine Doppelbelichtung

"Die Reise zum Mond": Der berühmte Mélièsfilm von 1902

Aufs Auge gezielt:
Die Tricks des George Méliès

Der ganz große Schrittmacher war George Méliès (1861-1938), ein Vollblut-„Zauberer" und Chef der Varieté-Bühne Robert-Houdin im Paris des späten 19. Jahrhunderts; er war Amateurfotograf und benutzte begeistert auch die neueste Erfindung, die Filmkamera. Als er eines Tages im Stadtverkehr von Paris einen Bus filmte, verhakte sich die Kamera. Als sie plötzlich wieder weiterlief, war der Bus längst passiert und an seiner Stelle eine Pferdedroschke vor der Linse. Als Méliès den Film dann abspulte, sah er in freudigem Schock, wie sich der Bus schlagartig in eine Droschke „verwandelt" hatte. Als gelernter Trickkünstler spürte er sofort das magische Potential im Film. So filmte er eine Frau, ließ sie von einem Tuch bedecken. Das Tuch wurde weggezogen und — ein Skelett stand vor den Augen des verblüfften Publikums. Allein 1896 drehte er 70 solcher Filmchen, er entwickelte dabei Doppelbelichtung, das Ausblenden von Szenen, die Überblendung. Sein Hauptwerk, „Die Reise zum Mond" (1902), war bereits 16 Minuten lang und kostete die damals astronomische Summe von 10.000 Francs.

Méliès setzt sich selbst ins Bild: Der französische Showman (rechts: gleich zweimal) tüftelte seine überraschenden Gags selbst aus. Hier, indem er seinen eigenen Kopf überlebensgroß in den Film projizierte (u.)

CAMERA

CACHE

SOL

FOND

Marques à la craie sur le sol (pour mise au point)

27

Schon beim ersten Spielfilm wurde gemogelt

Der Zug ist extra gefilmt und — falsch — einkopiert

In Edwin S. Porters Stummfilmklassiker „Der große Eisenbahnraub" wurde bereits ein „Travelling Matte" (s. Seite 88) benutzt: Der durchs Fenster sichtbare, vorbeifahrende Zug (siehe Pfeil) wurde in die Studioaufnahmen einkopiert. Ganz gelungen ist der Trick allerdings nicht: Weil im flachen Winkel gedreht wurde, sieht es so aus, als würde die Lokomotive direkt aufs Bahnwärterhäuschen zufahren. Aber so genau nahmen Filmemacher und Zuschauer damals — im Jahre 1903 — die Effekte noch nicht.

Das Grauen aus der Spritzpistole

Reichlich gesponnen wurde im Horrorboom der 30er Jahre. So etwa in „Dracula" (s. u.) von 1931. Beachten Sie die Massen von Spinnweben

Für den gewaltigen Ausstoß an Spinnweben wurde eine Handbohrmaschine in eine Spritzpistole umgebaut: In der mit zähflüssigem Latex gefüllten Trommel dreht sich eine Spirale. Dadurch entstehen Fäden

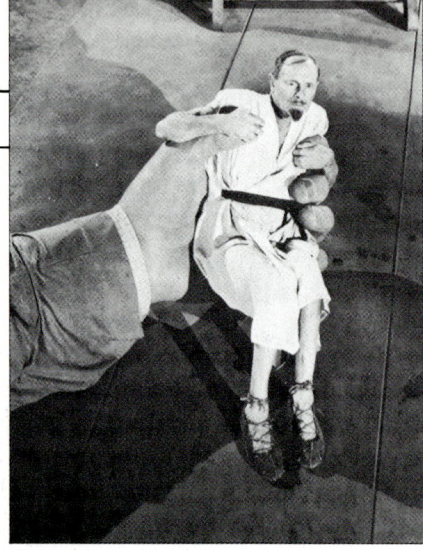

Die Hand ist konstruiert, der Arm und Hintergrund live (siehe Trennlinien)

Riesen-Show um einen Zwergenaufstand

Einer der unterhaltsamsten Filme aus dem Genre der übergeschnappten Wissenschaftler war „Dr. Cyclops" von Ernest B. Schoedsack (1932). Albert Dekker spielte den „Mad Doctor", der Menschen zu Zwergen schrumpfte. Bemerkenswert an diesem ersten großen Horrorfilm in Technicolor war der Einsatz von überdimensional großen „Props" (Kulissenausstattung), neben denen die Schauspieler winzig wirkten (verantwortlich dafür: Wallace Kelly und Farciot Edouard) und die schon sehr ausgefeilten „Matte"-Aufnahmen (s. Seite 66 ff), die überzeugend zusammengefügt wurden siehe (Bild rechts).

Bilder unten: So wurde gedreht.

Rechts: Zwei Filme kombiniert. Links: Die Zwerge sind ausgespart. Unten: Die Schauspieler starren in die leeren Kulissen

Lästige Windstöße im Wohnzimmer

In den chaotischen Gründerjahren dauerten Produktionen höchstens eine Woche. Kein Platz für Studiohallen. So wurde etwa diese „Wohnzimmer"-Szene im Freien gedreht (Jesse L. Lasky Feature Play Company), was oft komische Wirkung zeigte: Ein Vogel flog durch den „Salon" oder der Rock einer Dame wurde vom Winde verweht.

Die Horror-Version des Lampenfiebers

Durch cleveren Einsatz von Studiolampen ließen sich wirkungsvolle Effekte erzielen. Regisseur James Whale machte durch starke Strahler Boris Karloffs Gesicht (in „Frankensteins Braut", 1935) „dämonisch" und erzeugte bedrohliche Riesenschatten; so auch bei „The Return of Dr. X" mit Humphrey Bogart (r.).

Ein ganz besonderer „Special Effect"

Wo ist hier der Trick, werden Sie fragen. Er stammt nicht von den Filmemachern, sondern von den Verleihern: Weil Bela Lugosi ein zugkräftiger Horrorstar war, klaute man einfach seinen Namen. In Wahrheit fletscht (in „Dracula", 1931) der Spanier Carlos Villarias seine Zähne.

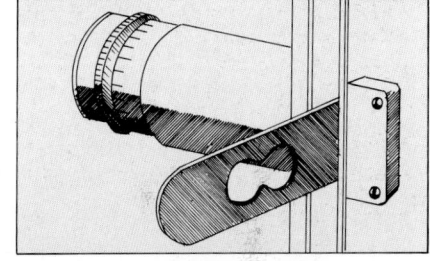

Auch Kameras kann man maskieren

Ausblendungen von Bildteilen lassen sich sehr einfach mit einer „Maske" bewerkstelligen (siehe nebenstehende Skizze). Eine solche Maske kann die unterschiedlichsten Formen haben. Sie wird in der Regel direkt hinter das Objektiv in die Kamera eingeschoben. Am bekanntesten ist der „Fernglas"-Effekt, der seit den Stummfilmtagen bis heute angewandt wird. Selbstverständlich sind auch „Einglas"-Masken für Fernrohre möglich.

Die drei Seiten des Napoleon Bonaparte

Der Grundsatz des Films, wonach jedes Bild eine Komposition ist, kann auch bedeuten, daß das Filmbild die Zusammenfügung mehrerer Kameras sein kann. Abel Gance drehte 1926 sein „Napoleon"-Epos mit drei parallel geschalteten Kameras. Dadurch entstand eine Szenerie und eine Perspektive, die selbst in der modernen Wiederaufführung ihre Wirkung nicht verfehlen. Das gleiche Prinzip wird auch bei den „Panorama"-Kinos (z. B. Disneyland) benutzt, was — oft mittels bis zu neun im Kreis installierter Kameras und der entsprechenden Zahl von Projektoren — einen 180- oder 360-Grad-Film ermöglicht.

Hand in Hand mit dem Horror entwickelte sich der Schreckensgrad der Bilder. Waren früher Brutalitäten überwiegend der Fantasie überlassen, läßt sich heute jede Scheußlichkeit in allen blutigen Details darstellen. Noch vergleichsweise harmlos ging's zu bei „Frankensteins Fluch" von 1956, eine typische Hammer Production (hier mit Peter Cushing und Robert Urquhart). Weil Horror viele und gute Effects braucht, wurden die englischen Hammer Productions zu einer Brutstätte der Effects-Experten, auf die auch Hollywoods Produzenten (einschließlich Lucas und Spielberg) ständig zurückgreifen

Kerzen, so hell wie die Sonne

Hast Du mich gesehen, Luna? Ich habe alles gegeben. Ich war besser als jeder wirkliche Vampir!", ruft Count Mora (alias Bela Lugosi) theatralisch seiner Tochter Luna (alias Carol Borland) zu. Aber leider können wir ihm nicht recht geben: Lugosi hatte mit „Dracula" aus dem Jahr 1931 ein großartiges Horror-Debüt gegeben; aber von da ab wurde er mehr und mehr zu einer Karikatur des großen Transsylvaniers. Und die Regie- und Kameraleistungen solch früher Horror-„Flicks" taten ein übriges. Auch wenn man einräumen muß, daß mit dem damals recht unflexiblen Filmmaterial die ständigen Nacht- und schummrig-flackernden Kerzenszenen nur mit viel Glück brauchbar auf die Leinwand zu bringen waren.

Als Beispiel für die Problematik der Kerzenlichtaufnahmen haben wir (siehe Bild rechts) die oben beschriebene Szene aus „Mark of the Vampire" von 1935 ausgewählt — mit Lugosi und Borland und dem Regisseur Tod Browning und (mit Baskenmütze) daneben sitzend dem hervorragenden Kameramann James Wong Howe. Aber schon diese Szenenaufnahme zeigt, wie lächerlich im Grunde jede der alten Kerzen-Illuminationen ist: Count Mora hat eine einzelne Haushaltskerze in seiner Hand und das gesamte Haus wird sofort strahlend hell.

Selbstverständlich kommt das „Kerzenlicht" von einer oder mehreren Studiolampen und unglücklicherweise ist dies in fast allen alten Filmen für unser heute geschultes Auge zu erkennen. Überhaupt ist die Beleuchtung, die ja zum Aufgabenbereich des Kameramannes (Cinematographers) gehört, eines der sensibelsten Berei-

Eine Kerze erhellt den ganzen Raum: Aufnahmen zu „Mark of the Vampire" (1935)

Erste Kerzenszene — wirklich mit Kerzen beleuchtet: J. Alcotts Leistung in „Barry Lyndon"

che des Filmemachens. Deshalb holen sich große Regisseure kongeniale Kameraleute. Wie etwa Ingmar Bergman seinen Sven Nykvist hatte, Stanley Kubrick seinen John Alcott, der wohl als erster mit großem Erfolg Kerzenszenen ausschließlich mit Kerzen ausleuchtete, nämlich in „Barry Lyndon" (1975).

Schon sehr früh in der Entwicklung der Lichteffekte war eine Art „Alibi"-Lichtquelle eingeführt worden, genau genommen war diese ein Relikt aus der Theaterbeleuchtung: Um dem Zuschauer einen bestimmten Einfall von Licht plausibel zu machen, wird in der Richtung des Lichteinfalls eine Lampe angebracht. Oder ein Fenster. Weil nun das Licht Sinn macht, werden wir prompt hinter dasselbe geführt.

Aus Tag (ohne Filter) . . .

. . . Sonnenuntergang . .

Rot-Gelb wird nicht etwa eingeblendet, die anderen Spektralfarben werden ausgefiltert

. . . Dämmerung . . .

Ein „Sepia"-Filter auf der Kamera wirft einen subtil-warmen Braunton aufs Bild

. . . wird Nacht oder . . .

. . . Nebel . . .

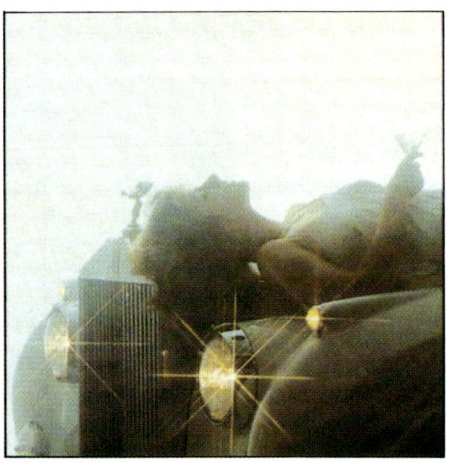

Zwei Filter zugleich: Der Scheinwerfer funkelt durch einen „8 star" plus „fog 2"

LINSENWEISHEIT: SCHÖNSEIN, AUCH WENN MAN NÜCHTERN IST

Wenn mir Altregisseur Reginald Le Borg von den „Goldenen Jahren" Hollywoods erzählt, kommt er jedesmal ins Schwärmen. Vor allem, wenn's um die „Divas", die „Göttinnen der Leinwand" geht: „Die Schönheit einer Frau hängt ab vom Grad der Betrunkenheit des Mannes, der sie ansieht. Je besoffener, desto schöner. Filmstars jener Zeit hatten so auszusehen, daß sie diese Wirkung auch dann bei den Zuschauern auslösten, wenn diese nüchtern waren". Eine engelsgleiche Aura, sanfte Konturen, schmelzender Blick mit feinem Gefunkel in den Augen — all das wurde mit Kosmetik, Beleuchtung, hauptsächlich aber mit Filtern erreicht. Das sind Glaslinsen vor dem Kameraobjektiv, die das einfallende Licht manipulieren, ob sie nun die Kontraste reduzieren („Weichzeichner") oder Lichtquellen bündeln („Sternenfilter") oder einfach nur einen kaum merklichen Grad von Unschärfe bewirken, der dem Portrait den Charakter eines Traumbildes verleiht und überdies den Vorteil hat, jedes noch so kleine Krähenfüßchen einfach zu „übersehen".

Ein Weichzeichner verklärt Marlene Dietrich

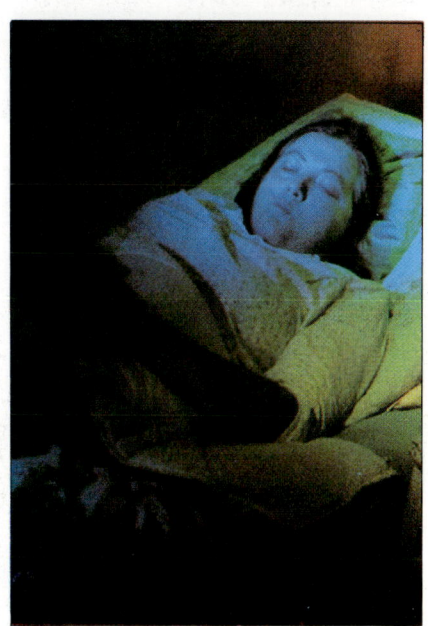

„Totenblässe" bei „Day-for-Night"

Mit Filter wurde auch ein anderer Effekt erreicht, der heute — Gott sei's gedankt — nur noch in den billigsten aller Billigfilme angewandt wird: „Day-for-Night". Darunter versteht man das Drehen einer Nachtszene während des Tages. Der Grund dafür liegt ausschließlich bei den Kosten. Nachtaufnahmen sind in der Regel fast doppelt so teuer wie Dreharbeiten bei Tageslicht. Der Effekt wird erreicht, indem ein Blaufilter vor die Kamera gepackt und etwas unterbelichtet gefilmt wird. Schon etwas aufwendiger ist das „Dunkelmachen" im Optischen Printer" (Siehe Seite 74): Der Tageslichtfilm wird durch einen Blaufilter sozusagen nochmals gefilmt. Über der „nächtlichen" Szenerie liegt nun ein Blauschwarz, das allerdings einen — manchmal sehr komischen — Nebeneffekt hat: Auch die Gesichter der Schauspieler werden blau — sie sehen so aus, als seien sie schon lange vor Beginn der Dreharbeiten gestorben.

Was heute mit Filtern machbar ist, zeigen die Variationen von Lee Filters Limited, einem der erfolgreichsten Linsenlieferanten der Filmindustrie.

. . . oder eine effektvolle Stimmung des Unwirklichen

Diesmal gleich drei Filter: Dunkler „Himmel", heller Hintergrund und vorne warmes Rosa

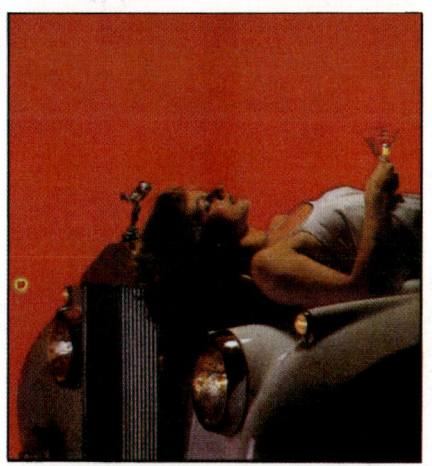

Bild zweigeteilt: Hintergrund intensiv rot, der Vordergrund mit einem Magenta-Filter

Filter Nr. 141 (Lee hat hunderte von Speziallinsen) erzeugt ein leuchtendes Blau

  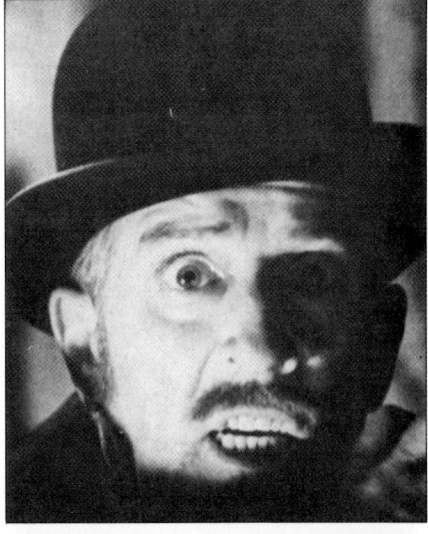

 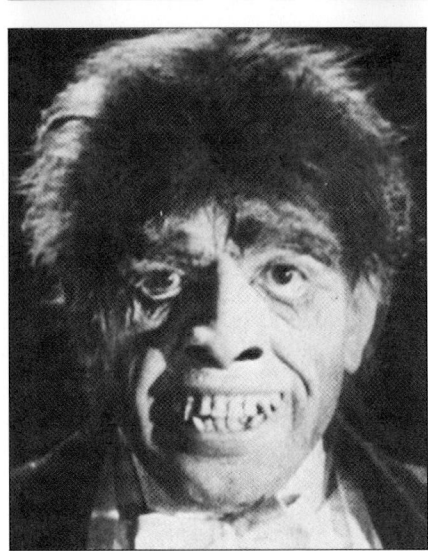 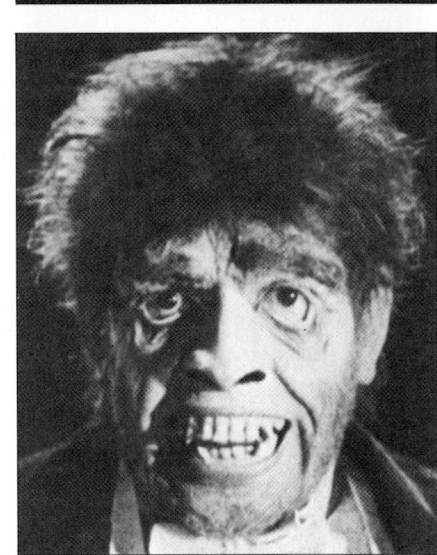

Regisseur Rouben Mamoullan

Hörbare Gedanken und subjektive Kamera

Einer der ganz großen Erneuerer des Films war Rouben Mamoulian. Vor allem in seinem Klassiker „Dr. Jekyll und Mr. Hyde" (1931) verwandte er Techniken, die das Publikum in Erstaunen setzten. Etwa die Verwandlungsszene (s. oben), in der Frederic March, in Einzelbildaufnahmen gefilmt, durch die einzelnen Make-up-Phasen ging. Interessant dabei ist, daß Mamoulian das entsetzte Gesicht eines Augenzeugen einblendet (Mann mit Melone), um die Einzelstufen der Verwandlung zu verschleiern. Fast noch bemerkenswerter ist seine Einführung der „subjektiven Kamera" (s. Seite 37 oben): Der Film beginnt, ohne daß wir den Hauptakteur sehen.

Wir, die Zuschauer, werden selbst zu Dr. Jekyll/Mr. Hyde, indem wir die Szenerie sozusagen mit seinen Augen sehen. Verstärkt wird dies durch Verwendung einer Glasmaske, die sich zum Rand hin verdunkelt, was die Randunschärfe unseres Auges suggeriert. Mamoulian führte auch die „Gleichzeitigkeit" ein, indem er die zwei Frauen im Leben von Jekyll/Hyde durch eine Diagonallinie („Wipe") getrennt im Bild kombinierte. In seinem Film „Applaus" (1929) benutzte Mamoulian erstmals eine zweite Tonspur, auf der gesprochen wird, was der Hauptakteur denkt. Diese „hörbaren Gedanken" sind uns als „Voice-over" geläufig.

SUBJEKTIV:
Die so erzeugte
Randunschärfe
entspricht unserem
Auge

GLEICHZEITIG:
Zwei örtlich
getrennte Damen
gemeinsam im Bild.
Der Trenner („Wipe")
macht's möglich.

Wir alle sind Jekyll und Hyde

So beginnt der Film: Wir sehen den Rücken des Kutschers, als säßen wir, die Zuschauer, auf dem Pferdefuhrwerk. Der Portier grüßt uns, die drei Studenten verbeugen sich vor uns — es dauert Minuten, bis wir uns endlich vom Blickwinkel der Kamera trennen und Dr. Jekyll zum erstenmal erblicken. Dieser Einstieg suggeriert uns: Auch wir könnten ein Jekyll sein, in dem ein Monster schlummert.

In einer mit der Kamera kombinierten Schablone (s. u.) läßt sich eine Vielzahl optisch reizvoller Szenentrenner erzeugen

Die Trenner kommen wieder

Auf der Vorseite war von Rouben Mamoulians filmtechnischer Neuheit „Wipe" die Rede: zur *Vereinigung* zweier Szenen. Häufiger wurden aber Wipes zur *Trennung* von Szenen eingesetzt. Zuschauer waren in den Anfängen des Films ans Theater gewöhnt; nach einem Akt verglimmt das Licht („fade out"), der Vorhang schließt sich. Vorhang auf und „fade in". Das übernahm der Film. Manchmal sogar noch heute (etwa Jarmuschs „Stranger than Paradise"). Links oben sehen Sie solche an Vorhänge erinnernden Seitentrenner. Sie trieben in Hollywoods „Goldenen Jahren" wahre Blüten, vom Verdampfen bis zum Kreiseln, vom Ertränken bis zur Explosion. Heute werden „harte Schnitte" bevorzugt — jede Szene knallhart an der nächsten. Diese den Film „schnell"-machende Eigenschaften war in der jüngsten Vergangenheit gefragt, nun aber kommen „Trenner" alten Stils wieder: Weil Musik-Clips unsere Sehgewohnheiten verändern, indem sie Experimentelles und „Schnörkel" bevorzugen. Und weil dies halt mit dem Computer (s. Beispiel rechts) auch so richtig einfach zu machen ist.

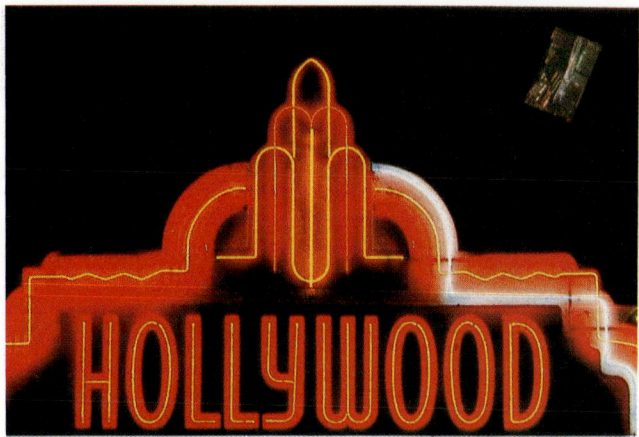

Gläsernes, Geheimes und Gespiegeltes

Die Zeichnung links ist eine Originalskizze von Norman Dawn. So hatte er 1907 „Missions of California" gedreht – er „erneuerte" die verfallene Mauer einer spanischen Missionskirche durch ein Gemälde auf Glas. Die Bilder oben zeigen einen ähnlichen Effekt: die Spitze eines Gebäudes gemalt, daneben das komplette Trickbild (aus dem Film „Flame in the Wind").

Filmen hat mit Licht zu tun. Und Glas läßt Licht durch. Aus diesen simplen Erkenntnissen läßt sich allerlei machen. Filmt man beispielsweise durch Glas, auf dem etwas gemalt ist, erscheint das Gemalte auch auf dem Film. Daß sich mit dem Prinzip prima Effekte erzielen lassen, war schon seit den Zeiten der Fotografie bekannt. Im Film erwies es sich als nahezu unverzichtbar: Die ständig erforderlichen Ausflüge in ferne Länder oder ins Fantastische wären zu teuer oder unmöglich gewesen. Als erster praktizierte Norman Dawn diese Technik, indem er in einer Dokumentation das fehlende Oberteil einer Mauer durch ein Glasbild ersetzte. Aber auch heute noch wird Glas als Trickelement eingesetzt; vielfach in Verbindung mit Spiegeln. Den Grundstock dafür legte der Deutsche Eugen Schüfftan, dessen komplizierte Technik auf Seite 41 erklärt ist. Ähnlich berühmt wurde der „Clarke Process" — Charles Clarke, der für 20th Century Fox arbeitete, konnte auf Glas jede beliebige Wolkenformation erzeugen.

Durch Glas läßt sich nicht nur hinzufügen, sondern auch wegnehmen: Diese Skizze (wieder von Norman Dawn) zeigt Aufnahmen von Boeing-Flugzeugen während des Zweiten Weltkriegs: Die kriegswichtigen, also geheimen Konstruktionsteile des Fliegers wurden einfach durch ein Glasgemälde abgedeckt.

TOP SECRET!

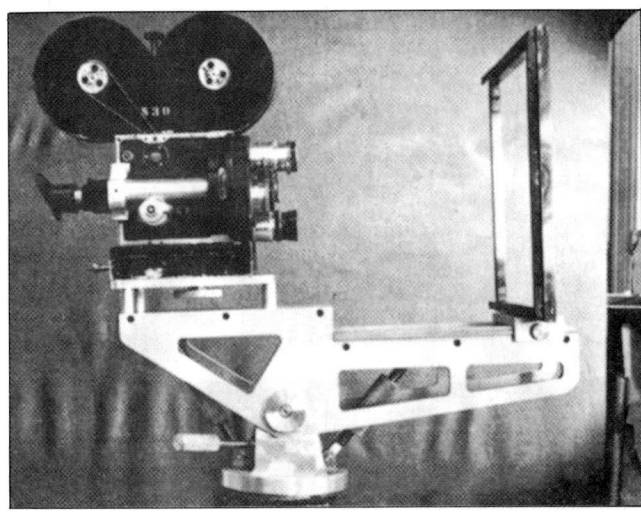

Die Halterung, auf die Kameras montiert werden können, wurde eigens für Aufnahmen durch Glas konstruiert. Häufig jedoch wurde das Glas weiter von der Kamera entfernt aufgestellt, um sowohl Glasmalerei wie gefilmtes Objekt „scharf" filmen zu können.

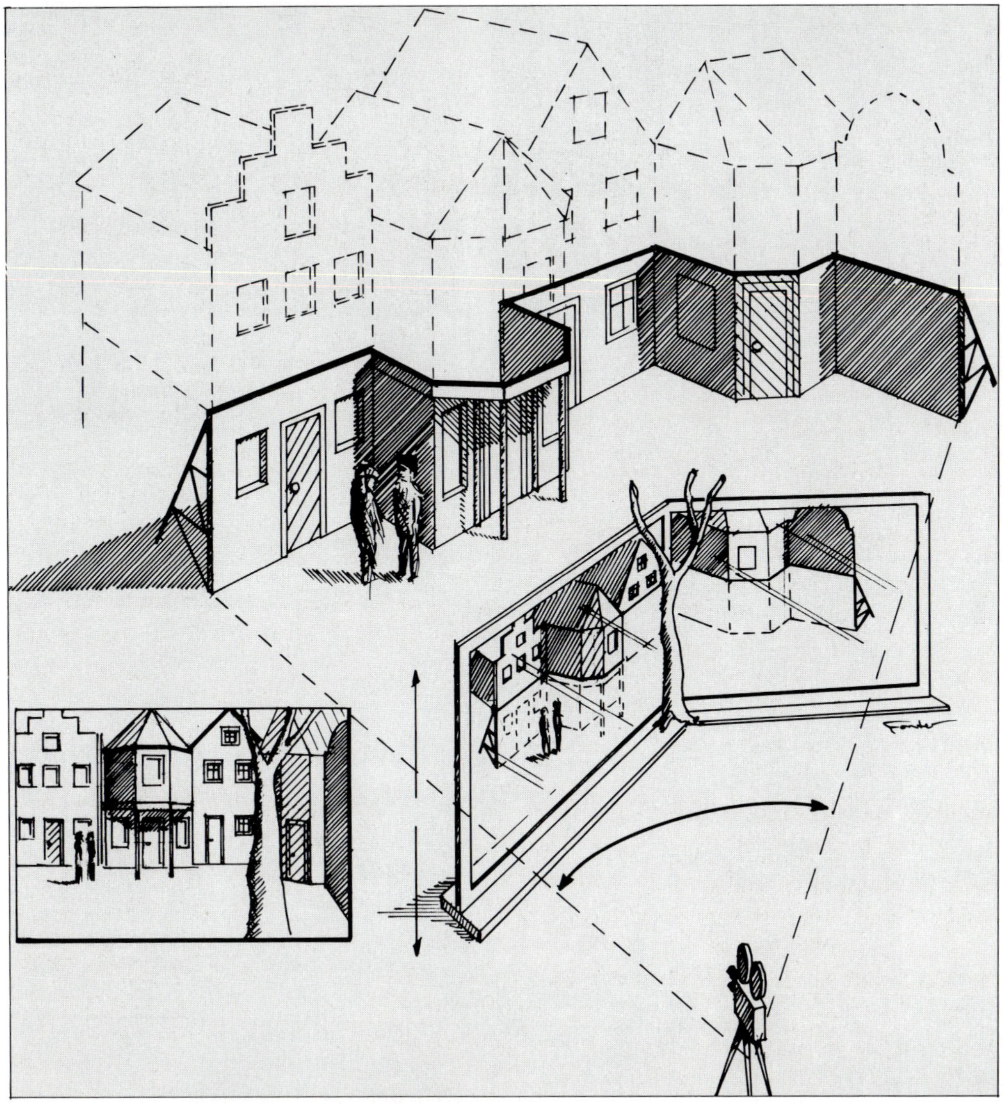

New York war Schauplatz von John Carpenters „Die Klapperschlange". Gedreht wurde aber dort nur 2 Tage: die Silhouette. Diese simulierte dann — auf Glas gemalt — das Stadtbild New Yorks. Der Dawnsche Glastrick hilft also auch noch heute.

Diese Skizze veranschaulicht eine Ausweitung des Dawnschen Prinzips: 1. Kein Original- gebäude mehr, sondern nur eine eigens gebaute Halb- fassade; 2. Kameraschwenk ist möglich. Das Oberteil des Gebäudes ist auf zwei gewinkelte Glasscheiben gemalt, der Baum dazwischen verdeckt den Rahmen. Die Schauspieler agieren zwischen Fassade und Glas. So ließen sich in der Pionierzeit Ritterkämpfe vor Burgen, Indianerattacken vor Western-Forts usw. drehen.

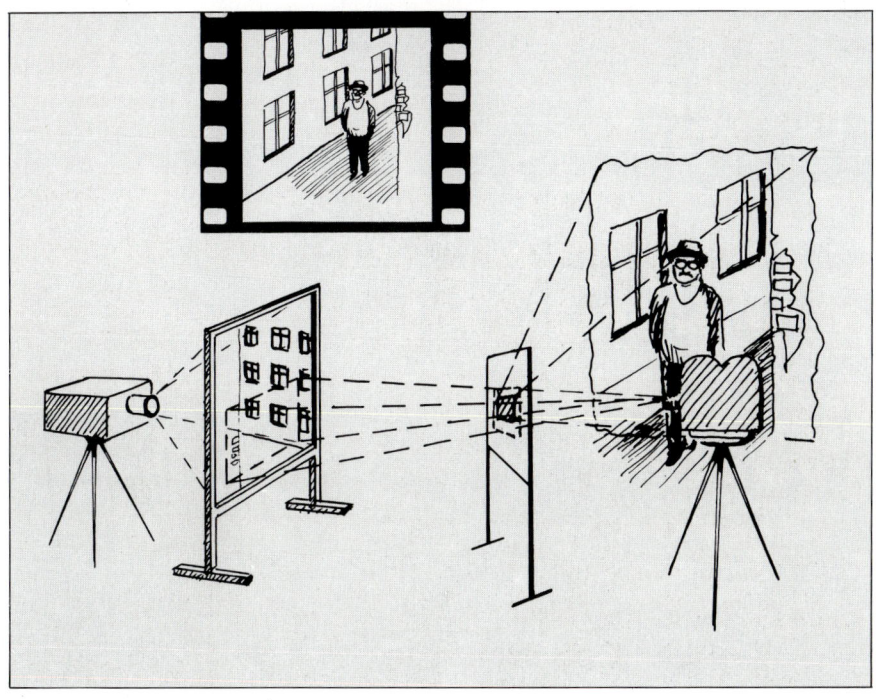

Das Spiegel-Kabinett des Dr. Schüfftan

Der Deutsche Eugen Schüfftan trieb die Glastricks auf die Spitze. Der nach ihm benannte Effekt funktioniert so: Ein Projektor wirft ein Dia oder einen Film auf eine Glasscheibe, auf die eine Kamera gerichtet ist. Zwischen ihr und der Scheibe steht ein Glas mit einer kleinen Spiegelfläche, auf der sich eine Studiofassade spiegelt, die exakt dem Projektorbild entspricht. Agiert nun ein Schauspieler in der Fassade, filmt die Kamera das Glasbild zusammen mit dem (gespiegelten) Schau- spieler. Heute wird dieser Trick aller- dings kaum mehr benutzt.

THE WAR OF THE WORLDS

SOMEWHERE IN THIS WORLD STALKS A THING THAT IS...

NOT OF THIS EARTH

Paul BIRCH · Beverly GARLAND · Morgan JONES

A ROGER CORMAN PRODUCTION · Screenplay by CHARLES B. GRIFFITH and MARK HANNA

Produced and Directed by ROGER CORMAN · An ALLIED ARTISTS Picture

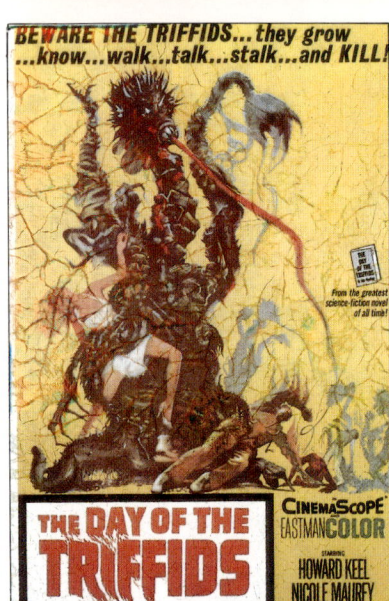

BEWARE THE TRIFFIDS...they grow ...know...walk...talk...stalk...and KILL!

From the greatest science-fiction novel of all time!

THE DAY OF THE TRIFFIDS

CINEMASCOPE EASTMAN COLOR

HOWARD KEEL NICOLE MAUREY

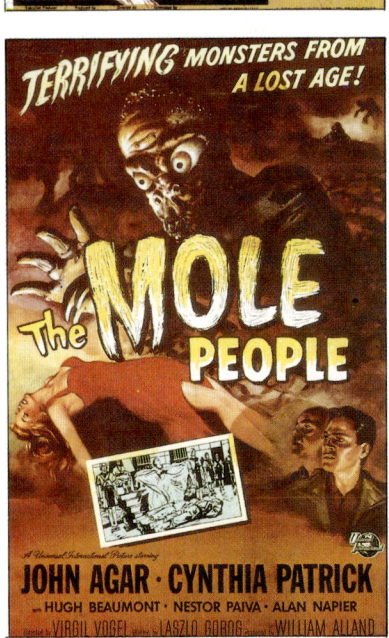

TERRIFYING MONSTERS FROM A LOST AGE!

The MOLE PEOPLE

JOHN AGAR · CYNTHIA PATRICK

with HUGH BEAUMONT · NESTOR PAIVA · ALAN NAPIER

Directed by VIRGIL VOGEL Written by LASZLO GOROG Produced by WILLIAM ALLAND

GROWING...! GROWING...! GROWING...! to a GIANT...! to a MONSTER...!

WHEN WILL IT STOP?

THE AMAZING COLOSSAL MAN

starring

GLENN LANGAN · CATHY DOWNS · WILLIAM HUDSON · LARRY THOR

Produced & Directed by BERT I. GORDON · Screenplay by MARK HANNA and BERT I. GORDON

A JAMES NICHOLSON-SAMUEL Z. ARKOFF PRODUCTION

AN AMERICAN-INTERNATIONAL PICTURE

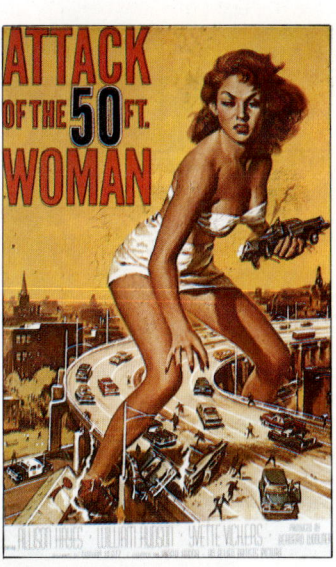

EFFEKTE: SPIEGEL EINER WIRREN ZEIT

Einstein hatte die Perspektiven zertrümmert, Picasso die Proportionen und Freud gar die pastorale Seele. Und die Bomben von Hiroschima und Nagasaki gaben der schönen alten Welt den Rest. Alles war relativ, alles war möglich geworden: Mutanten, Maulwurfsmenschen und Marsianer, die mit fabrikneuen UFOs gleich Kriege vom Zaun brechen. Kolosse in Windeln; auf den Hund gekommene Puppet-Knirpse. Frauen, zwischen deren Beine ganze Highways passen, auf denen die Hölle los ist. Schleimiges aus fernen Dschungeln und noch ferneren Galaxien. In Klopapier gewickelte Opas, die als Mumien spuken. Kurz: Es war „Beginning of the End". Effects-Filme als Comic-Strip-Kommentare zum irritierten Geist der Zeit.

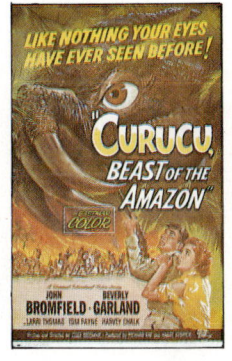

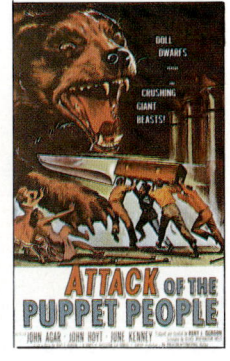

2. Kapitel

Storyboard

**Die Tafel, auf
der Filme und Effects
vorgezeichnet sind**

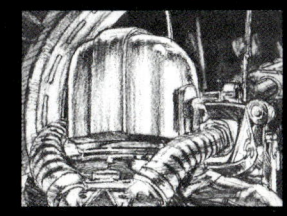

Wie der Musiker von seiner Partitur, „spielt" der Filmemacher vom Drehbuch. Doch die Dreh-Anweisungen des Autors beschränken sich aufs Wesentliche — Ort, im Freien, Nacht; es bleibt der Kreativität, der Fantasie und handwerklichen Fertigkeit des Regisseurs überlassen, wie er jede der Hunderte von Einstellungen inszeniert. Zur besseren Veranschaulichung des Aktionsablaufes hat sich schon lange vor dem Film — beim Militär oder am Theater — der

„Lageplan" als äußerst hilfreich erwiesen. Beim Film heißt dieser Lageplan „Storyboard": Sämtliche Schlüsselszenen der „Story" werden auf einer für alle einsehbaren Tafel, dem „Board", aufskizziert. Viele alte Meister haben ihre Filme auf diese Weise „vorgedreht", berühmt dafür wurde vor allem Alfred Hitchcock. Er bezeichnete die Entwicklung des Storyboards als das wirkliche Filmemachen. Das eigentliche Drehen war dann nur noch ein lästiges, wenngleich notwendiges Übel. Einer der erfolgreichsten Schüler Hitchcocks ist

das Storyboard mit der zunehmenden Kompliziertheit der Special Effects: Die Kombination vieler unterschiedlicher Teams und Techniken wäre ohne Vorskizzen gar nicht durchführbar. Das macht das Storyboard zu einem der elementaren Bausteine der Trickkunst und daran wird sich auch im Zeitalter der Computer Grafik nicht viel ändern.

DESCRIPTION:

CU Toht. Column of fire is in front of Toht & out of focus, slightly to the left side of the frame. Just before the end of the shot, the column, originally red, starts to turn to white-blue.

DIALOGUE:

© LFL 1980

ELEMENTS:

Plate - Toht
Column of fire - Pyro

SCENE NO:			
SHOT NO.	NOTES:		FRAME COUNT
0 A 51			
OF	ANIMATION:	PROC. PLATE NO.	**RAIDERS** PAGE 94

Dies ist das Originalblatt der Dreh-Einstellung OA51 mit einer Storyboard-Zeichnung von Joe Johnston

Nach Vorlagen von Spielbergs Skizzen und Konferenzen zeichnet Joe Johnston

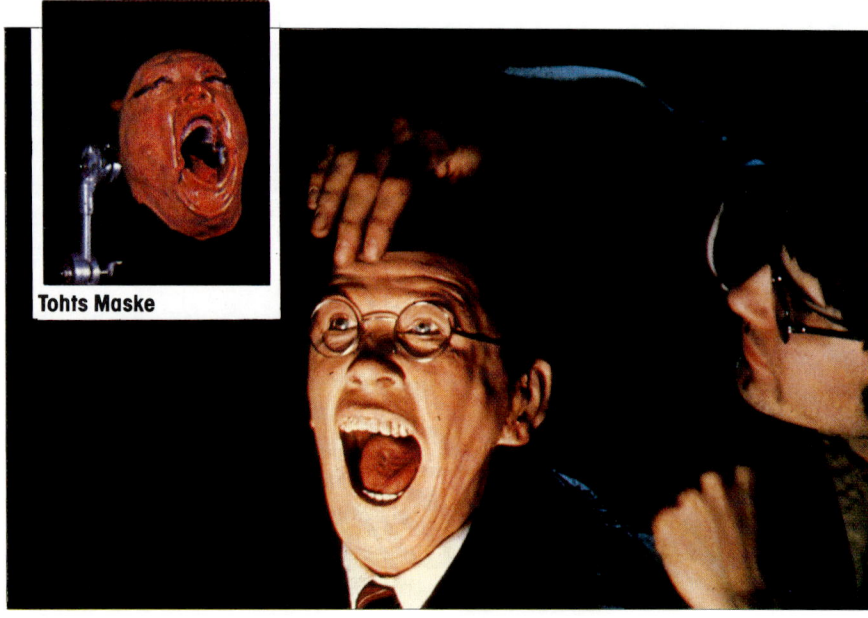

Tohts Maske

Ein Assistent des Make-up-Experten Tom Smith schminkt die auf einem Halter (siehe oben) angekleidete Gipsmaske lebensecht

Der Tod von Toht: Gemalt und geknetet

Einige der „Jäger des verlorenen Schatzes" sehen, nachdem sie ihn gefunden haben, ganz schön alt aus. Darunter Toht, der sadistische Nazi-Agent. Laut Drehbuch hatte sein Gesicht angesichts der gleißenden Strahlen aus der Arche zu schmelzen. Dafür wurde ein Gipsabdruck des Schauspielers Ronald Lace gemacht, daraus ein Wachsmodell, das durch sorgfältiges Make-up (von Tom Smith) — zumindest für wenige Filmsekunden lang — dem „echten" Toht bis aufs Haar glich. Ein besonders gut gelungenes Beispiel für die Umsetzung eines Storyboards in einen wirkungsvollen Special Effect.

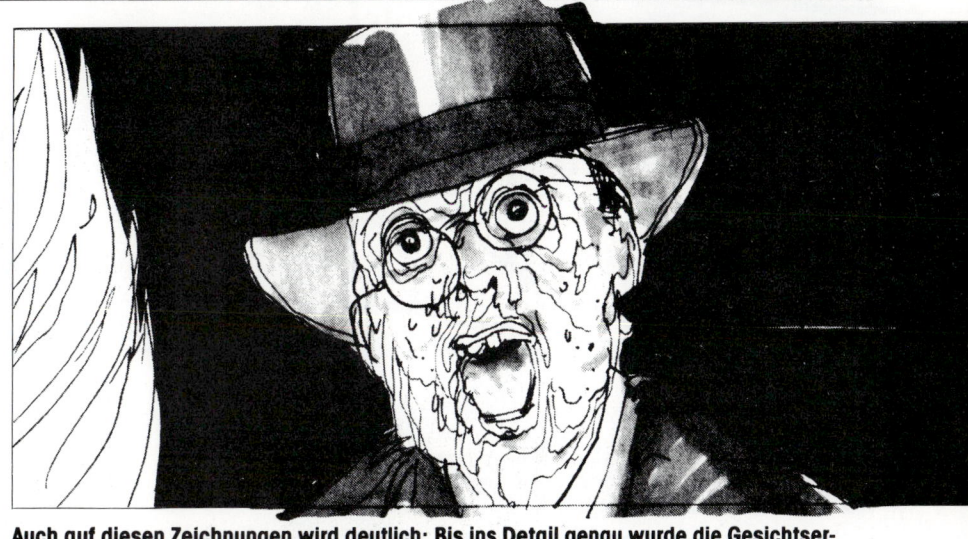

Auch auf diesen Zeichnungen wird deutlich: Bis ins Detail genau wurde die Gesichtserweichung des Nazis durch den Storyboard-Zeichner vorskizziert

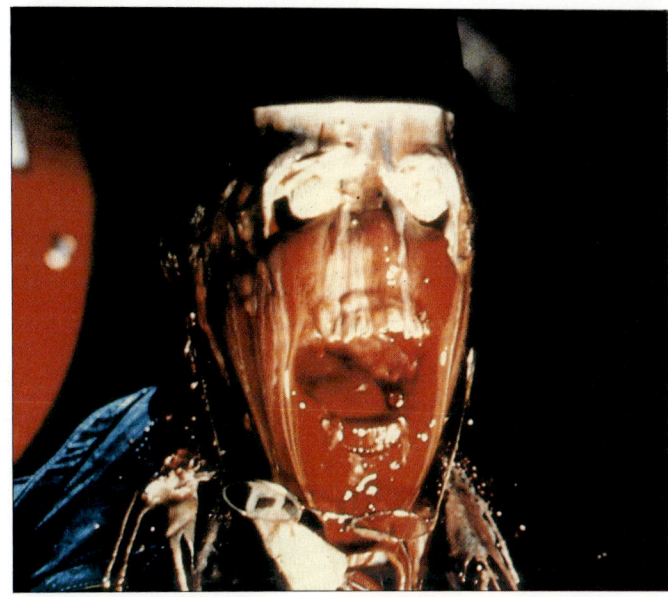

Erhitztes Wachs und von hinten durchgepresstes Gelatin simulieren den furchterregenden Schmelzeffekt

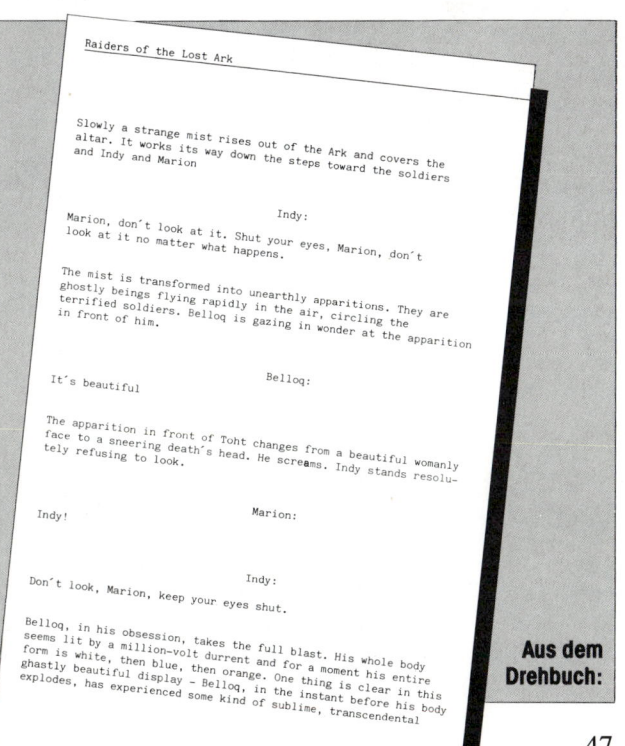

Raiders of the Lost Ark

Slowly a strange mist rises out of the Ark and covers the altar. It works its way down the steps toward the soldiers and Indy and Marion

Indy:
Marion, don't look at it. Shut your eyes, Marion, don't look at it no matter what happens.

The mist is transformed into unearthly apparitions. They are ghostly beings flying rapidly in the air, circling the terrified soldiers. Belloq is gazing in wonder at the apparition in front of him.

Belloq:
It's beautiful

The apparition in front of Toht changes from a beautiful womanly face to a sneering death's head. He screams. Indy stands resolutely refusing to look.

Marion:
Indy!

Indy:
Don't look, Marion, keep your eyes shut.

Belloq, in his obsession, takes the full blast. His whole body seems lit by a million-volt durrent and for a moment his entire form is white, then blue, then orange. One thing is clear in this ghastly beautiful display - Belloq, in the instant before his body explodes, has experienced some kind of sublime, transcendental

To be continued

Aus dem Drehbuch:

47

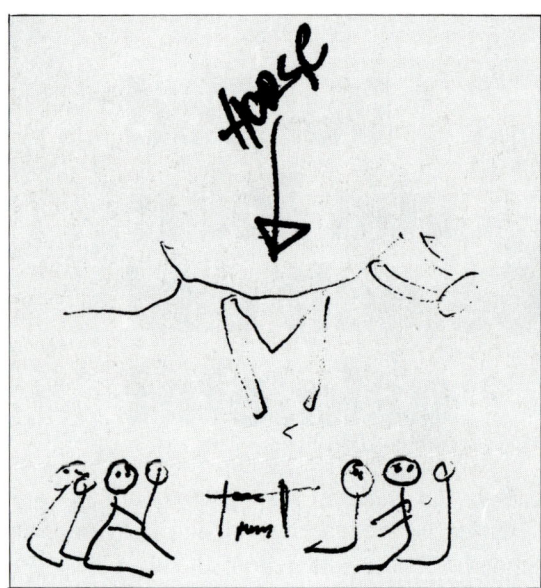

Zeichnen kann er nun wirklich nicht

Vom Vorbild Hitchcock hat er's gelernt: Steven Spielberg „dreht" seine Filme zuerst auf dem Skizzenblock. Insbesondere wenn Special Effects eine tragende Rolle spielen. (Interessant: Er verriet mir allerdings, daß er weder bei „E. T." noch bei „Die Farbe Lila" vorher Storyboards anfertigte, um — wie er betonte — „die

Der Meister begutachtet neue Storyboards

Emotionen beim Drehen frisch zu halten"). Das Komische dabei: Spielberg selbst kann so gut wie gar nicht zeichnen, wie unsere Beispiele zeigen. Weil er kein Pferd malen konnte, schrieb er nur „Horse" (o.). Das Mittelbild zeigt Schlangen und unten sind Ratten. Aber seine Stricheleien sind gut genug für Profi-Zeichner, die dann (s. rechts) anschauliche Zeichnungen entwerfen. Diese lassen dann den dramatischen Ablauf erkennen und dienen der Trick-Vorbereitung.

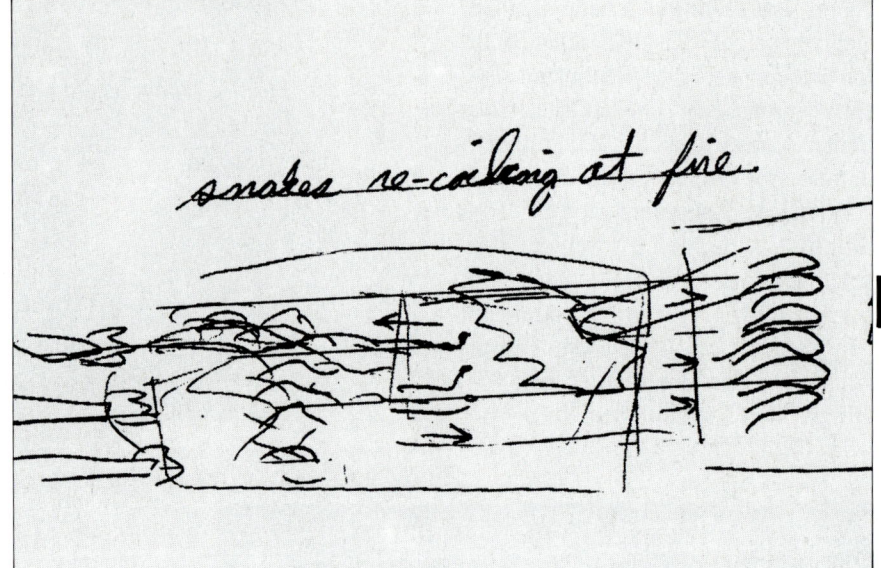

So wurde der Götzenraub dann gefilmt

Das wahre Geheimnis des Indy-Götzen

Statue seems to be watching as well, cursing his every step.

„Auch die Statue scheint zuzuschauen und jeden seiner Schritte zu verfluchen", kritzelte Spielberg neben seinen Chachapoyan-Götzen — ein wahres Goldstück Spielbergscher Zeichenkunst. Für die Designer der Filmstatue (s. unten) bedeutete seine karge Vorlage wahrlich ein Höchstmaß an Kreativität. „Aber", sagt Spielberg augenzwinkernd, „Filmen ist nun mal Teamwork".

PUSH IN —
PAST F.G. RATS TO ARK

Viele Versuche waren nötig, bis der goldgespritzte Gipskopf seine Form fand

Szenen als bild-gewordene Fantasie

**Auf dieser Doppelseite
sehen Sie drei außergewöhnliche
Beispiele für die Umsetzung
von Zeichnungen in Szenen: H.R. Gigers
morbid-sexuelle Fantasien (l.)
von Carlo Rambaldi in ein mechanisches
Monster umgesetzt. Stanley
Kubricks „Logbuch" einer Raumszene
und Entwürfe für „Ghostbusters"**

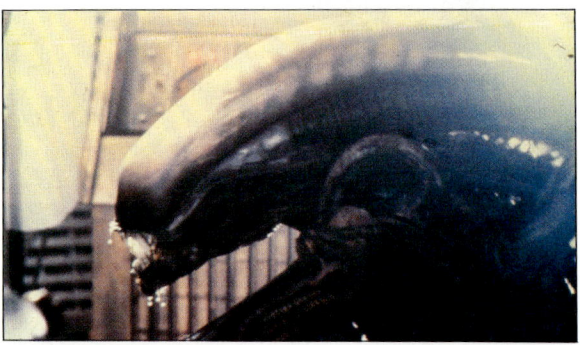

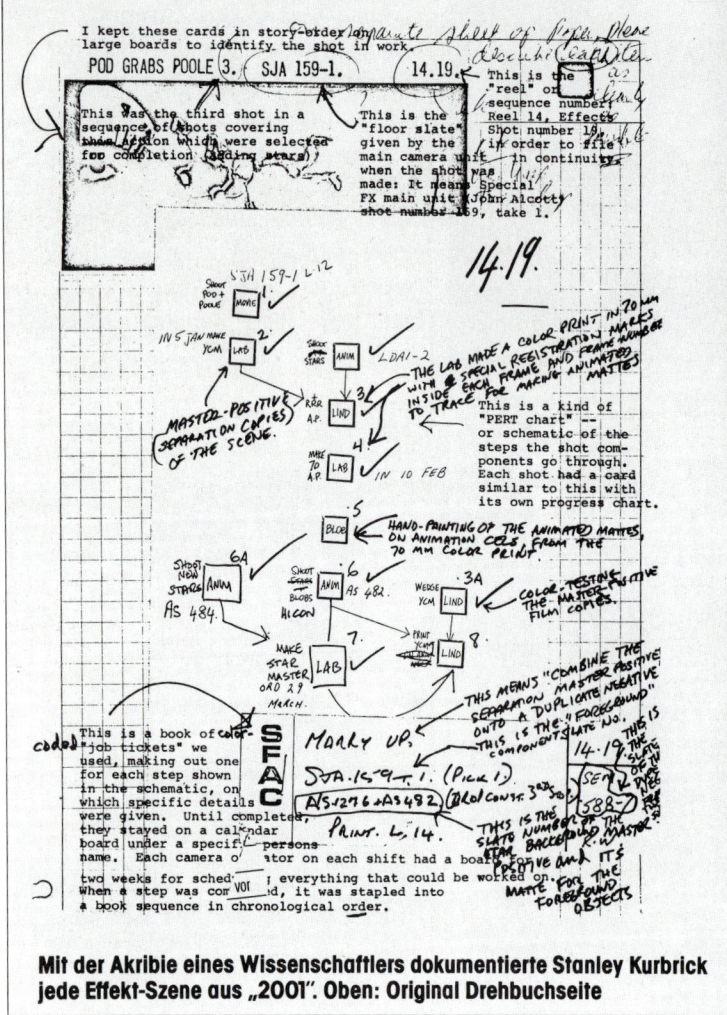

**Mit der Akribie eines Wissenschaftlers dokumentierte Stanley Kurbrick
jede Effekt-Szene aus „2001". Oben: Original Drehbuchseite**

Szenen als wild-
gewordene Fantasie

**Viele Filmbesucher machen sich nicht
klar, daß Film-Kreaturen jeweils neu erfunden
werden müssen, ob sie nun „Gremlins",
„Ghoulies" oder „Godzilla" heißen.
Oben: verworfene Studien zu „Ghostbusters" (unten)**

51

3. Kapitel

Blue Screen

Wenn Blau addiert wird, nur um es wieder wegzuzaubern

Beinahe wäre Superman oben ohne dagestanden. Und zwar wirklich „oben ohne", nicht mal seine stattlichen Brust- und Armmuskeln hätte er unserer Bewunderung preisgeben können. Schlimmer noch: Hätten die Studiotechniker nicht höllisch aufgepaßt, wäre der gesamte Oberkörper des Mannes aus Stahl verschwunden. Nun gut, einige unbedarfte Filmbesucher hätten halt angenommen, irgendeine Superkraft von seinem Heimatplaneten Krypton sei hier im Spiel. Aber Eingeweihte hätten sofort erkannt: Hier hat das Trickmittel „Blue Screen" den Trick-Experten selbst einen Trick gespielt.

Der Grund für die Beinahe-Katastrophe: Superman trägt sein traditionell blaues Trikot. Und das „Blue Screen"-Verfahren zwingt das Blau aus einem Bild. Mit anderen Worten: Agiert ein Schauspieler vor einer blauen Leuchtwand, wird das Blau herausgefiltert und auf dem Filmstreifen sieht dies dann so aus, als stünde der Schauspieler buchstäblich vor dem Nichts. Die Aufgabe für die Kameraleute von „Superman" war also, das Blau des Trikots unterschiedlich genug zu wählen, daß es sich von der Leuchtwand deutlich abhob und nicht ebenfalls dem Prozeß der Farbaustrennung zum Opfer fiel.

Warum dieser fotografische Trick verwandt wird, ist sicherlich für jedermann einleuchtend: An-

stelle des leeren Hintergrunds kann jede beliebige Szenerie in den Filmstreifen einkopiert werden. Und damit ist es möglich, jedes Objekt — ob Modell oder Schauspieler — optisch an jeden Ort der Welt oder des Weltalls zu verfrachten.

Und noch eines wird in diesem Kapitel deutlich: Blue Screen, die Blaue Leinwand, die beim Fernsehen auch Blue Box genannt wird, ist zwar heute eines der am meisten gebrauchten Trickmittel (allein bei „Das Imperium schlägt zurück" wurden mehr als 500 Aufnahmen vor der Blauen Leinwand gemacht). Aber sie ist vom Aussterben bedroht: Es sieht ganz so aus, als würde die Blue Screen bald Grün werden.

Schwer angeschlagen schwebt
der Todesstern durchs
unendliche All. Genauer:
vor einer blauen Leuchtwand.
Vor dieser „Blue Screen"
wurden für „Die Rückkehr
der Jedi-Ritter" 380 ver-
schiedene Einstellungen
gefilmt

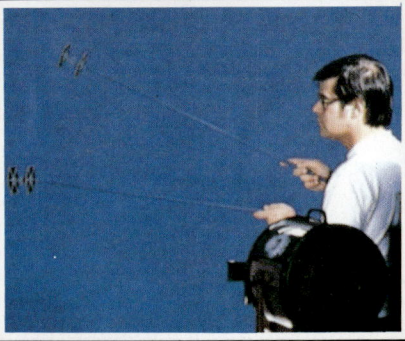

Das mannshohe
Modell vor
einer blauen
Leinwand

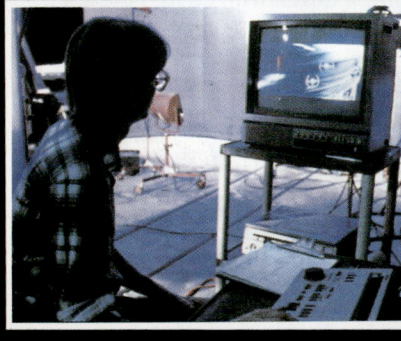

Flugbewegungen
der Kampfflieger
manuell
simuliert

Videoaufzeich-
nungen der
Flugbewegungen
kombiniert
der Computer

Angriff im Computer

Jede Flug- oder Kampfszene im Weltraum ist eine Kombination von Modellen, die einzeln vor der Blauen Leinwand gefilmt und dann mittels Computer aufeinander abgestimmt und im Optischen Printer auf einem einzigen Filmstreifen zusammengefügt werden. So entstehen großartige Szenieren — wie gefilmt in der Tiefe des Raums.

Das Ergebnis: Viele
Blue Screen-Einzel-
szenen kombiniert

Alles dreht sich um die Blaue Leinwand

Nicht weil der Himmel so blau ist, dreht sich der halbtote Death Star vor blauem Hintergrund. Das Blau über den Wolken erscheint nur uns Erdlingen so; draußen im Weltraum herrscht stockfinsteres Schwarz, durchlöchert vom Funkeln ferner Sterne und Galaxien. Warum der Todesstern trotzdem vor leuchtendem Blau gefilmt wird, hat einen anderen Grund: Von allen Farben des Spektrums läßt sich Blau am leichtesten manipulieren — und Manipulation ist nun mal der berufliche Ehrgeiz der Effektmacher.

Die leuchtende Hintergrundfläche wird „Blue Screen" genannt, wörtlich übersetzt: Blaue Leinwand. Ähnlich dem Thema des vorhergehenden Kapitels „Storyboard" ist Blue Screen eines der elementaren Instrumente in den Händen der Filmemacher. Vor allem die nachfolgenden Kapitel „Matte" und „Travelling Matte" sind ohne Kenntnis der Blauen Leinwand nicht zu verstehen.

Was hat es für eine Bewandtnis mit dieser Blauen Leinwand? Als erstes: Sie ist überhaupt keine Leinwand. Jedenfalls nicht mehr heute — sie ist vielmehr eine Hintergrundfläche aus blaugetöntem, von hinten gleichmäßig beleuchtetem Glas oder intensiv blau leuchtenden Lichtröhren. „Screen" bedeutet nicht nur Leinwand, sondern auch Stellwand und diese war in den Anfangsjahren des Films in der Regel schwarz, in Ausnahmefällen auch weiß. Der Schauspieler, der vor diesem optisch nicht vorhandenen Hintergrund gefilmt wurde (wie Boris Karloff, s. Seite 58), s. Seite 58 ▷

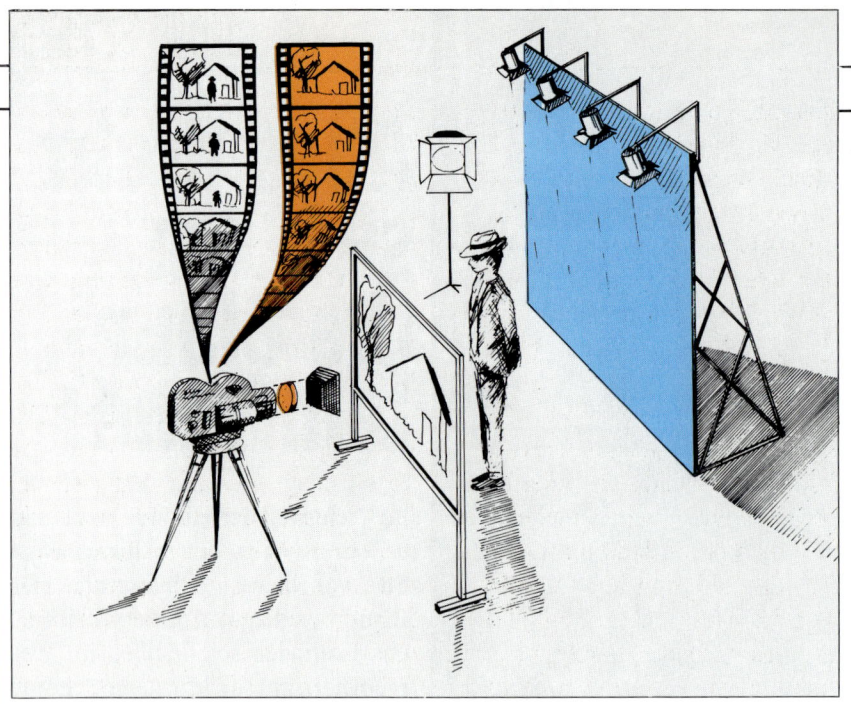

Der Dunning-Effekt: orange gefärbter Hintergrund als Film in der Kamera

Der Dunning-Trick startete den Blue Screen-Effekt

Anfang der zwanziger Jahre drehte der Amerikaner C. Dodge Dunning noch schwarzweiß, experimentierte aber mit Farbe: Vor einer blau angestrahlten Wand steht ein Schauspieler in Normallicht, das durch einen Filter in Orange verwandelt wird. Das Licht fällt in eine Kamera, in der zwei Filme laufen: Film 1 zeigt einen vorher gedrehten Hintergrund. Dieser Film wurde Orange gefärbt, so daß das vom Schauspie-

ler reflektierte Licht ungehindert zu Film 2 durchdringen und diesen belichten kann. Das blaue Licht dagegen kann nicht durch Film 2 dringen. Denn der Filter verwandelt das Blau in Weiß (Komplementärfarbe Orange), das damit Film 1 auf Film 2 projiziert. Ergebnis: Der Schauspieler steht „vor" dem anderswo gefilmten Hintergrund. Dunnings Kollege Roy J. Pomeroy vereinfachte später den Prozeß, indem er statt zweier Filme ein transparentes Hintergrundbild zwischen Schauspieler und Kamera stellte. Beide Tricks ließen keine Hintergrundbewegung und nur Schwarzweiß zu.

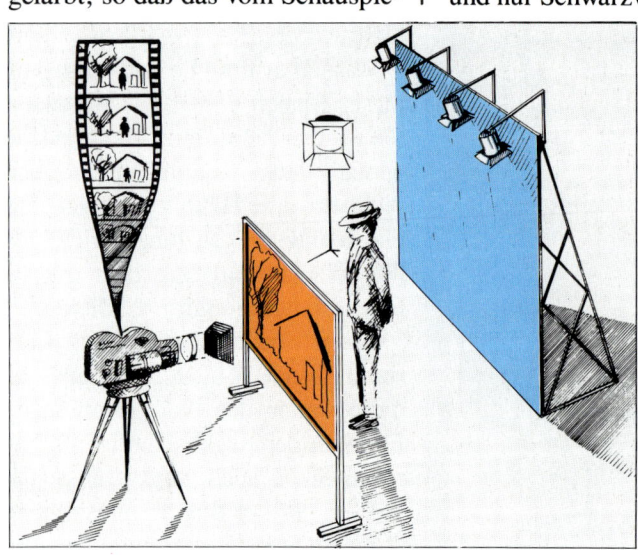

Der Pomeroy-Effekt: Statt orange gefärbtem Film verwendete Roy J. Pomeroy eine orange gefärbte Glaswand mit Bild vom Hintergrund

dient als Vordergrund. Und anstelle der schwarzen (oder weißen) Fläche um ihn herum läßt sich dann — entweder gleich in der Kamera (durch Zurückspulen und Überblenden) oder späterem Einkopieren — jeder beliebige Hintergrund ins Bild einpassen.

Erste Versuche, auch ein paar Grunderkenntnisse der Farblehre auszunutzen, machte der amerikanische Kameramann C. Dodge Dunning anfang der zwanziger Jahre. Sein „Dunning Self-Matte Process" ist schon reichlich kompliziert (s. Kasten Seite 56): Ausgenutzt wird hier das Prinzip der Komplementärfarben. Zur Erinnerung: Jede Farbe hat eine „Ergänzungsfarbe", was bedeutet, daß die Wellenlängen dieser beiden Farben zusammengenommen Weiß ergeben. Am einfachsten zu erklären ist dies anhand von Fotos. Schauen Sie das Porträt eines weißen Mitteleuropäers auf einem Schwarzweiß-Negativ an, sieht dieser aus wie ein Neger mit schwarzen Zähnen. Auf dem Negativ eines Farbfilms ist eine Wiese purpur und eine reife Tomate strahlt in einem blaustichigen Grün (Cyan). Auf dem Negativ erscheint also sozusagen das Gegenteil der Originalfarben. Verwandelt man dieses Negativ dann in ein Positiv, indem man das Bild auf ein Fotopapier projiziert, erscheint wieder das Gegenteil — und damit das Original: Der Neger wird wieder ein Mitteleuropäer, die Wiese grün und die Tomate wieder appetitlich rot.

Und noch eine Erkenntnis verwandte Dunning — die Möglichkeit, Farben mittels Linsen zu manipulieren. Betrachtet man nämlich ein Objekt mit einer bestimmten Farbe durch einen Filter gleicher Farbe, wird das Objekt unsichtbar. Ist doch logisch: Schaue ich auf eine bunte Fläche durch eine Linse, die beispielsweise kein Blau durchläßt, dann sehe ich auch kein Blau. Und so ist es selbstverständlich auch beim Film: Projiziere ich einen Film durch eine solche Linse, erscheinen alle Farben auf der Leinwand mit Ausnahme von Blau. Filme ich diese Leinwand oder den

Film direkt, erhalte ich eine bunte Fläche mit „Löchern" an all den Stellen, die im Original blau waren. Und mit diesen „Löchern" läßt sich etwas anfangen — zum Beispiel sie mit Motiven zu füllen, die im Original blau waren. Und damit sind wir im Prinzip schon bei der Funktion und Wirkungsweise von „Blue Screen".

Aber Dunning war noch nicht so weit fortgeschritten wie die heutigen Blue Screen-Spezialisten; trotzdem war seine Technik schon ganz schön raffiniert: Er stellte einen Schauspieler vor eine neutrale Wand, die er intensiv blau anstrahlte. Der Schauspieler wurde mit einer Kamera gefilmt, durch die gleichzeitig zwei Filme liefen. Film 1: Der „vorne", also dem Objektiv am nächsten laufende Film war bereits belichtet. Er zeigte die Szenerie, also den späteren Bildhintergrund. Dieser Film war chemisch

präpariert, gebleicht und orange gefärbt. Dieser Positivfilm (also dem Original entsprechend) hatte dementsprechend viel Orange an den dunklen Stellen und wenig oder keins an den hellen. Der Trick ist nun: Zwischen Schauspieler und Kamera wurde ein Filter aufgestellt, der nur Orange-Licht durchläßt.

Hinter dem Film 1 läuft Film 2, ein unbelichteter Negativfilm. Das Licht, das der Schauspieler reflektiert, verwandelt sich in Orange und strahlt so ungehindert durch den Film 1 und belichtet den Negativfilm. Die Fläche um den Schauspieler herum ist aber Licht, das der blaue Hintergrund reflektiert. Fällt es in den Orangefilter, wird es zu weißem Licht, weil Orange die Komplementärfarbe von Blau ist. Dieses weiße Licht fällt nun auf Film 1. Wo dieser dunkel ist, kann nicht viel Licht durchdringen, Film 2 wird

dementsprechend an diesen Stellen hell. Die hellen Stellen von Film 1 lassen mehr Licht durch, der Film 2 wird hier dunkel. Wird von diesem Negativfilm dann ein Positiv gemacht, sieht man eine perfekte Kombination von Vorder- und Hintergrund: Die dunklen Stellen des Negativs sind im Positiv hell — genau wie das Original — und ebenso werden die hellen Negativflächen im Positiv dunkel. Mit seinem Körper hatte der Schauspieler den blauen Hintergrund abgedeckt und so erscheint er auf dem Positiv von dem ansonsten klar sichtbaren Hintergrund abgetrennt wie auf einem normalen Film.

Ende der zwanziger Jahre entwickelte dann Roy J. Pomeroy eine hilfreiche Variante dieses Prozesses: Statt zwei Filme in einer Kamera laufen zu lassen, plazierte er eine Glaswand mit aufgemaltem Hintergrund ▷

Kleine Farbenlehre: So kann mit Film manipuliert werden

Ein Farbfilm hat drei Schichten: Grün, Rot, Blau. Daraus lassen sich (nebenstehendes Bild) alle anderen Farben kombinieren; in der Bildmitte sichtbar: Die Summe aller Wellenlängen des Spektrums ist Weiß. Unten: So wird gefiltert. Die unteren 3 Farbstreifen sind die Grundfarben, oben die Filterfarbe. Rechts: Auf einem Negativ erscheinen die Komplementärfarben des Originals.

Steven Spielberg gibt detaillierte Anweisung

Schwierig, im leeren Studio Dramatik zu simulieren: „Indy" H. Ford und Karen Allen

Identische Drehanordnung, aber schwarzer Samt hinter Boris Karloff in „The Ghoul" (1933)

Die Leinwand kombiniert mit Kulissen

Sehr häufig wird die Blaue Leinwand mit Kulissen kombiniert, die im Studio aufgebaut werden. Das können Teile von Häusern, Bäume, Fahrzeuge sein oder, wie in den rund 50 Jahre auseinanderliegenden Beispielen auf obigen Bildern, Felsen. Diese „Felsen" sind selbstverständlich nicht echt, sondern aus Pappmaché. Für die Schauspieler sind Blue-Screen-Aufnahmen nicht einfach — müssen sie doch auf Personen oder Aktionen reagieren, die nur in den Anweisungen des Regisseurs vorhanden sind.

oder ein transparentes Foto vor die Kamera, was also dem Film 1 entspricht. Das hatte den Vorteil, daß die Technik unkomplizierter wurde und der fotografische Prozeß schon während der Dreharbeiten kontrolliert werden konnte.

Aber der „Dunning-Pomeroy-Process" hatte böse Nachteile. Eine saubere Abstimmung zwischen der gefärbten Emulsion des Films und der filternden Linse ist ein Glücksspiel, ein beweglicher Hintergrund ist nicht möglich und der gesamte Prozeß klappt nur bei Schwarzweiß-Filmen. Und diese gibt es ja kaum noch. Aber das Potential des blauen und damit ersetzbaren Hintergrunds ließ die Industrie nicht ruhen. Vor allem die Entwicklungslabors der Technicolor Company arbeiteten fieberhaft an praktikablen Lösungen. Von den fünfziger Jahren an gab es bereits passable Techniken, entwickelt von englischen und amerikanischen Spezialisten. Kaum war aber eine gewisse Reife erreicht, wurde es in den Trickstudios schon wieder zappenduster. Zum einen, weil man in Hollywood das „Studiosystem" aufgab (statt langfristiger Verträge mit Stars und Crews, projektbezogene Kurzverträge mit Unabhängigen; die Trickexperten wanderten also ab), zum anderen, weil auch die Filmemacher die Studiohallen verließen: In den sechziger Jahren zogen die Filmcrews auf der Suche nach neuem Realismus zu authentischen Drehorten, also „on location". (Diese von den Studiohallen „befreite" Optik war ein Teil des Erfolgs von „Easy Rider", 1969.)

Aber dann kam — nach vereinzelten Vorreitern wie „Erdbeben", 1974, und Kubricks „2001 — Odyssee im Weltraum", 1968 — „Krieg der Sterne", eine Brutstätte der heutigen Effects-Elite und der Effects-Innovation. Über 350 Blue Screen-Szenen enthält der Film, dafür wurden neue Linsen, Kameras, Computersysteme und Filmemulsionen entwickelt. Diese Anstrengung war auch nötig. Denn

Die Leinwand kombiniert mit Gemälde

Einer der ganz großen Effectsfilme war „Erdbeben" von 1974. Eine Meisterleistung von Trickmeister Albert Whitlock, der das zerstörte Los Angeles realistisch auf Glas malte und dies später mit Blue-Screen-Aufnahmen überzeugend kombinierte.

ACHTUNG!

Diesen Film sehen Sie in dem aufsehenerregenden neuen Multi-dimensions-Verfahren

SENSURROUND

„Sensurround" war ein Effekt, der Kinos schüttelte und einen Oscar erhielt

Los Angeles nach einem schweren Erdbeben: Ein Glasgemälde von Albert Whitlock in fotorealistischer Detailtreue

Charlton Heston in Aktion vor einer Kulisse und einer blauen Leinwand

Die beiden Aufnahmen zusammengefaßt. Die blaue Fläche enthält das Gemälde: Die Illusion ist perfekt

das internationale Filmpublikum hatte sich im vorhergehenden Jahrzehnt an realistische Szenerien gewöhnt.

Wie das moderne Blue Screen-Verfahren funktioniert, ist auf den Seiten 60 und 61 beschrieben. Dabei handelt es sich um eine drastisch vereinfachte Darstellung einer ganz bestimmten Methode. In der Praxis gibt es verschiedene Varianten und der Prozeß selbst ist langwieriger und komplizierter als hier beschrieben. Aber die wichtigsten Prozeßstufen werden klar: Vordergrund und Hintergrund werden unabhängig voneinander gefilmt. Daß diese beiden Filme später glaubwürdig zusammenpassen, dafür sorgen heutzutage ausschließlich Computer. Der Vordergrund wird vor Blue Screen gedreht, der dabei entstehende Film wird in drei Grundfarben zerlegt (Color Separation), aus dem Film, der nur die Blauanteile des Blue Screen-Films enthält, wird ein Schwarzweiß-Film kopiert: Alle Blauflächen sind nun schwarz. Legt man diesen Schwarzweiß-Film auf das Positiv des Blue Screen-Films, werden dessen Blauflächen mit Schwarz abgedeckt. Projiziert man beide Filme zusammen auf einen gemeinsamen Film, dringt kein Licht durch die abgedeckten Blauflächen — alles Blau verschwindet. In die dabei entstehenden Weißflächen läßt sich dann der separat gefilmte Hintergrund auf ähnliche Weise einkopieren.

Effektexperten, die dank „Krieg der Sterne" diesen Blue Screen-Prozeß zu einer Kunstform erhoben, gaben sich mit den Resultaten aber immer noch nicht zufrieden, vor allem, weil zwischen dem Blue Screen-Vordergrund und dem Hintergrund ein Randflimmern entstand — wie gesagt: Jede millimeterkleine Ungenauigkeit am Filmnegativ vergrößert sich auf der Leinwand zu einem riesigen Störfaktor. Deshalb verwandte John Dykstra etwa für ILM und später für seine Firma Apogee VistaVison (VistaVison ist 65 mm breiter Film. Ehe

59

der Film auf 35 mm umkopiert wird, lassen sich Fehler leichter erkennen). Da für den Prozeß die Color Separation so ausschlaggebend ist, läßt sich nicht einfach jeder Film verwenden. Als ideal erwies sich bisher ein spezieller Kodakfilm (Eastman 5247). Dykstras Visual Effects-Spezialist Jonathan Erland erklärt: „Jeder Farbfilm hat einzelne Beschichtungen für die Farben, der Eastman 5247 hat eine hohe Trennungsfähigkeit zwischen Blau und Grün." Und trotzdem ist auch dieser Film „noch nicht ideal", sagt ILM-Visual Effects-Boss Donald Dow, „er hat eine mittlere Lichtstärke. Bei der Intensität der modernen Blue Screen-Leuchtröhren benötigt man fürs Ausleuchten der Vordergrundobjekte Unmengen von Licht" — so manche Miniaturen für „Krieg der Sterne" und andere Filme (z. B. „Das Schwarze Loch") sind einfach zerschmolzen in der Hitzeeinstrahlung der Lampen.

Mit anderen Worten: Selbst die Blue Screen-Qualität von „Krieg der Sterne" reicht nicht mehr für die Ansprüche der Experten, weil sie der — vermutlich berechtigten — Annahme sind, daß auch die Zuschaueransprüche seitdem gestiegen sind. Vor allem das vertrackte Flimmern an den Trennlinien zwischen den kombinierten Bildteilen stört die Perfektionisten vor und hinter der Kamera. In einigen Fällen besteht kaum eine Chance fürs Publikum, auf Unsauberkeiten der Effekte zu achten; besonders dann nicht, wenn das Publikum überhaupt keine Effekte erwartet. Daß zum Beispiel in dem Film „Staatsanwälte küßt man nicht" die New Yorker Kunstgalerie lediglich auf einem durch Blue Screen einkopierten Hintergrund lichterloh brannte, entging wohl auch aufmerksamen Betrachtern — sie kamen gar nicht auf die Idee, hier könne ein Trick im Spiel sein. Bei Effectsfilmen aber wurde das Publikum inzwischen äußerst kritisch.

Zwei Lösungen bieten sich an. Die

Lesen Sie bitte weiter auf Seite 65

Blau machen vor der Fabrik

Wenn die Trickmeister blau machen, haben sie alle Hände voll zu tun: Blue Screen ist ein langwieriger und aufwendiger Prozeß, der wesentlich mehr Zwischenstufen verlangt, als hier in diesem drastisch vereinfachten Prozeß-Schema dargestellt ist (so haben wir etwa die Abwandlung der nicht-blauen Farbtrennungen — 2b und 2c — unberücksichtigt gelassen). Die folgenden Stufen zeigen aber das Prinzip: Unabhängig voneinander werden gedreht (1a) der Schauspieler vor Blue Screen und (1b) der spätere Hintergrund. Beide Aufnahmen ergeben Negativfilme, die (2) in Positive umkopiert werden. Vom Positiv des Blue Screen-Films (1a) werden Farbtrennungen (Color Separations) herausgefiltert: 2a zeigt nur das Blau des Bildes, 2b das Grün, 2c das Rot. Diese drei Farben zusammengefügt ergeben sämtliche Farben eines Farbfilmes.

Die blaue Separation (2a) wird auf einen Schwarzweißfilm kopiert, alles, was vorher blau war, wird nun schwarz (3). Dieser Schwarzweißfilm, auf dem alles, was im Original nicht blau ist, eine weiße Fläche bildet, wird zu einer Art „Maske" oder Schablone für das Positiv: Das Positiv (4a) wird zusammen mit dieser Schablone (4b) gleichzeitig durch einen Projektor gespult, eine andere Kamera nimmt das Gesamtbild auf: In den weißen Flächen der Maske (3) erscheint das Positiv. Weil die Maske alle Blauflächen auf dem Positiv abdeckt und somit kein Licht durchkommt, verschwindet das Blau auf dem Film 5; der Hintergrund ist weiß. Diese vormals

blaue, jetzt weiße Fläche kann nun mit dem Hintergrundpositiv (2) kombiniert werden.

Das geschieht wieder mit einer „Maske": Dafür wird der Film 4b umkopiert — was vorher schwarz war, wird nun weiß und umgekehrt. Jetzt sind auf dem Film 6a alle vormaligen Blauflächen weiß und alle anderen Farben erscheinen als Schwarz. 6a ist also wieder eine „Maske". Wieder werden zwei Filme gleichzeitig durch eine Kamera gespult (6a und 6b) und von einer gegenüberstehenden Kamera auf einen Farbfilm aufgenommen. Das Schwarz jener Flächen, die sämtliche Farben außer Blau repräsentieren, läßt kein Licht durch, wohl aber die Weißflächen: Auf dem dabei entstehenden Film (7) kann daher die Hintergrundfläche in Originalfarbe erscheinen, aber die nicht-blauen Farben der Blue Screen-Aufnahme haben eine weiße Fläche aus dem Hintergrund gestanzt.

Nun bleibt nur noch übrig, diese Weißfläche mit den Farben des Blue Screen-Films auszufüllen. Wieder laufen zwei Filme in einer Kamera, diesmal die vor weißem Hintergrund stehenden Farben der Blue Screen-Aufnahme (7b) und die Hintergrundaufnahme mit der Weißfläche, die sämtliche Farben repräsentiert (7a). Auf dem dabei entstehenden Film (8) ist die Kombination vollzogen: Die Weißfläche des Hintergrundbildes 7 ist nun gefüllt mit den Farben des vor dem Blue Screen gefilmten Schauspielers. Der im Studio gefilmte Schauspieler steht nun plötzlich vor dem ganz woanders gedrehten Hintergrund — perfekte Illusion.

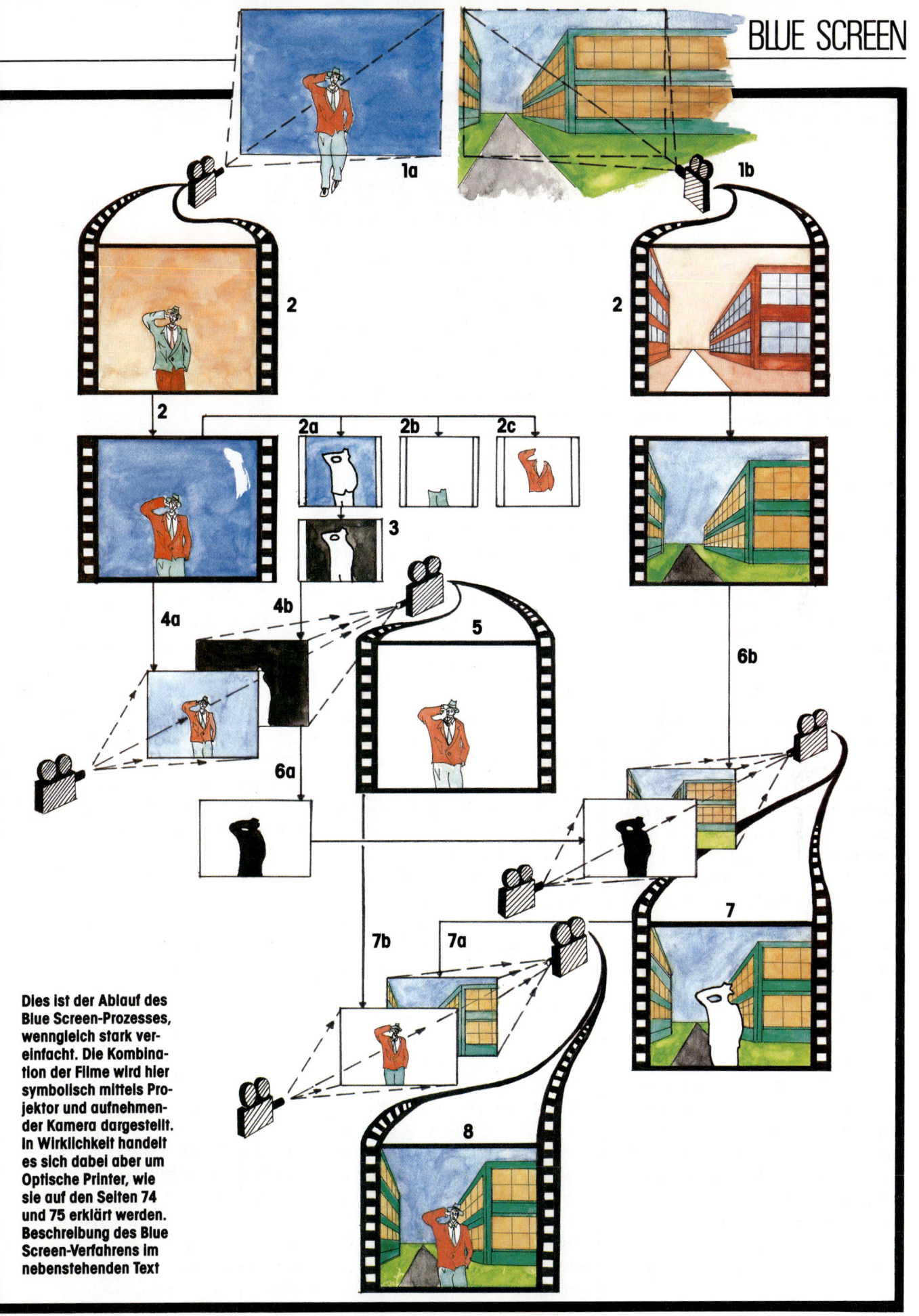

Dies ist der Ablauf des
Blue Screen-Prozesses,
wenngleich stark ver-
einfacht. Die Kombina-
tion der Filme wird hier
symbolisch mittels Pro-
jektor und aufnehmen-
der Kamera dargestellt.
In Wirklichkeit handelt
es sich dabei aber um
Optische Printer, wie
sie auf den Seiten 74
und 75 erklärt werden.
Beschreibung des Blue
Screen-Verfahrens im
nebenstehenden Text

NEW YORKER GEISTER-BILDER ENTSTEHEN MEIST IN HOLLYWOOD

Bei ILM hatte Richard Edlund (Oscar für „Krieg der Sterne") die Möglich-keiten von Blue Screen auszuschöpfen gelernt. Als Boss von Boss Prods. kombinierte er eine „New Yorker" Straße, die in Hollywood als Miniatur gebaut wurde, mit einem Gemälde und den vier live gefilmten Geisterjä-gern. Unsere Bilder zeigen die einzel-nen Phasen des Konbinationsprozes-ses von Realfilm, Miniatur und einem bewährten Matte-Gemälde.

So entstand die spektakuläre Szene: Die Straße mit „Marshmellow Mann" (großes Bild) ist eine Miniatur — In der Puppe steckt ein Mann. Der Rest ist Blue Screen

Blau von hinten — das paßt zu jedem Trick

Auf dieser Seite soll nochmals die Bedeutung von „Blue Screen" demonstriert werden; sie bildet die Grundlage für die meisten Tricks, die in diesem Buch besprochen werden. Neuerdings verfärbt sich allerdings die „Blue Box" (wie's beim TV heißt) ins Computer-Grün.

PUPPEN: Ghostbusters

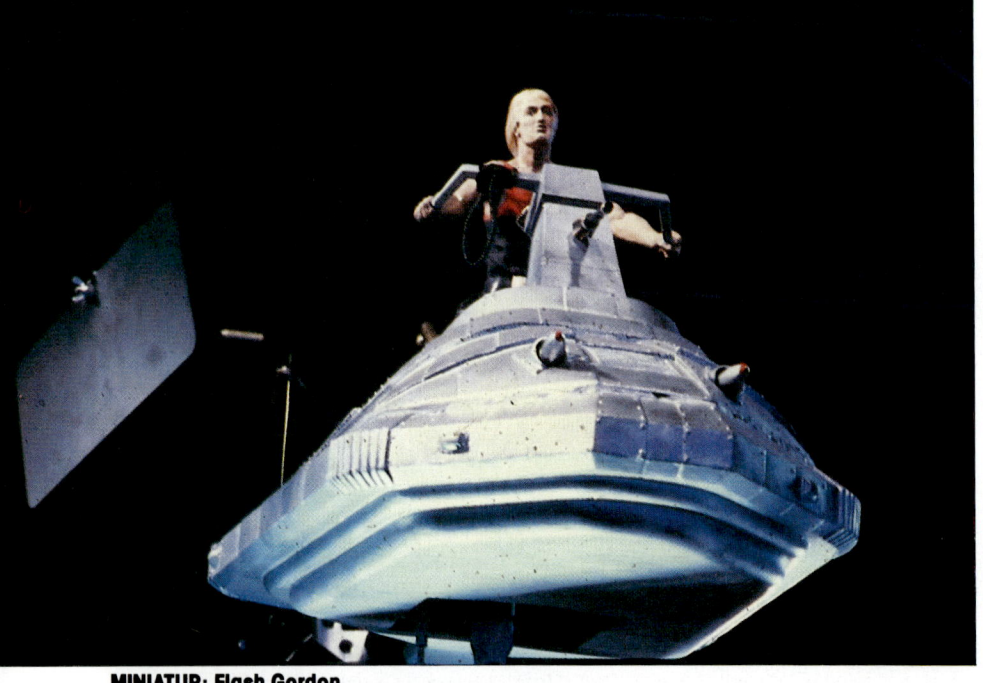

MINIATUR: Flash Gordon

STOP MOTION: Krieg der Sterne

EXPLOSION: Das Imperium schlägt zurück

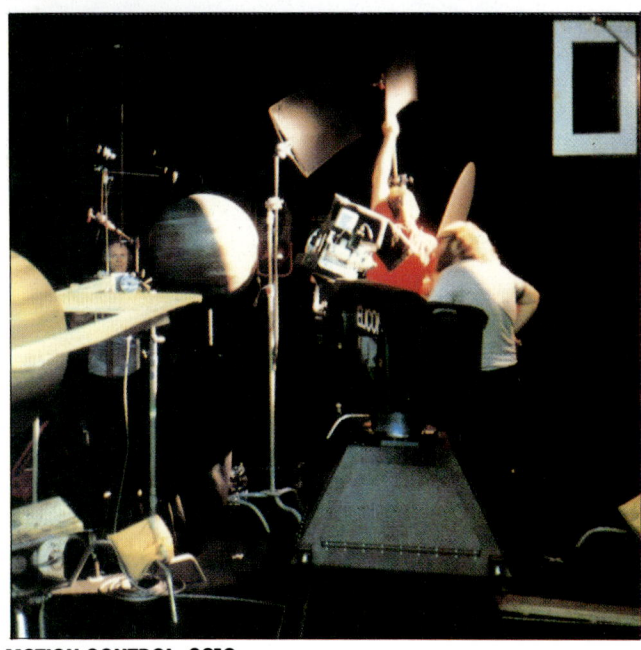

MOTION CONTROL: 2010

LIVE ACTION: Krull

eine ist ein neuentwickelter Kodakfilm namens Eastman 5295. Kodaks Zentrale in Rochester arbeitete Hand in Hand mit der Hollywood Motion Picture and Audiovisual Products Division mit dem Ziel, einen „schnellen" Film zu entwickeln (der also weniger Licht braucht), der die Blau- und Grünschicht blitzsauber trennt und trotzdem maximal feinkörnig bleibt. Den ersten Test hat Eastman 5295 bereits bestanden: In Mel Brooks' Parodie auf das Weltraumgenre „Spaceballs" klappten die Aufnahmen sogar bei der größten Blue Screen-Fläche, die je gebaut wurde: 40 Meter breit und 10 Meter hoch. „Jeder andere Film wäre bei dieser Lichtfülle zerstört worden", sagt John Dykstra.

Seine Firma Apogee ging — in Kooperation mit Spectra Image, Inc. und Composite Image Systems, Inc., beide Hollywood — noch einen Schritt weiter. Deren Techniker haben nämlich herausgefunden, daß mit dem Kodakfilm auch ein Green Screen möglich ist und das scheint der Weg in die Zukunft zu sein. Was der Unterschied ist? Es zeichnet sich ab, daß die traditionellen Blue Screen-Prozesse bald der Filmgeschichte angehören wie der alte „Dunning-Effect". Denn die Farbzerlegungen und Kombinationsbelichtungen, also alle Stufen des Prozesses, werden in Zukunft von Computern übernommen. Und diese bevorzugen die Leuchtkraft des grünen Kanals (nicht umsonst haben die meisten Computer Grün als Bildschirmfarbe). Die elektronische Komposition ist also die Fortsetzung des alten Blue Screen mit anderen Mitteln. Freut sich Apogees Jonathan Erland: „Die Farbzerlegung über den grünen Kanal von Video ist besser als jeder Film. Kein Randflimmern mehr, keine Probleme mit der Tiefenschärfe und Abstimmung mit der Lichtstärke zwischen Vorder- und Hintergrund. Als ich das erste Mal mit Green Screen arbeitete, hat mich das Ergebnis vom Stuhl gehauen."

PROFIL: JOHN DYKSTRA

Ein Hippie mit zwei Oscars und ansteckender Begeisterung

Wenn John Dykstra arbeitet — und er arbeitet immer — weht ein Hauch der 60er Jahre durch seine Effektfirma. Besser: ein Wirbelwind. Denn der langhaarige, bärtige 1,90-Mann strotzt nur so vor Energie und nie versiegender Begeisterungsfähigkeit. Dykstra ist ein von der Filmmagie Besessener. Weil er im ersten „Raumschiff Enterprise"-Film den Angriff eines feindlichen Raumschiffes perfekt inszenieren wollte, erfand er eigens eine Speziallinse für die komplexe Trickaufnahme. 14.000 Dollar kostete die, obwohl

John Dykstra (links) und Kollegen erhalten Oscars für ihre Effects zu „Krieg der Sterne"

die Szene ganze 28 Sekunden im Film zu sehen war.

Dykstra ist der Sohn eines Ingenieurs, er selbst studierte IndustrieDesign in Long Beach. Douglas Trumbull holte ihn als Assistenten für seinen Film „Silent Running" (1972), was ihm einen Job bei „Krieg der Sterne" einbrachte, als Boss der Special-Photographic-Effects-Abteilung. Das brachte ihm (1977) zwei Oscars ein: für „Krieg der Sterne" und für seine computergesteuerte Kamera, die „Dykstraflex". Danach gründete er Apogee (das ist die größte Entfernung eines Orbits), zauberte die Effekte für „Raumkreuzer Galactica", holte sich eine Oscar-Nominierung für „Enterprise" und ließ Clint Eastwood in „Firefox" über Sibirien fliegen. Für Mel Brooks „Spaceballs" drehte er mit dem größten jemals gebauten Blue Screen und half mit, einen optimalen Negativfilm dafür zu entwickeln.

4. Kapitel

Matte

Kein Fußabstreifer,
sondern gemalte
Hintergrund-Montage

Auf den ersten Blick eine seltsame Kombination: Harrison Ford hängt über dem Abgrund als Illustration eines Kapitels mit dem befremdenden Titel: „Matte". Nein, Harrison Ford ist nicht auf der Fußmatte ausgerutscht und aus dem Fenster eines Hochhauses gefallen. Falls Sie dies vermutet haben, benötigen Sie erstmal eine Begriffsklärung, ehe Sie die folgenden Seiten richtig verstehen können. „Matte" — was ist damit eigentlich gemeint? Das englische Wort Matte (sprich: Mätt) ist nicht nur die Unterlage für Catcher und dreckige Schuhe, sondern auch die Ergänzung eines Bildes, etwa dem entsprechend, was wir Passepartout bezeichnen: Das Bild wird ergänzt, indem Teile abgedeckt werden. Genau das ist die Funktion des Trick-

mittels Matte. Einfach gesagt: Bei einem Live- oder Realfilm (was das gleiche ist) wird per Maske ein Bildteil ausgespart, an dessen Stelle dann eine Matte einkopiert wird. Schauen Sie sich das obenstehende Bild mit Harrison Ford genau an: Der Hintergrund wurde bei den Originalaufnahmen (siehe genauere Erklärung auf Seite 80) ausgespart und dann durch ein Gemälde vom gähnenden Abgrund ersetzt. Im Kino sieht es dann so aus, als würde der gute Harrison todesmutig über der Tiefe baumeln. Was schwindelerregend aussieht, ist in Wahrheit erregender Schwindel. Oder — um's freundlicher zu sagen — ein Matte-Effect.

Der Trick läßt sich natürlich auch umgekehrt anwenden. Man beginnt mit einem Gemälde und läßt auf diesem einen Teil frei. In diesen wird dann später die Live-Action einkopiert. Auch dafür finden Sie in diesem Kapitel ein eindrucksvolles Beispiel mit Harrison Ford: auf den Seiten 84 und 85 das atemberaubende Gemälde des „Todestempels", daneben sind Schwarzflächen für die Live-Action. Wenn dann Indiana Jones und seine beiden Begleiter vor dem Tempel eintreffen und diesen voller Bangen und Erwartung anstarren, stehen die Schauspieler in Wahrheit in einem Studio und begaffen angestrengt eine leere Studiowand. Aber auf der Kinoleinwand sind Gemälde und Studioaufnahme überzeugend vereint.

Harrison Ford als Androidenjäger Deckard

Der Bauplan für einen Boulevard des Alptraums

Ridley Scott ist ein Ästhet. Er will seine Zuschauer nicht nur durch die Story, sondern auch durch die bizarre Schönheit seiner Szenerien beeindrucken. Um diese Wirkung zu sichern, erklärte der Regisseur die Dreharbeiten zu „Blade Runner" zum „closed set": Kein Zutritt für Außenstehende. Ich habe mich bei vielen, ausschließlich nachts gedrehten Außenaufnahmen unter die Crew gemischt — die schönste und faszinierendste Kulisse, hinter die ich je geblickt habe. Und diese Erfahrung aus erster Hand macht es auch möglich, in allen wichtigen Phasen zu schildern, wie dieser „Boulevard des Alptraums" am Drehort und im Labor entstand.

Das Los Angeles der Zukunft:
Eine düstere Vision. Smog wabert
zwischen den 400-Stockwerk-
Gebäuden, Chaos in den Straßen,
über die Polizeiautos fliegen und
Androiden, die Dreckarbeit ver-
richten. Glücklicherweise ist alles
an Ridley Scotts Film „Blade
Runner" nur eine Serie von
Special Effects

Gestartet wird mit Kunst und Knipsen

Das Bradbury Building am Broadway von Los Angeles paßte genau in den von Ridley Scott erstrebten Stil des Films. Anhand einiger Außenaufnahmen in dieser sehr belebten Geschäftsstraße malte Syd Mead Entwürfe für deren Aussehen im nächsten Jahrtausend. In den meisten Fällen akzeptierte der Regisseur die Vorschläge sofort. War ein bestimmtes Bild akzeptiert, machte sich ein „Matte"-Zeichner an die Arbeit, der die Details fotorealistisch malte.

Auch die Designs der Fahrzeuge entwarf Syd Mead

So sieht der Broadway von Los Angeles wirklich aus

Visionen der Zukunft in oft unterkühltem Realismus sind die Stärke von Syd Mead. Er schuf die Grundlagen für den „Look" des Films

Der Maler Rocco Gioffre setzt Meads Entwürfe in fotorealistische Bilddetails um

Nun kommt der Bau der Hochhäuser

Von den Entwürfen des endgültigen Straßenbildes werden nun detaillierte Mattegemälde angefertigt. Üblicherweise werden die Trennlinien zwischen dem Gemälde und dem Realfilm dadurch erzeugt, daß der Film auf eine Glasplatte projiziert und so vom Zeichner festgelegt wird. Er kann nun den für das Mattebild vorgesehenen Raum ausmalen. Ist dies geschehen, werden sowohl der ausgeschwärzte Realfilm (S. 73 oben) als auch das fertige Mattebild (S. 72 unten) auf einen Negativfilm umkopiert. Denn nur so können diese dann im Optischen Printer, dessen Wirkungsweise auf der nächsten Seite erklärt wird, auf einen gemeinsamen Positivfilm kopiert werden. Aber das ist dann noch immer nicht alles. Im Gegenteil: Jetzt geht's erst richtig los.

Auf einer großen Leinwand wird das Matte-Bild angefertigt

So sieht das fertige Matte-Bild aus

72

Der Realfilm ist
oberhalb der Trenn-
linie schwarz

Negativ des
Realfilms

Negativ des
Matte-Bildes

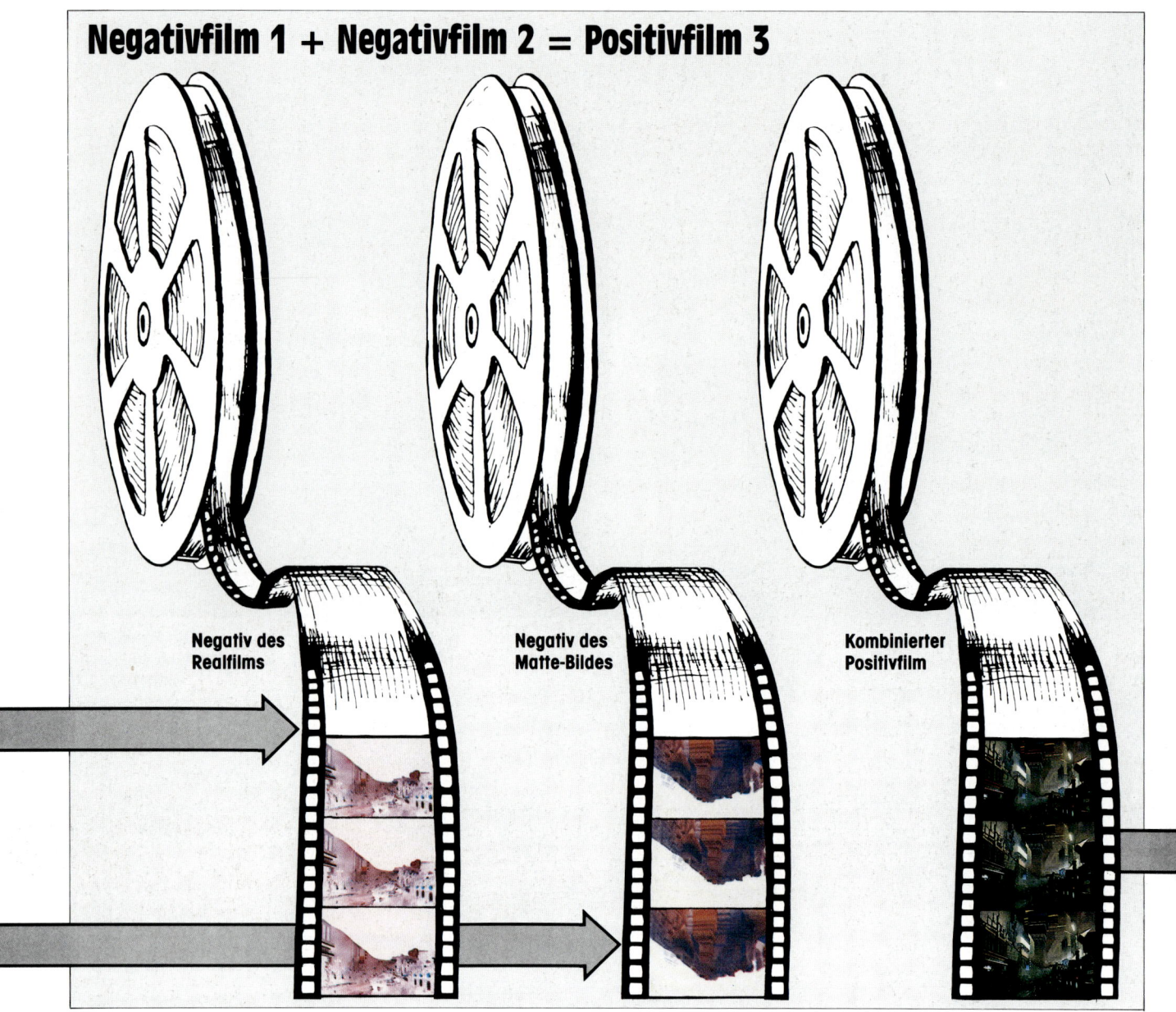

Negativfilm 1 + Negativfilm 2 = Positivfilm 3

Negativ des Realfilms

Negativ des Matte-Bildes

Kombinierter Positivfilm

Lückenfüller: Der Optische Printer

Wie auf den vorhergehenden Seiten geschildert, ist der Prozeß nun bei den Negativfilmen des „Matte"-Gemäldes und der Live-Action angelangt. Jetzt werden sie im „Optischen Printer" kombiniert: Durch eine Projektorkamera laufen diese beiden Negativfilme exakt Bild an Bild. Sie werden in eine gegenüber montierte Kamera (process camera) projiziert. Die jeweils weißen Flächen der beiden Filme lassen Licht durch (das ist der

Grund, warum Positivfilme unbrauchbar wären — die Schwarzflächen würden das Licht blockieren). Der Film in der Process Camera nimmt also beide Filme der Projektionskamera gemeinsam auf. Dies ist nun ein Positivfilm, der „Matte"-Gemälde und Live-Action vereinigt.

Was sich hier so simpel anhört, ist in der Praxis ein technisch aufwendiger Vorgang. Vor allem die Lichtintensitäten der Negativfilme müssen

aufeinander abgestimmt werden und die Trennlinie zwischen ihnen sollte unbemerkt bleiben. Dafür werden Filter eingesetzt und neuerdings häufig der 65mm breite VistaVisionfilm, der — ehe er auf 35mm umkopiert wird — feinere Korrekturen zuläßt.

Wie die folgenden Seiten zeigen werden, ist die „Straße des Alptraums" noch immer keineswegs „fertiggebaut". Was jetzt noch fehlt, ist die stimmungsvolle Atmosphäre.

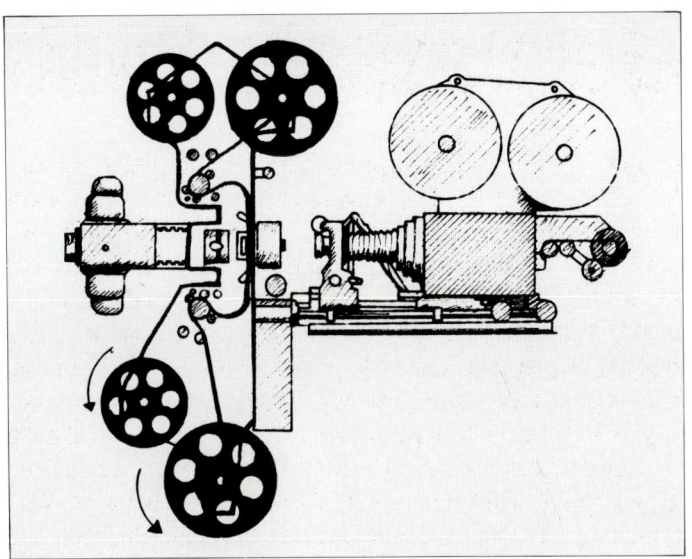

Das Ergebnis: Kombination von Matte und Live-Action

So sieht ein moderner Optischer Printer aus

Jetzt beginnt die eigentliche Tüftelarbeit

Kein Lichtlein ist Zufall: Jede Stadtansicht ist bis ins Kleinste geplant

Vater Live-Action und Mutter „Matte" haben nun ihr Kind gezeugt. Aber ehe es das Licht der Welt erblickt, muß ein langer Entwicklungsweg durchlaufen werden. Was die Bildkomposition jetzt braucht, um wirklich zur „Straße des Alptraums" zu werden, ist Glaubwürdigkeit und Atmosphäre. Zum ersteren gehören Korrekturen: Die Live-Action soll nicht von der Lichtintensität des „Matte"-Gemäldes unterscheidbar sein, die Trennlinie zwischen beiden möglichst verschwinden. Außerdem müssen Elemente in die Szenerie eingepaßt werden, die mithelfen, eine realistische Nachtaufnahme zu simulieren. Wenn Sie bedenken, daß sogar Rauchwolken, Bürolichter und Straßenlampen eigens gefilmt und einkopiert werden, können Sie das Ausmaß der Detailarbeiten ermessen. Der „Korrekturprint" dieser Doppelseite und die Prozeßfotos auf den folgenden Seiten sind Raritäten: Douglas Trumbull, einer der ganz großen Trick-Experten Hollywoods, der sich nicht gern in die Karten schauen läßt, hat sie mir persönlich überlassen — vermutlich ist selbst ein Top-Profi wie er stolz auf das Ergebnis.

LIGHTS

BLDG. MOIRE

SEARCH-LITE

SION

TRAFFIC

SMOKE

FX 65

So erzeugt man die Athmosphäre

In die Komposition aus Live-Action und „Matte" werden einkopiert: Der aufsteigende Rauch, die propeller-artigen Straßenlaternen und der Frei-raum für die spätere Live-Action des fliegenden Autos. Um „Matte" und Live-Action optisch anzugleichen, werden beide durch Filterprozesse farblich vereinheitlicht. All diese Ergänzungs- und Korrekturarbeiten erfordern den gleichen Arbeitsprozeß („Matte", Live-Action, Optischer Printer) wie die Originalkomposition. Im Film, der dann im Kino erscheint, sind oft bis zu 12 verschiedene Kompositionsteile übereinander kopiert. Kein Wunder, daß die Trickarbeiten zu „Blade Runner" fast ein Jahr dauerten. Und laut Regisseur Dreiviertel des Gesamtbudgets ausmachten.

Filterprozesse gleichen „Matte" und Live-Action an

Die Farbangleichung soll die Trennlinie verschwinden lassen

Raum für Live-Action: In Hochhaus-„Matte" wird Freiraum für spätere Live-Action eingepaßt als schwarzweiße „Maske" für Optischen Printer

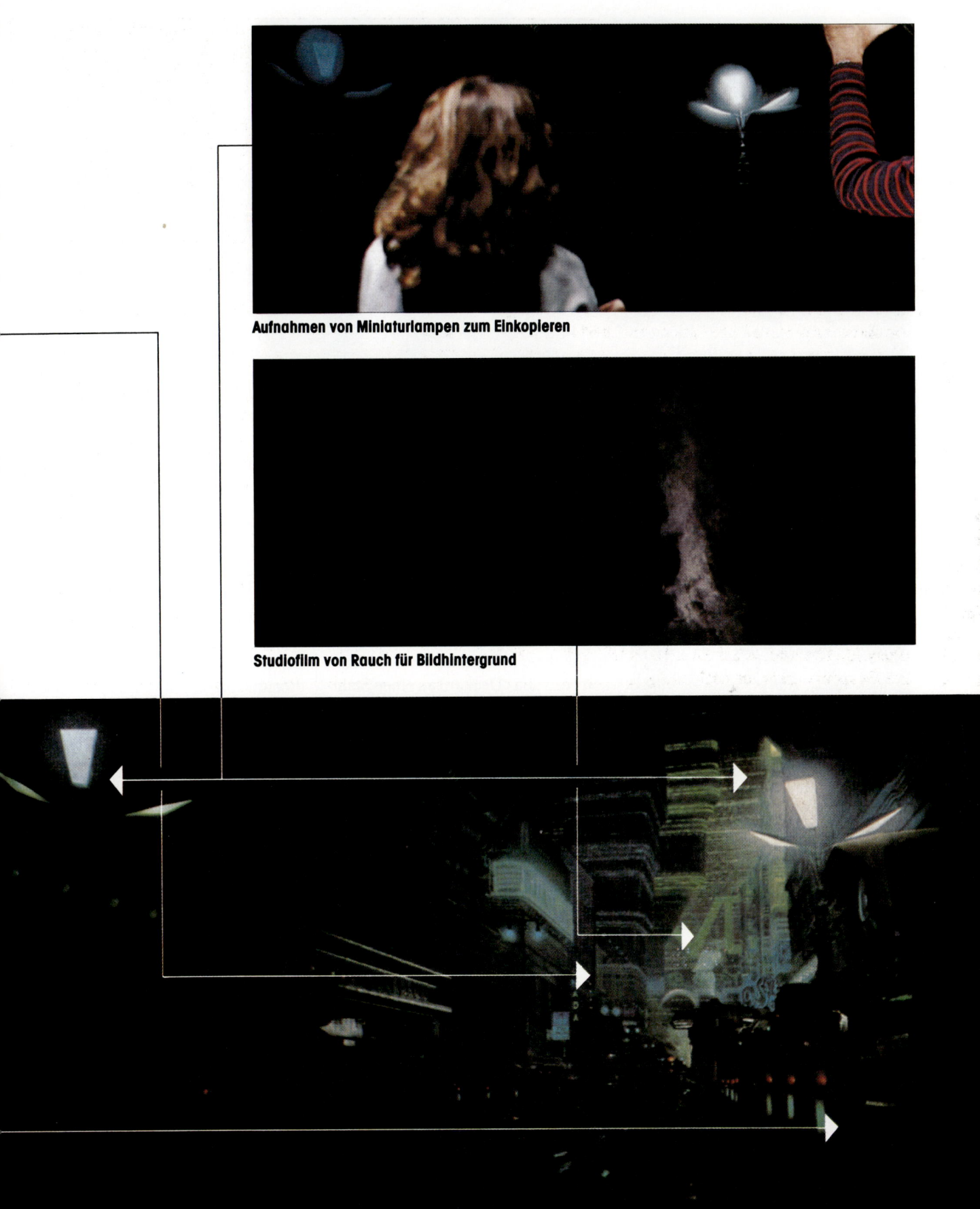

Aufnahmen von Miniaturlampen zum Einkopieren

Studiofilm von Rauch für Bildhintergrund

Das Ergebnis: Ergänzung und Korrekturen sind abgeschlossen; der „Boulevard des Alptraums" hat jetzt Athmosphäre

Mit angespanntem Gesicht hängt Deckard am Stahlträger. In Wahrheit steht er auf dem Studiogerüst über einem Luftkissen

Was hier gähnt, ist nicht der Abgrund

So wurde gedreht: Regisseur Ridley Scott (in Hocke) filmt Harrison Ford (am Seil). Unter ihm liegt ein großes Luftkissen

In äußerster Not klammert sich Harrison Ford alias Deckard an einen Stahlträger des Bradbury-Gebäudes. Unter ihm der gähnende Abgrund — eine Szene voller Nervenkitzel aus „Blade Runner". Und diese Szene ist wieder einmal ein Beispiel, wie mit technischer Fertigkeit und filmischer Routine höchste emotionale Wirkungen erzielt werden können.

Denn in Wahrheit hängt Harrison Ford keineswegs an einem Wolkenkratzer, sondern — mit einem Haltegürtel am Stahlseil gesichert — an einer Holzkulisse im Studio. Drei Meter unter ihm liegt ein großes Luftkissen, falls er doch abrutschen sollte.

Aber selbstverständlich soll die Luftmatratze auf dem Studioboden nicht im Film zu erkennen sein. Die Aufnahmen vom hängenden Deckard werden also ausgeschwärzt und mit einem neuen Hintergrund versehen; in diesem Fall also mit einem gemalten Abgrund. Auch seine Kampfsze-

nen mit Rutger Hauer sind reine Studioaufnahmen, mit versteckten Rauchmaschinen und Regennässe aus Wasserschläuchen. Der Mond ist selbstverständlich ein geschicktes Arrangement von Studiolampen. Und wo immer der Ausblick auf das nächtliche Los Angeles nötig ist, schwingt der Matte-Maler seinen Pinsel.

In unseren Bildbeispielen, die das Matte-Prinzip von „Blade Runner" verdeutlichen, ist die Kombination aus Matte und Realfilm noch im Anfangsstadium. All die auf den vorherigen Seiten beschriebenen Angleichungsprozesse (meist durch Filter) zwischen den beiden unterschiedlichen Bildteilen, wurden hier noch nicht durchgeführt.

Und noch eins sei erwähnt: Wenn Deckard über Los Angeles fliegt, dann handelt es sich nicht um Matte-Zeichnungen, sondern um Miniaturen, die im Trick-Labor von Doug Trumbull gezimmert wurden.

So sieht's im Film aus: Die Straßenschlucht ist nach den Realaufnahmen in den Film einkopiert worden

Halb gemalt, halb gefilmt: Wo immer Los Angeles sichtbar war, wurden Matte-Bilder eingeblendet

Die Komposition: Golden-Gate-Brücke, Rollfeld mit Live-Action, dazwischen alles gemalt

Chris Evans malt Entwürfe für den Ablauf der späteren Live-Action

„Matte" als Art Director:

Ein Maler ist Chef der Raumflotte

„Wenn Sie ein Raumschiff durchs Weltall fliegen lassen", erklärt Ken Ralston, Visual-Effects-Chef von „Raumschiff Enterprise IV", „dann haben Sie schon Schwierigkeiten, die Trennlinien zwischen den „Mattes" verschwinden zu lassen. Aber wenn Sie Blue-Screen-Aufnahmen mit dem echt blauen Himmel mit Live-Aufnahmen kombinieren, wird's haarig".

Tatsächlich war nach Aussagen aller Beteiligten die Landung eines „Klingon Bird of Prey" auf dem Raumflughafen im San Francisco des 23. Jahrhunderts einer „der schwierigsten Effects, den ILM (George Lucas' Trickfabrik) je zu meistern hatte". Weil Realfilm von der Golden-Gate-Brücke mit „Matte"-Gemälden kombiniert werden mußte, entschied man sich für einen ungewöhnlichen Schritt: Die Action richtete sich nach den Möglichkeiten der „Matte"-Gemälde und nicht, wie üblich, umgekehrt. Chris Evans, Chef der „Matte"-Division kombinierte auf seiner Leinwand zuerst Live-Fotos und Entwürfe des Flughafens plus Fotos von einem echten Rollfeld und nach seinen Ausarbeitungen wurde dann die Flugbewegung des landenden Raumschiffs gedreht. Die Live-Action der Statisten auf dem Rollfeld des nahen Oakland-Flughafens wurden zentimetergenau festgelegt.

Um die Besonderheit nochmals deutlich zu machen: Nicht der Regisseur bestimmte hier den Handlungsablauf, sondern der Tricktechniker, in diesem Fall der „Matte"-Zeichner. In diesem Sinne ist es zu verstehen, wenn wir „Matte" als „Art Director" bezeichnen.

Live-Film des
Oakland Air-
ports: Mann
„tankt" unsicht-
bares Raum-
schiff

Die Rollfeld-
Szenerie wird
entsprechend
dem „Matte"-Bild
geschwärzt

Details folgen (r.
Evans): Brücke
und Wolken
bereits im Bild

Evans' Entwurf
(kleines Bild)
wird umgesetzt:
Blauer Hinter-
grund

Dies ist das Originalgemälde des „Todestempels". Spielberg fand es nicht „düster" genug

Die Sperrholzwand bewirkt eine „Maske" für den Originaltempel

Tempelumrisse aus Sperrholz gegen die Sonne gefilmt

**In die Sperrholz-
umrisse („Maske")
wurde das Tempel-
gemälde (abge-
dunkelt) ein-
geblendet. Nun
hatte die Szenerie
die richtige
Athmosphäre**

Live-Action mit Short Round . . .

Andere gemalte Tempelansicht . . .

. . . und so wurde sie ins Gemälde eingesetzt

. . . und so sieht sie mit einkopierter Live-Action aus

"Matte" als Maske:

Der Tempel des Todes aus Sperrholz

Das indische Dorf ist in Wahrheit ein Glasgemälde

Ein grandioses Gebäude, dieser „Tempel des Todes" in dem gleichnamigen Indiana-Jones-Film. Es ist ein Gemälde, meisterlich gefertigt von Mike Pangrazio. Aber das Originalbild (oben) war Regisseur Steven Spielberg nicht unheimlich genug, er wollte mehr „Untergangsstimmung". Der englische Effektmann Elliot Scott, der schon bei „Der Dieb von Bagdad" Trick-Erfahrungen gesammelt hatte, entschloß sich zu einer ungewöhnlichen Methode: Er ließ die Umrisse des Tempels aus Sperrholz sägen und stellte diese Silhouette gegen einen Sonnenuntergang auf. Auf dem Film war nun eine schwarze Maske entstanden, in die später das Gemälde des Tempels einkopiert wurde. Auch in allen anderen Szenen war der Tempel gemalt (rechts). Ob nun Short Round vom Mini-Balkon blickt oder ob das Trio am Seiteneingang eintrifft. Sogar das indische Dorf stammt vom Malpinsel.

Die Perspektiven werden durch Linien festgelegt

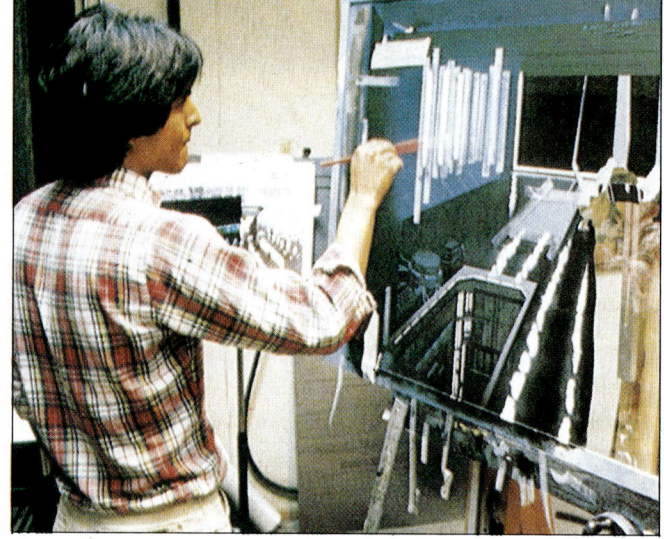

Einer der vielen Entwürfe für die Aufmarschkulisse

„Matte" auf Glas:

Die Sturmtruppen sind zerbrechlich

Tausende von Soldaten versammeln sich in „Krieg der Sterne" zu Ehren des Emperors im Hauptdock des Todessterns: Stellen Sie sich vor, wie aufwendig eine derart gigantische Studiokulisse wäre. Die Lösung: heftig pinseln. Die gesamte Aufmarsch-

Diese gigantische Raumstation ist ein Gemälde mit ein paar Statisten als Sturmtruppen in der Bildmitte. Glas wird bevorzugt, weil es sich von hinten ausleuchten läßt

fläche und das Raumschiff wurden detailgetreu auf eine große Glasscheibe gemalt. Im kleinen Bild links ist zu sehen, wie „Matte"-Künstler Mike Pangrazio Linien für die exakte Perspektive einzeichnet. Die Weißfläche, die er bereits fertiggestellt hat, wird für die spätere Live-Action freigelassen. Entsprechend seinem Entwurf wurden dann (im Elstree-Studio im fernen England) die Statisten in genau der vorgegebenen Perspektive aufgestellt, gefilmt und später einkopiert (s. großes Bild oben). Rechts: „Matte"-Maler Frank Ordaz entwirft eine Alternativ-Version des Raumschiffs. Daß dies alles auf Glas gemalt ist, hat die Vorteile, daß Hintergrundlicht das Bild brillant macht und Live-Action relativ einfach in den leeren Hintergrund gepaßt werden kann.

PROFIL: Die Ellenshaws

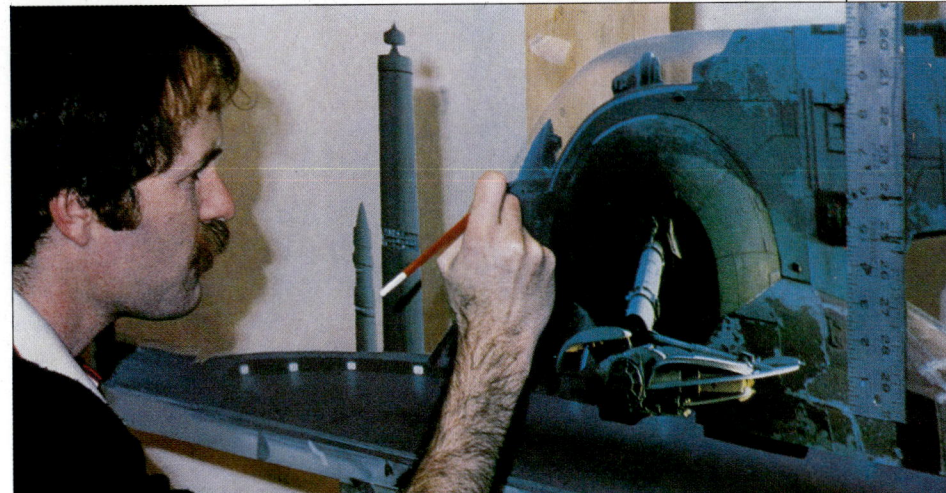

Harrison Ellenshaw, der Sohn, malte die fantastische Optik in „Krieg der Sterne"

Vater und Sohn: Beide sind Meister der Fantasy-Malerei

Peter Ellenshaw wurde 1913 in London geboren. Der andere Peter Ellenshaw 1944 in Harrisburg, USA. Weil sie beide dem gleichen Beruf nachgehen und berühmt wurden, änderte der Jüngere seinen Namen (nach seinem Geburtsort): Harrison. Die Ellenshaws umspannen über ein halbes Jahrhundert Filmgeschichte. Von 1936 an malte der ältere Ellenshaw für viele berühmte Filme. Er malte Rom für „Quo Vadis" (1951) und „Spartakus" (1960), Alt-England in „Die Schatzinsel"

(1950) und „Mary Poppins" (1964), wofür er einen Oscar erhielt. Eine weitere Oscar-Nominierung erhielt er für „Das Schwarze Loch", seinen letzten großen Film, den er für sein Heimat-Studio Disney gemacht hatte. Sein Sohn Harrison arbeitete ebenfalls an „Das Schwarze Loch". Für die ersten beiden Folgen von „Krieg der Sterne" schuf er über 50 grandiose Szenen auf Glas. Seit 1981 ist Harrison Ellenshaw selbständiger Produzent; sein Vater lebt inzwischen im Ruhestand.

Auch der Vater, Peter Ellenshaw, malte Kriege in den Sternen. Hier sein aufregender Entwurf zu „Das Schwarze Loch"

5. Kapitel

Travelling Matte

Film im Film
oder: Das Geheimnis
der Wandermatte

Denjenigen Lesern, die dieses Buch von vorne durchgeblättert haben, wird es nicht schwerfallen, dieses Kapitel zu verstehen: Anhand eines „Storyboards" wird eine Trickszene im Aussehen und Ablauf minutiös vorgeplant. Vordergrund-Objekte (Schauspieler, Raumschiffe etc.) werden vor einem „Blue Screen" real gefilmt; der blaue Hintergrund läßt sich herausfiltern und entweder durch einen anderen real gefilmten Hintergrund ersetzen oder durch ein Gemälde (Matte). Das Matte-Gemälde kann auch Vordergrund sein, mit einer real gefilmten Live-Action als einkopiertem Hintergrund. Wenn wir aber bisher von „Matte"

gesprochen haben, meinten wir immer eine „stationäre Matte" (stationary matte), das heißt, sie war unbeweglich. Falls Sie doch einmal das Gefühl hatten, ein Matte-Gemälde „bewegte" sich durch das Bild, dann entstand diese Illusion durch die Kamera, die am Gemälde entlangfuhr. Da die Kinoleinwand, die den Ausschnitt der Kamera zeigt, feststeht, erhält der Zuschauer den Eindruck, das Gemälde habe sich an ihm vorbeibewegt.

Sie haben diesen optischen Effekt sicherlich schon selbst erlebt: Sie sitzen abfahrbereit in einem Zug. Am Nebengleis steht ein anderer Zug. Plötzlich bewegen sich die Züge in unterschiedlicher Fahrtrichtung und Sie sind momentan verwirrt: Ist Ihr Zug gestartet oder ist es der Nebenzug? Oder beide? Zwei

Faktoren verschaffen Klarheit: Sie schauen auf das Bahnhofsgebäude. „Bewegt" es sich, fährt Ihr Zug. Bleibt es statisch, fährt der andere. Und Sie bringen eine Vorkenntnis mit: Ein fahrender Zug macht Lärm und ruckelt. Hören und spüren Sie Ihren Zug, fährt er. Das Erlebnis eines Films weist — wie wir sehen werden — erstaunliche Parallelen auf.

Schon sehr früh in der Geschichte des Films haben Trickexperten erkannt, daß eine Matte keineswegs stationär zu sein braucht. Film ist schließlich Bewegung – warum sollte ▷

sich also nicht auch ein Matte bewegen? — und so kombinieren sie statt einem Gemälde und einem Film halt zwei Filme miteinander. Einer der beiden Filme ist eine „Maske". Weil dieser Film einen Originalfilm auf seiner Reise durch die Kamera (oder den Optischen Printer) begleitet, spricht man von „Travelling Matte" — sie sitzen sozusagen in einem gemeinsamen Zug.

Weil uns die Episoden vom „Mann aus Stahl" wohl allen am geläufigsten sind, haben wir dessen beneidenswerte Fähigkeit zum Fliegen als Demonstrationsbeispiel für „Travelling Matte" ausgewählt. Wie gelingt es diesem Burschen also, das zu tun, wovon die (meisten) Männer dieser Welt träumen: eine hübsche Frau in die starken Arme zu nehmen und mit ihr zu einem romantischen Rundflug zu entschweben?

Alles läuft nach dem bereits bekannten Prinzip ab: 1. Exakte Vorplanung auf Storyboard. Schon jetzt werden die Flugbewegungen genau festgelegt. 2. Blue Screen-Aufnahmen des Vordergrundobjekts (Superman), dazu Live-Action für Hintergrund (New York als „Metropolis" beispielsweise). 3. Das „Matting" — die beiden Filme werden kombiniert.

Neu daran ist nur, daß es nun zwei Filme sind, die in jeder Flugszene kombiniert sind. Für den Hintergrundfilm kreist ein Hubschrauber über Metropolis in den festgelegten Flugschleifen. Wieder wird der Zug-Effekt ausgenutzt: Da das Kamerabild auf der Leinwand feststeht, sieht es so aus, als würde sich die aufgenommene Stadt bewegen. Das ändert sich aber optisch sofort, wenn Superman im Vordergrund zu sehen ist: Obwohl er immer im Zentrum des Bildes bleibt, also „fest steht" vor einem sich bewegenden Hintergrund, reagieren wir Zuschauer (wie beim Zug) unserer Vorkenntnis entsprechend — wir wissen: Eine Stadt bewegt sich nicht. Und: Wir bewegen uns auch nicht; schließlich sitzen wir in einem Kino.

DIE AUFLAGEN SEINER
COMIX-HEFTE BELEGEN
ES: DIE MENSCHHEIT
BRAUCHT **SUPERMAN**!
AUCH IM KINO. FLIEGEN
AUF PAPIER IST
EINFACH – ABER AUF
DER LEINWAND? WUNDER-
KRAFT VOM PLANETEN
KRYPTON HABEN WIR
ERDLINGE NICHT. ALSO
BLEIBT NUR EINES
ZU UNSER ALLER RETTUNG:
TRAVELLING MATTE

Christopher Reeve und Margot Kidder mimen den gestreckten Flug: Sie hängen an mehreren Seilen in Richtung Windmaschine

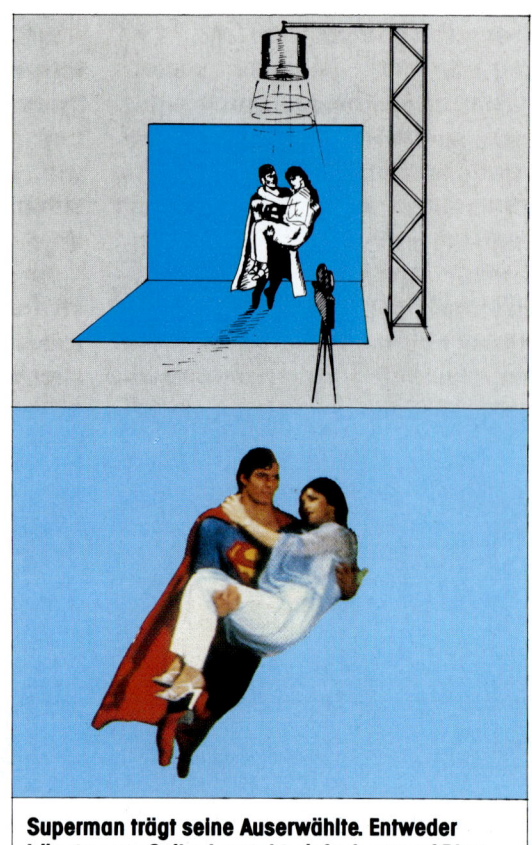

Superman trägt seine Auserwählte. Entweder hängt er am Seil oder steht einfach nur auf Blau

Also muß es Superman sein, der sich bewegt; die Illusion, „Superman fliegt", ist perfekt.

Wie man aber Superman glaubwürdig vor den sich bewegenden Hintergrund bringt, ist einfach nachvollziehbar, wenn man sich das Blue Screen-Prinzip (Seite 61) in Erinnerung ruft: Superman steht oder hängt (an blau gefärbten Seilen) mit oder ohne Louis Lane vor dem Blue Screen eines Studios in unterschiedlichen, den späteren Flugbewegungen entsprechenden Posen. Durch Farbtrennung wird wieder eine Blauform des Films hergestellt, diese Schwarzweiß umkopiert, so daß eine „Maske" entsteht: Alle Blauflächen sind nun Schwarz. Belichtet man diese Schwarzschablone zusammen mit dem Positiv des Blue Screen-Films, läßt die schwarze Maske kein Licht durch — der blaue Hintergrund verschwindet: Superman fliegt vor weißem Hintergrund.

Die Schwarzschablone des blauen Hintergrunds läßt sich aber umkopie-

ren: Jetzt ist der Hintergrund weiß und Superman selbst eine schwarze Umrißfläche. Dieser Film ist nun eine Schwarzschablone für die Aufnahmen der Szenerie. Werden nun diese beiden Filme zusammen belichtet, läßt die schwarze Umrißmaske kein Licht durch — auf dem Kombinationsfilm erscheint nun der Live-Action-Hintergrund mit einer unbelichteten Weißfläche in den Umrissen von Superman.

Belichtet man nun den Original-Superman vor weißem Hintergrund und den Live-Action-Film mit weißer Fläche der Superman-Umrisse, erhält man einen Kombinationsfilm, bei dem die Weißfläche des Live-Action-Hintergrunds nun blitzsauber mit dem Original-Superman gefüllt ist: Superman fliegt über Metropolis.

So einfach ist das. Zumindest in der Theorie. Muß wirklich noch betont werden, daß in der Praxis dies alles ganz schön viel Arbeit erfordert? Schauen Sie sich nur die Szene aus

„Poltergeist" auf Seite 102 an, in der Gegenstände des Kinderzimmers durch die Luft wirbeln: Selbst die erfahrenen Hollywood-Experten brauchten sage und schreibe ein ganzes Jahr, bis sie diese Sequenz zu ihrer — und unserer — Zufriedenheit fertiggestellt hatten.

Kernstück des ganzen Prozesses ist wieder der Optische Printer. Aber entsprechend der erweiterten Aufgabenstellung ist der Printer für Travelling Mattes ebenfalls komplizierter. Hier ist das (auf Seite 94 dargestellte) Prinzip: Der Printer hat zwei Projektoren, durch die jeweils zwei Filme laufen. Diese vier Filme sind aber nicht hintereinandergeschaltet. Warum, wird ganz schnell klar, wenn Sie sich die vier Filme auf den Seiten 94 und 95 ansehen. Film 2 ist total schwarz, mit Ausnahme der Superman-Weißfläche. Film 3 ist total schwarz an der Superman-Fläche. Würde man nun die vier Filme hintereinander in eine Kamera projizieren,

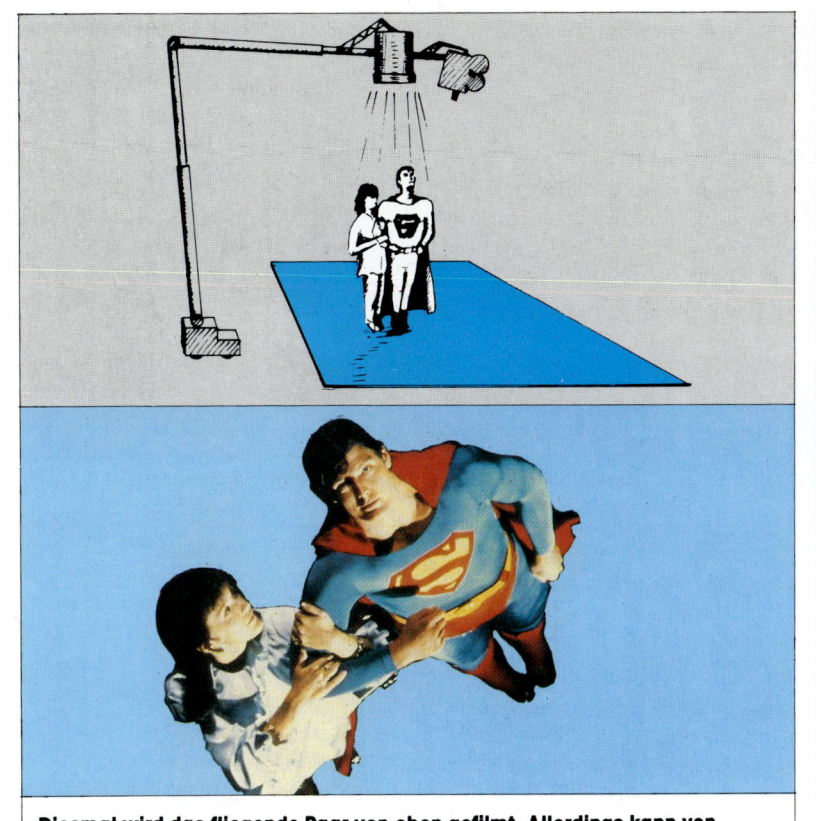

Diesmal wird das fliegende Paar von oben gefilmt. Allerdings kann von „Fliegen" keine Rede sein: Sie stehen einfach nur auf blauem Grund

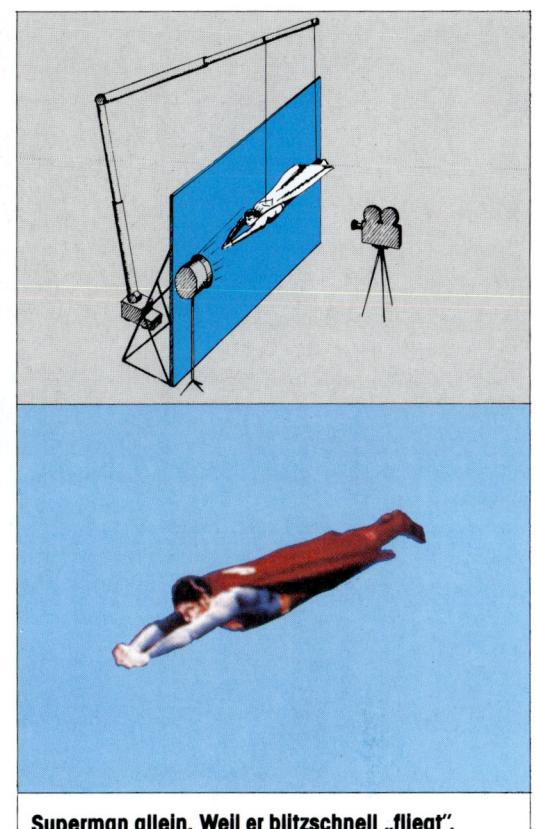

Superman allein. Weil er blitzschnell „fliegt", braust die Windmaschine auf Volltouren

würden sich die Schwarzflächen von Film 2 und 3 ergänzen und keinen Funken Licht durchlassen. Der Film in der Kamera wäre also weiß, weil unbelichtet.

Um trotzdem den Kopierprozeß in einem Durchgang abschließen zu können, behilft man sich mit folgender Methode. Die beiden Projektoren stehen im rechten Winkel zueinander. Ihre Projektionen treffen sich an einem Spiegel, der von hinten eintreffendes Licht durchläßt, aber vorne (oder seitlich) eintreffendes Licht reflektiert. Von hinten kommt die Kombination der Blue Screen-Aufnahme von Superman und dem Film, der als Schwarzmaske sämtliches Blue Screen-Blau abblockt. Das Bild, das diese beiden Filme zusammen ergeben, ist der Original-Superman auf weißem Hintergrund; dieses Bild geht ungebrochen durch den Spiegel in die Kamera. Projektor 2 kombiniert eine Schwarzmaske von Superman und der Stadt als Hintergrund. Das Bild, das

beide Filme gemeinsam ergeben, ist der Stadthintergrund mit einer Weißfläche in den Superman-Umrissen. Dieses Bild trifft auf den Spiegel und wird reflektiert in Richtung Kamera. So wird auf dem Finalfilm gleichzeitig belichtet mit Superman und dem Hintergrund — Superman fliegt über der Stadt.

So kompliziert sich die Funktionsweise des Optischen Printers für Travelling Mattes auch anhören mag — es gibt sie schon lange. Einer der ersten großen Pioniere war Frank Williams, der allerlei Trickerfindungen für die Komödien des Mack Sennett-Studios beisteuerte und 1923 ein Patent für seinen „Travelling Matte Process" anmeldete. Dieser Prozeß war noch recht simpel: Ein Hintergrund wurde gefilmt (z.B. Haus). Dann agierte ein Schauspieler vor einer schwarzen Samtwand, was gleichzeitig als Schwarzschablone für die Kombination von Hintergrund und Schauspieler diente. Bei den noch

recht körnigen Schwarzweißfilmen seiner Zeit war dies noch möglich. Waren die Trennlinien zu deutlich, wurde auf dem Film direkt retuschiert. Als dann Anfang der dreißiger Jahre erstmals weißes Licht zur Verfügung stand, fing Williams an, mit Blue Screen zu experimentieren. So entstanden etwa die Travelling Mattes in „King Kong" (1933).

Eine der erfolgreichsten Techniken Williams' war die heute komisch einfach anmutende „Printing Reflection". Das Prinzip: Die unvermeidliche Schwarzmaske wurde dadurch hergestellt, daß ein Kamera-Assistent eine weiße Wand vor die Kamera stellte, darauf wurde der Live-Action-Film projiziert (oder der Kameramann schaute einfach durch den Sucher der Kamera und gab Anweisungen) und die Matte-Linie markiert. Wo später der Matte-Film einkopiert werden sollte, wurde diese weiße Karte einfach schwarz angemalt.
Lesen Sie bitte weiter auf Seite 96

Film 1: Der „fliegende" Superman vor blauem Hintergrund wird kombiniert mit . . .

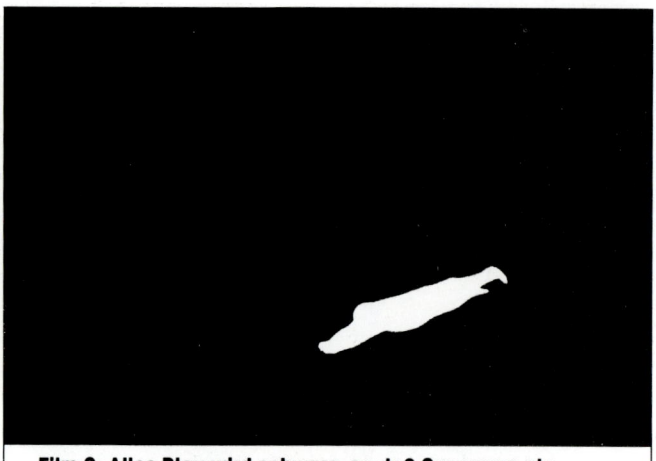

. . . Film 2: Alles Blau wird schwarz, so daß Superman als weiße Freifläche erscheint. Das Negativ davon wird . . .

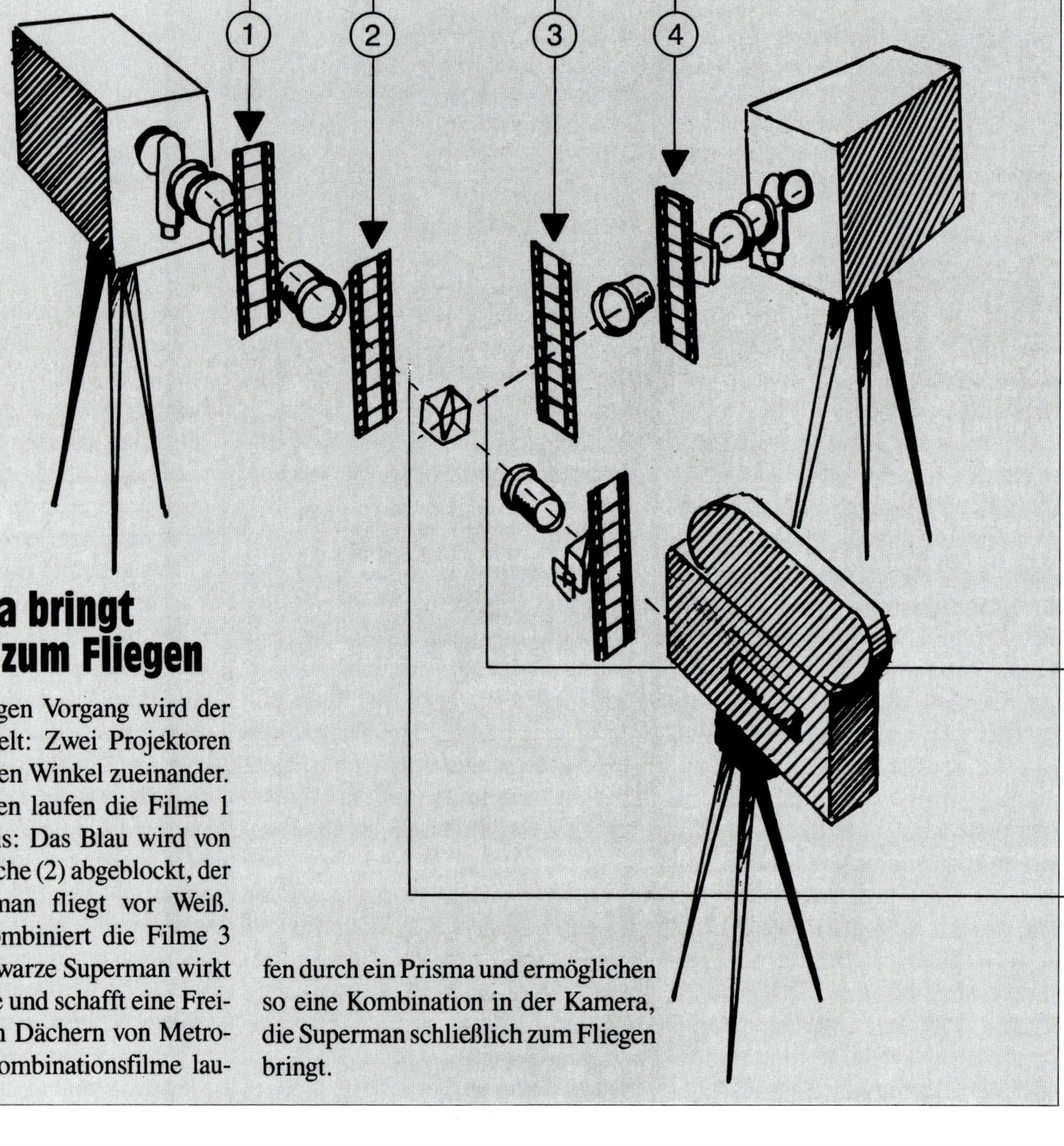

① ② ③ ④

Ein Prisma bringt ihn dann zum Fliegen

In einem einzigen Vorgang wird der Flugeffekt erzielt: Zwei Projektoren stehen im rechten Winkel zueinander. Durch den einen laufen die Filme 1 und 2; Ergebnis: Das Blau wird von der Schwarzfläche (2) abgeblockt, der farbige Superman fliegt vor Weiß. Projektor 2 kombiniert die Filme 3 und 4: Der schwarze Superman wirkt wie eine Maske und schafft eine Freifläche über den Dächern von Metropolis. Beide Kombinationsfilme laufen durch ein Prisma und ermöglichen so eine Kombination in der Kamera, die Superman schließlich zum Fliegen bringt.

... Film 3: Jetzt ist Superman eine Schwarzfläche auf weißem Hintergrund. Dieser Film wird kombiniert mit ...

... Film 4: Die Hubschrauber-Aufnahmen von New York (Metropolis), über das Superman dann optisch hinwegfliegt

Das Ergebnis: Superman füllt die Freifläche in „Metropolis" und damit entsteht die Illusion des Fliegens

In den zwanziger Jahren wurde Williams so zum gesuchten Trickexperten Hollywoods. Bei dem Film „Ben Hur" (1925) hatte er es tatsächlich fertiggebracht, seine Matte-Szenen von den Zuschauern beim Pferderennen überzeugender aussehen zu lassen, als die live gedrehten. Danach, 1927, bot ihm das MGM-Studio die für damalige Verhältnisse astronomische Summe von einer Million Dollar für seine Patentrechte an. Aber Williams, der den Wert seines Prozesses überschätzte, lehnte ab. Schließlich wurde er noch vor den Kadi geschleppt, weil sein ehemaliger Mitarbeiter Fred Jackman behauptete, er habe den Travelling Matte-Prozeß entwickelt. 1940 liefen Williams' Patentrechte dann ohnehin aus — der Weg war frei für den Fortschritt.

Sein ehemaliger Assistent John Fulton wurde ebenfalls einer der ganz Großen. Seit 1925 war er ein erstklassiger Kameramann und lernte dann von Frank Williams Kameratricks.

Ebenfalls 1925 startete der Mann, der den Optischen Printer zur Vollendung führen sollte: Linwood Gale Dunn. Neben seinen Arbeiten an ▷

Ein wahres Monster von einer Maschine ist der Optische Printer, der Travelling Matte kombiniert. Oben: So werden die beiden Filmstreifen gemeinsam von der Kamera (A) aufgenommen. Foto rechts: So sieht ein Printer aus

Hepburn und Grant mit einer grantigen Raubkatze: In Wahrheit starren die beiden Menschen an eine leere Studiowand und die Katze zu ihrem Trainer. Per Travelling Matte sind beide Filme dann zusammengebracht (aus: „Bringing up Baby")

Wie Leia ohne Zittern durch Endor rast

Was für ein Aufwand, so eine Blue Screen-Aufnahme (o.): Prinzessin Leia auf einem „Scooterbike" in „Das Imperium schlägt zurück". Nach bekanntem Prinzip wird die „blaue" Aufnahme mit Travelling Matte kombiniert, Garrett Brown; der Erfinder der „Steadicam" (Kamera, die mittels Stabilisatoren auch handgehalten jedes Zittern ausgleicht), hatte einen Wald bei Crescent City durchschritten und 2,3 Bilder pro Sekunde gedreht. Dieses (Zeitraffer-) Prinzip verzehnfacht beim Abspielen von 24 Bildern pro Sek. die Geschwindigkeit: Die Prinzessin auf dem „Scooter" rast also mit Höchstgeschwindigkeit durch den Wald des Ewok-Planeten Endor.

Der Mann in der Flasche: Mit diesem Trick entwickelte John Fulton bereits in den zwanziger Jahren das Prinzip der Travelling Matte

John Fulton, der Universal-Pionier

Als Carl Laemmle 1925 ein Tricklabor in sein Universal-Studio bauen ließ, berief er John Fulton zum Oberhexer. Dessen Effects ermöglichten Universals Horror-Serien („Dracula").

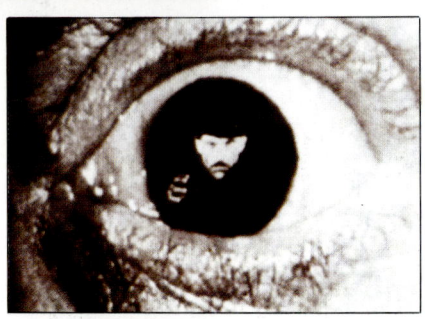

Auch bei diesem Trick kombiniert Fulton zwei Filme – ein Effect, der von „Goldfinger" über „Krull" bis „Twilight Zone" weiterlebte

John Fulton in seinem Element: nicht im Wasser, sondern bei seinen Tricks. Hier verwendet er eine seiner zahllosen Miniaturen; wie 50 Jahre nach ihm Steven Spielberg auf dem gleichen Studiogelände

„King Kong" (1933) und Fred Astaire-Ginger Rogers-Musicals brillierte er vor allem bei Orson Welles' Klassiker „Citizen Kane". Von vielen Kennern wird dieser Film zum besten aller Zeiten erklärt; gigantische Bauten und Massenszenen lassen eine Großproduktion vermuten. Es mag Sie überraschen, daß diese „aufwendigen" Sequenzen überwiegend dem Optischen Printer zu verdanken sind: Rund die Hälfte des Films lief in der einen oder anderen Form durch den Printer. Und Dunn, der in dem Effectsteam von Vernon L. Walker arbeitete, leistete die Perfektionsarbeit. Ein Beispiel: Kane (Orson Welles) steht auf einer Rednertribüne und verspricht den anwesenden Zuschauermassen, er werde nach seiner Wahl gegen den korrupten Jim W. Gettys vorgehen. Gettys verfolgt die Rede durch ein Fenster. Im Bild sind also: Mann hinter Fenster. Durchs Fenster sichtbar: Zuschauermassen im Madison Square Garden plus Tribüne mit Redner. Eine erstaunliche Komposition: Die meisten Zuschauer sind Matte-Gemälde; darin ausgespart ein Leerraum für Statisten. Kane wurde extra gefilmt und ebenso einkopiert wie Gettys hinterm Fenster, der im Studio aufgenommen wurde. Linwood Gale Dunn wurde 1944 mit einem Oscar für seinen „Acme-Dunn Special Effects Optical Printer" ausgezeichnet. Für dessen Verbesserungen erhielt er 1979 und 1980 nochmals je einen Oscar. Für seine Hurricane-Effekte in „Hawaii" (1966) holte er sich eine Oscar-Nominierung.

Heute sind Optische Printer — vor allem für Travelling Mattes — computergesteuert und bald wird der gesamte Prozeß des „Matting" von der Elektronik übernommen werden. Das bedeutet, daß nicht nur der technische Vorgang des Ineinanderkopierens, sondern auch das Malen der Matte-Bilder selbst aus dem Computer kommen wird. Spätestens dann werden auch Filme wie „Superman" zu historischen Kuriositäten.

Was bringt Elliott zum Schmunzeln?

Für eine ganz besondere Art von Film hat sich Walt Disney einer speziellen Art von Travelling Matte bedient: der Kombination aus Zeichentrick- und Realfilm, wie etwa in „Elliott das Schmunzelmonster" (1978). Oder bei „Mary Poppins" aus dem Jahr 1965, dessen Effects einen Oscar erhielten und die wir uns genau ansehen wollen.

Der freundliche Drache Elliott ist gemalt; sein Freund, der Junge, ist real gefilmt. Komplizierte Fotografie macht den Monstertrick möglich

Julie Andrews und Dick van Dyke bei den Dreharbeiten zu „Mary Poppins". Auf einem kahlen, leeren Podium reagieren sie auf etwas, was gar nicht vorhanden ist . . .

. . . nämlich die Pinguine. Diese lustigen Oberkellner legen ein flottes Tänzchen hin — Sonne und Blüten laden ja auch ein. Wie diese Kombination möglich wurde, zeigt die folgende Doppelseite

Das Geheimnis der tanzenden Oberkellner: So kommen die Pinguine ins Bild

Schauen Sie sich doch als erstes einmal das Bild rechts unten an: Das ist das Ergebnis eines recht komplizierten Vorgangs, der eine Kuriosität enthält: Die Kombination von Real- und Zeichentrickfilm. Und hier erfahren Sie, wie die Boys vom Disney-Studio dies angestellt haben.

Als erstes erfanden sie eine „beam splitting camera", also eine Kamera, die das einfallende Licht aufteilt und gleichzeitig zwei Filme belichtet. Und zwar so: In der Kamera ist ein Prisma, das eine ganz bestimmte Farbe (diesmal nicht Blau, sondern ein dunkles Rostbraun, siehe Seite 99) nicht durchläßt. Jede andere Farbe fällt auf den Film in der Rückwand der Kamera. Wie aus beiden Grafiken ersichtlich, stehen also die Schauspieler im Studio auf einem Podium (A) vor einer braunen Wand (B) und werden mit der Kamera (C) gefilmt.

Das farbige Licht der Schauspieler fällt im Inneren der Kamera (D) auf den Hintergrundfilm (E), während das braune Licht zum Seitenfilm (F) abgelenkt wird. Dieser Film zeigt nur den braunen Hintergrund, die Schauspieler bilden Weißflächen wie ein

Schattenriß. Von F wird nun ein Negativ gezogen (G), auf dem Schauspieler und Podium nun Schwarzflächen (Masken) sind. Der vorher gefilmte Hintergrund (H) mit ausgespar-

ter Podiumsfläche wird nun mit G kombiniert. G wirkt wie eine Maske, läßt auf den Flächen der Schwarzfläche kein Licht durch; diese Fläche ist nun auf dem Hintergrundbild (I) auch

schwarz ausgestanzt.

Mittlerweile passierte etwas anderes bei Disney: Die Zeichner hatten Film E bekommen, um zu sehen, wo die tanzenden Pinguine darin Platz finden (K). Danach zeichneten sie die Tanz-Szenen der Pinguine (L), fertigten davon eine Maske (M), von der ein Negativ gezogen wurde (N). Nun wurden drei Filme miteinander kombiniert (J): Der ausgeschwärzte Hintergrundfilm (I), in dessen Schwarzflächen die tanzenden Schauspieler (E) eingepaßt wurden und gleichzeitig die Pinguine (N) als Schwarzmaske. Vom Pinguinfilm L wurde über Maske (M) ein Schwarzfilm mit den Pinguinen in Farbe gezogen (O). Und dieser Film wurde nun mit J kombiniert: Die Pinguine von O füllen nun in voller Farbpracht die vormaligen Schwarzflächen von J und ergeben so mit den Finalfilm P. Alles ist munter beieinander: Julie Andrews und Dick van Dyke vor prächtigem Blütenhintergrund und dazwischen die Pinguine als fröhlich steppende Kellner.

Und um die Titelfrage der Vorseite zu beantworten: Das gleiche Prinzip brachte auch Elliott zum Schmunzeln.

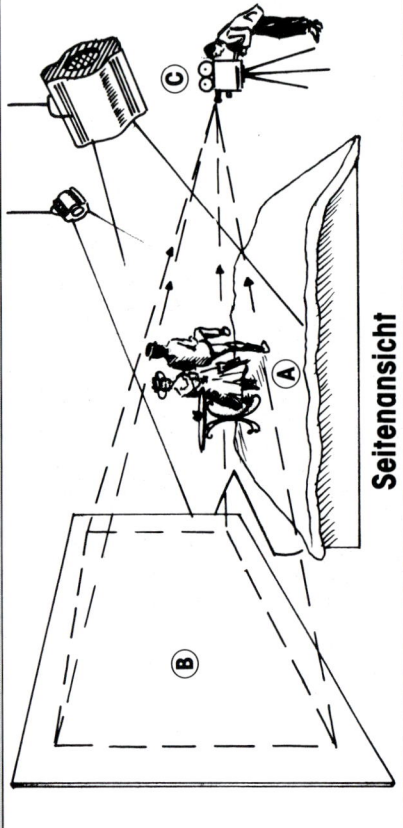

Seitenansicht

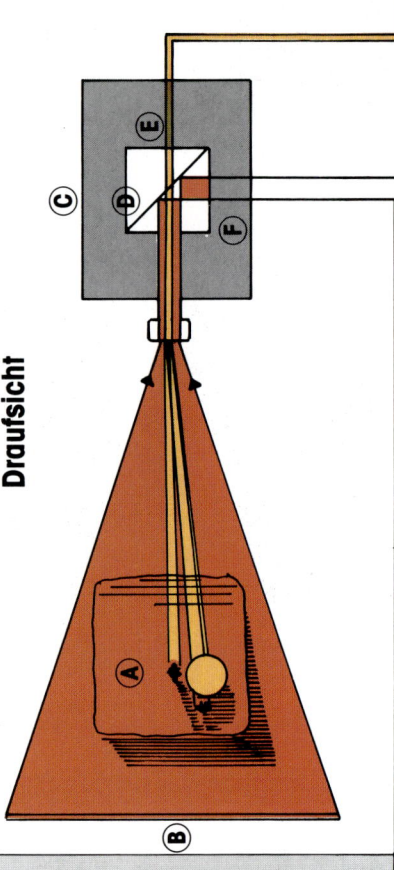

Draufsicht

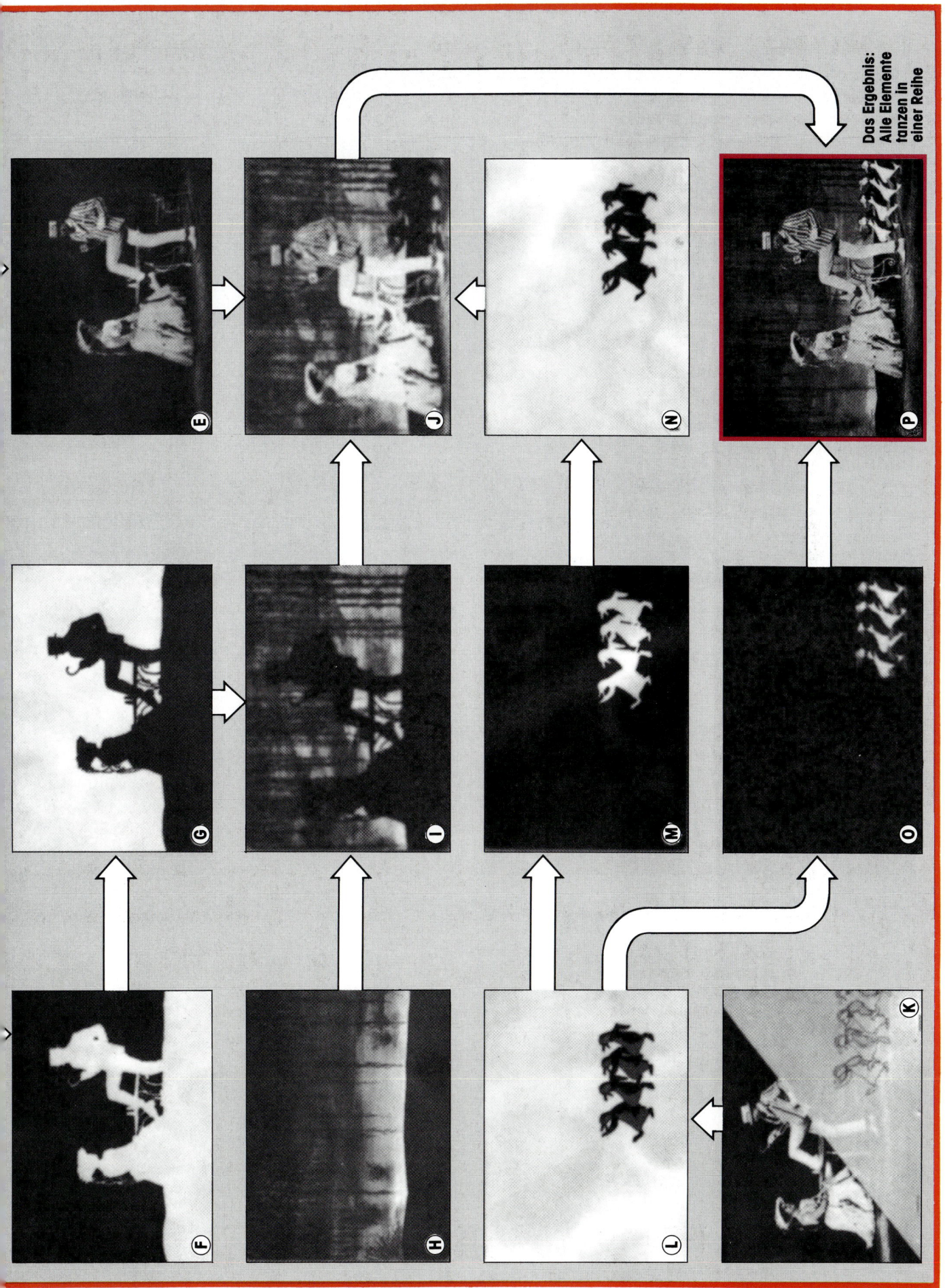

6. Kapitel

Motion Control

**Wenn Bewegungen
identisch wiederholt
werden müssen**

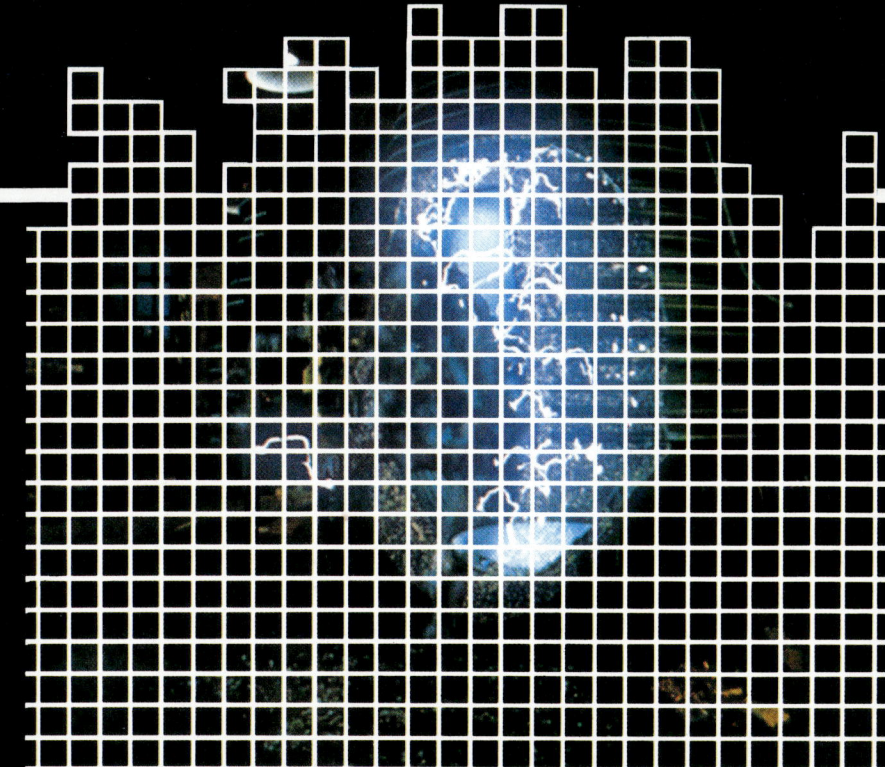

Und wieder geht's in der Logik der Special Effects einen Schritt weiter: Wir hatten gesagt — dies nur zur Erinnerung —, daß ein Film aus Einzelbildern besteht und daß sich jedes Einzelbild aus verschiedenen Bildteilen zusammensetzt, die nicht notwendigerweise auch gleichzeitig aufgenommen werden müssen. So haben wir gesehen, daß sich etwa Vorder- und Hintergrund mittels vieler technischer Kunstgriffe trennen lassen, wobei wir als wichtigstes Mittel die Blaue Leinwand kennenlernten. Anstelle des so geschaffenen blauen Hintergrundes läßt sich nun ein Foto oder Gemälde einpassen (Stationäre Matte) oder auch ein Bewegungsablauf durch einen Film im Film (Travelling Matte).

Und genau an diesem Punkt setzt nun ein Verfahren ein, das in den letzten Jahrzehnten für eben diesen „Film im Film" entwickelt wurde: Motion Control. Was so viel wie „Bewegungskontrolle" bedeutet. Was ist damit gemeint? Kontrolliert wird der räumliche und zeitliche Ablauf einer Bewegung innerhalb eines Films oder der Filmteile zueinander. Oder ganz einfach gesagt: Eine Kamera wird durch einen Computer so programmiert,

daß sie eine einmal festgelegte Fahrt beliebig oft immer identisch ausführt.

Warum diese Festlegung der Kamerafahrt wichtig ist, wird deutlich, wenn Sie sich etwa an Szenen aus „Krieg der Sterne" erinnern, wie wir sie auf den Seiten 54 und 55 beschrieben haben: Da steht der Todesstern vor der Blauen Leinwand und im fertigen Film schwirren allerlei andere Raumfahrzeuge um ihn herum. Mittlerweile wissen wir ja, daß dieser dicht bevöl- ▷

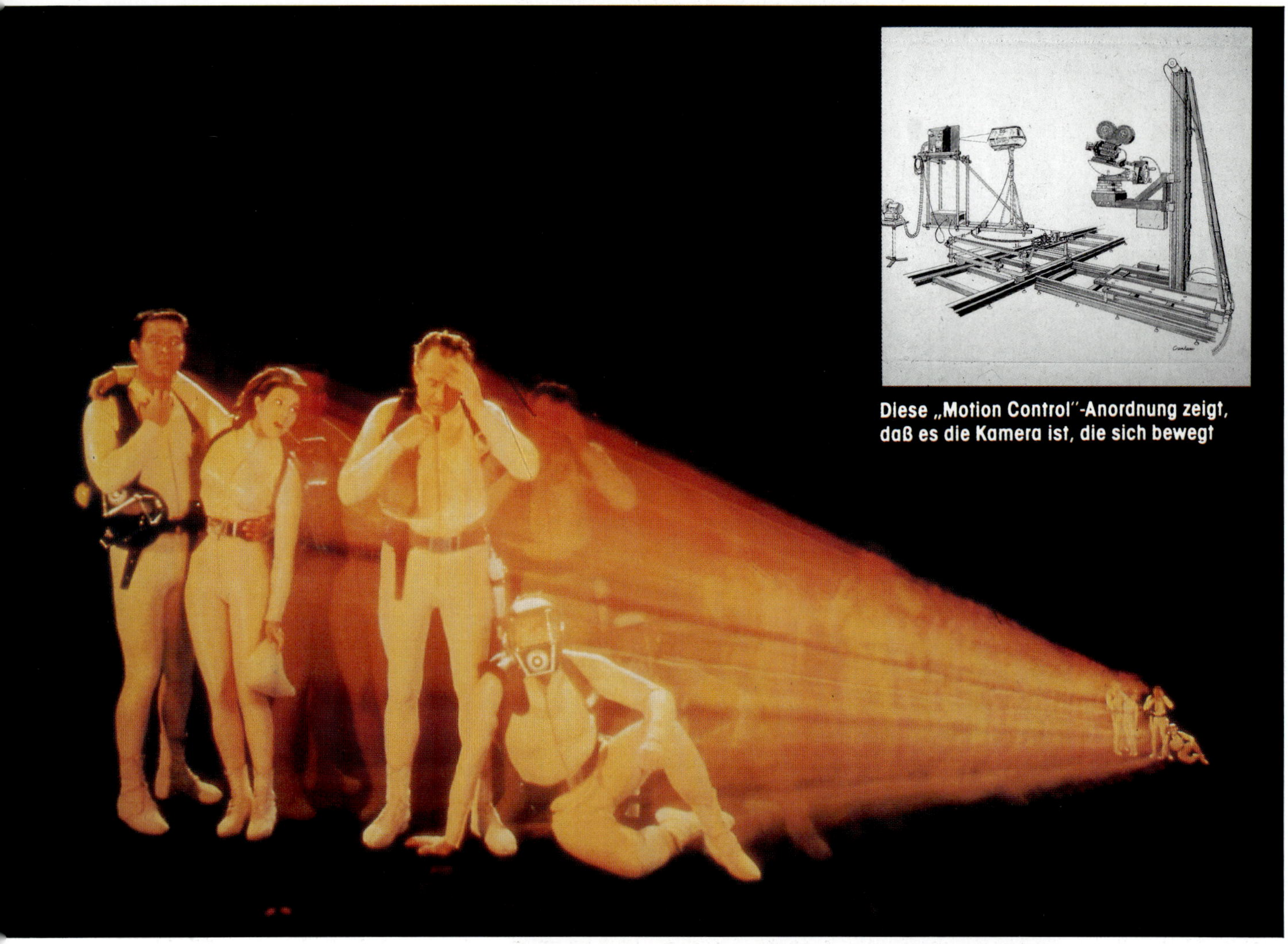

Diese „Motion Control"-Anordnung zeigt, daß es die Kamera ist, die sich bewegt

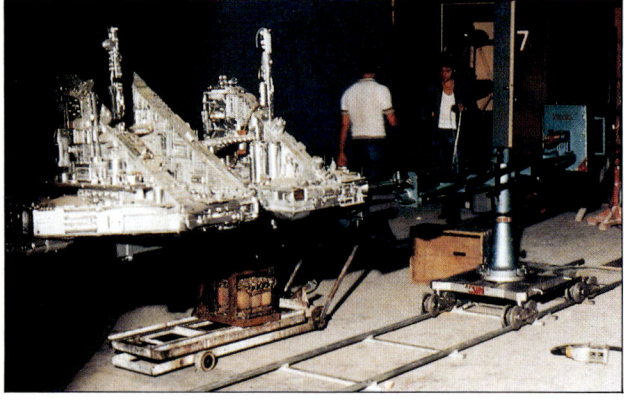

Was da fliegt, ist stets die Kamera

Diese mit einem empfindlichen Film im Studio erzeugte Aufnahme gelingt durch eine pfeilschnell bewegte Kamera

Die auf Schienen verlegte Kamera fährt an einer Miniatur vorbei. Der Effekt: Das Raumschiff „fliegt" an unserem Auge vorbei

kerte Weltraum nicht in einer einzigen Aufnahme entstand, sondern aus den Flugbewegungen aller Raumfahrzeuge zusammengesetzt ist. Und um diese Koordination der Flugbewegungen zu erreichen und unfreiwillige Kollisionen zu vermeiden, müssen sämtliche Bewegungen aufs Genaueste kontrolliert werden. Dies gilt auch für unser Beispiel aus „Poltergeist", das Sie auf den Seiten 106 und 107 sehen können. Auch hier ging es darum, viele ineinander verzahnte Flugbewegungen so zu koordinieren, daß Überschneidungen oder Zusammenstöße (die ja nur optisch wären, denn die fliegenden Gegenstände sind ja nicht wirklich zusammen im Raum) vermieden werden.

Und noch eines ist wichtig zum Verständnis der „Motion Control": Sehen Sie ein Raumschiff durchs All fliegen, etwa am Rande des sich ebenfalls bewegenden Todessterns, dann ist es nicht das Raumschiff oder der Todesstern, der sich da bewegt, sondern die Kamera. Die gefilmten Ob-

jekte stehen fest auf Halterungen, sind also auf Ständern vor der Blauen Leinwand gehaltene Miniaturen. Die Bewegung wird ähnlich simuliert, wie wir dies bei unserem ausführlichen Beispiel mit „Superman" (von Seite 90 an) kennengelernt haben: Auf der Kinoleinwand ist es für unser Auge nicht feststellbar, ob sich das Objekt, das wir sehen, bewegt hat, oder das „Auge" (die Kamera). Weil wir, die Zuschauer, fest in unseren Kinositzen hocken, erleben wir die Illusion, daß sich das Objekt vor uns bewegt.

In unserem Kapitel „Motion Control" haben wir drei Hauptvariationen dieser speziellen Tricktechnik zusammengestellt. Da sind auf dieser Doppelseite einmal die optisch recht reizvollen Effekte der „verrissenen" Kamera. Motive werden durch schnelle Kamerafahrten oder durch Kugelprojektion (Seite 105 unten) verzerrt. Ferner eine der aufregendsten Motion Control-Kompositionen der Filmgeschichte, die von Geisterhand bewegten Gegenstände in dem vom „Poltergeist" verhexten Kinderzimmer. Und die Spezialform „Real Time Motion Control System", das dem Schocker „Die Fliege" zu seiner Wirkung verhalf. Wie sagte David Cronenberg, der Regisseur: „Wir wollen mit ‚Motion Control' die ‚Emotion Control' der Zuschauer außer Kraft setzen."

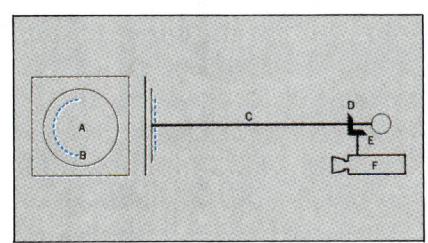

Das Prinzip der Glasverzerrung: Kamera (F) bewegt sich auf Kugelprojektion (A/B) zu

Das „Raumschiff Enterprise" startet zum „Superspeed"-Flug: Das Modell wird auf eine Kugellinse projiziert, die Kamera wegbewegt, dadurch ergibt sich die Verzerrung und Illusion einer dynamischen Vorwärtsbewegung

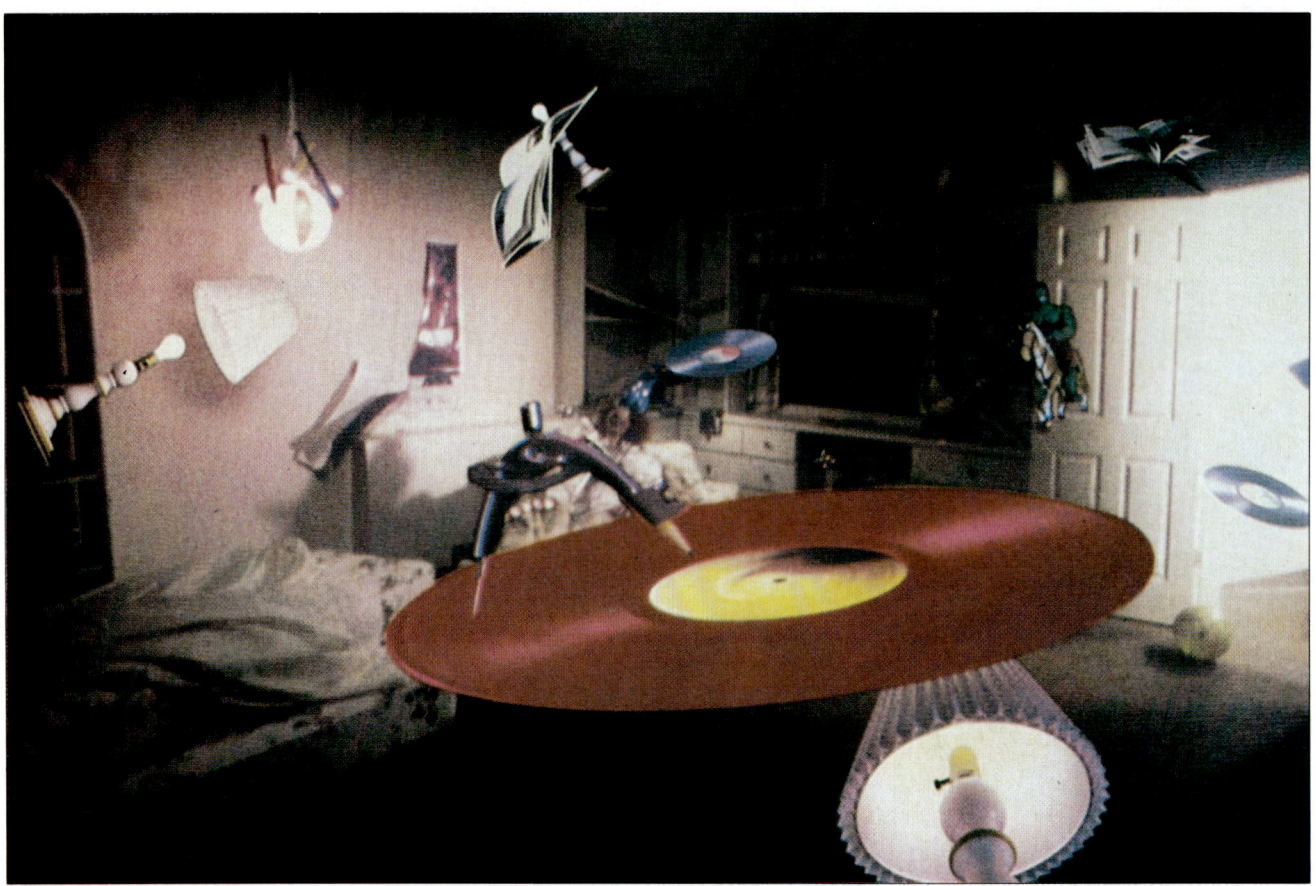

Wie von Geisterhand bewegt: Diese eindrucksvolle Szene aus „Poltergeist" besteht aus einer Unzahl von Einzelaufnahmen

Schwere Geburt: Neun Monate bis Flug

In den großen Hallen des MGM-Studios ging es zu wie in einem aufgescheuchten Ameisenhaufen. Normalerweise kann man bei diesem Ausmaß an Aktivität davon ausgehen, daß mindestens drei Filme gedreht werden. Aber diese Annahme täuschte: Steven Spielberg, der Produzent von „Poltergeist", hatte beschlossen, daß dieser Gruselthriller gedreht würde wie die Filme der Goldenen Dreißiger und Vierziger Jahre — im Studio. Und tatsächlich fanden nur höchstens zehn Prozent der Dreharbeiten „on location", also außerhalb statt.

Diese Entscheidung war vernünftig, denn schließlich ist der Film in erster Linie eine Special Effects-Angelegenheit, angeführt von Richard Edlund, einem der Größten seines Faches. Über hundert optische Effects hatte er allein zu bewältigen, Hunderte von mechanischen und pyrotechnischen Tricks kamen noch hinzu.

„Einer der kompliziertesten Tricks, den wir (bei Industrial Light & Magic, wo Edlund damals arbeitete) je zu bewältigen hatten, war das Zimmer mit den herumfliegenden Gegenständen", erzählt Edlund. Bei ILM weiß man natürlich, wie man etwas fliegen lassen kann — das macht man dort mit Bravour, seit George Lucas mit „Krieg der Sterne" angefangen hat. Aber: „Es ist ein großer Unterschied, ob irgendein Objekt durch einen leeren Raum schwebt oder in einem Zimmer. Das eine ist Fantasie, da kann man Szenerien selbst entwerfen. Das andere aber ist Realität — jeder weiß, wie ein Kinderzimmer aussieht."

Am wichtigsten war Vorplanung. Und ohne das Prinzip der Motion Control wäre die Aufgabe nicht zu bewältigen gewesen. Denn die Motion Control-Kamera ist an einen Computer angeschlossen, der die ständige, exakte Wiederholung von Schwenk- und Fahrbewegungen erlaubt. Gedreht wurde mit einer 20mm-Linse, also einem extremen Weitwinkel im VistaVision-Format (65mm). Der gesamte Raum ließ sich trotz Weitwinkel nicht auf einmal filmen, denn das Objektiv ließ dafür nicht genügend Tiefenschärfe zu.

Die vielen einzelnen Gegenstände, die da scheinbar schwerelos in wirbelnden und kreiselnden Bewegungen durch den Raum schwirren, sind alle einzeln vor „Blue Screen" aufgenommen. Interessant sind dabei die Lampen, die an dünnen, blaugefärbten

Eine der vielen Arbeitsskizzen, die den komplizierten Dreharbeiten des Schwebeeffekts vorausgingen und Flugbewegungen koordinierten

Die schwebende Lampe leuchtet: Sie war an blauen, also unsichtbaren Drähten aufgehängt und ans Stromnetz angeschlossen

Steven Spielberg (l.), Produzent von „Poltergeist" weist mich in die Geheimnisse dieses Films ein

Drähten aufgehängt waren und durch diese Strom erhielten (siehe Illustration). Das Pferd mit dem grünen Reiter war beispielsweise auf einem blaugefärbten Ständer montiert und vor dem Blue Screen aufgenommen worden, unter Anleitung von Ken Ralston, zum Teil auch in Einzelbildaufnahmen.

Der für Fotografie der Tricks zuständige Experte, Bruce Nicholson, verrät eine Tatsache, die für Außen-

stehende unglaublich klingen mag: An dieser Sequenz, die im Film nur eine verschwindend kurze Zeit zu sehen ist, arbeitete das Effects-Team sage und schreibe neun Monate. Die Kombination von bis zu zwölf Einzelelementen ist „so kompliziert, daß selbst die Präzision des Motion Control nicht automatisch Perfektion garantiert" (Nicholson).

Oftmals waren alle Objekte blitzsauber in Bewegung, da stimmte ein

Schatten nicht, da überlappten sie optisch oder Trennlinien waren erkennbar. Dann mußte wieder von vorne angefangen werden. Für Leute, die's genau wissen wollen: Die Personen, die die Türe öffnen und das gespensterhafte Treiben ansehen, sind ebenfalls einkopiert. Die Schauspieler stehen vor einer blauen Leinwand und wieder werden die Kamerafahrten per Computer ausgeführt, um immer den gleichen Blickwinkel zu garantieren.

Wie Jeff Goldblum die Fliege machte

„Wer uns beweisen kann, daß es unmöglich ist, was in diesem Film passiert, erhält 100 Mark." Mit diesem Werbegag lockte Ende der fünfziger Jahre der Horrorfilm „Die Fliege" Zuschauermassen an. Inzwischen ist der Film, dessen piepsiges „Hilfe, Hilfe" zu den bekanntesten Filmzitaten gehört, ein Kultfilm geworden. Daß die Fliege runderneuert in die achziger Jahre flattern würde, ist also nicht überraschend.

Der Fliegenfänger war Mel Brooks. Der Filmspaßvogel ist bekanntlich nebenberuflich ein Erfolgsproduzent seriöser Filme, der mit „Der Elefantenmensch" (Regie David Lynch) schon mal einen Hit über die Tragödie eines Außenseiters gelandet hatte. Mit dem kanadischen Schocker-Regisseur David Cronenberg war Brooks sich einig, einen Film zu drehen, der „bei allen starken Horror-Elementen die menschliche Seite im Vordergrund läßt." Wichtig dabei sei, den Zuschauern das Gefühl zu vermitteln, „auch Monster haben Gefühle und es ist möglich, Monster zu lieben."

Nach meiner Auffassung ist die Absicht von Produzent Brooks und Regisseur Cronenberg in die Hose gegangen. Der Film entläßt den Zuschauer nicht mit dem Gefühl, einer menschlich anrührenden Tragödie im Stile von „Beauty and Beast" beigewohnt zu haben, sondern einer Ekelorgie, deren Unappetitlichkeit sich bis zum schmatzend-schleimigen Finale steigert. Chris Walas, der mit anderen Kreaturen, den „Gremlins", schon mal einen Monsterhit gelandet hatte, war auch diesmal für das Make-up zu-

Das „Brundlething" nannte das Effectsteam liebevoll die von Chris Walas gebaute . . .

ständig, das auf unseren Brechreiz abzielte. Wie auch immer: In diesem Buch geht's nicht um Ästhetik oder Filmkritik, sondern um Trickszenen und wie sie gemacht wurden. Und da hat „Die Fliege" tatsächlich einiges zu bieten. Erinnern wir uns aber kurz nochmal an den Inhalt, ohne den die Tricks nur schwer zu verstehen sind: Der Wissenschaftler Seth Brundle ist kurz vor einem Durchbruch, der die Welt verändern würde: Die Auflösung der Molekülstruktur eines Objekts oder eines Menschen und den anschließenden Transport der in Energie umgewandelten Atome, die dann an einem beliebigen Zielort wieder ihre Ursprungsform annehmen. Diese „molekulare Desintegration-Reintegration", wie der (erfundene)

Kameramann Mark Irwin filmt hier das Monster über künstlichen Rauchschwaden

Fachausdruck dafür lautet, findet zwischen Teleports (oder auch Telepods) statt: In der einen Kapsel wird atomisiert, in der durch ein Kabel verbundenen Zielkapsel setzt sich alles wieder zusammen.

Aber leider nicht immer in der richtigen Form. Denn als einmal der Wissenschaftler sich selbst teleportiert, übersieht er eine ordinäre kleine

Der (nahezu) unbekleidete Jeff Goldblum hätte sich bei echten Lichtquellen Brandwunden zugezogen. Deshalb entschied man sich für „animiertes" Licht

Die Lichtquellen sind auch beim Teleportieren des „Monsters" künstlich erzeugt und später in den Realfilm über ein eigenes Computerprogramm in den Realfilm eingepaßt

... mechanische Fliegenpuppe, in die sich der Wissenschaftler Seth Brundle (Jeff Goldblum) nach einem Experiment verwandelt hatte

Hausfliege, die mit ihm die elektronische Reise antritt und prompt seine Atomstruktur rettungslos verhunzt. Als Folge verwandelt er sich langsam in eine Riesenfliege.

Wie gesagt, Cronenberg wollte die menschliche Tragödie in den Vordergrund stellen und davon nicht durch spektakuläre Effekte ablenken. Das fing mit dem Ort der Handlung an: das Labor von Seth Brundle; hier spielen 80 Prozent des gesamten Films. Die zu erwartende Eintönigkeit von wenig abwechslungsreichen Kulissen und Szenerien läßt sich am besten ausgleichen durch erhöhte Mobilität der Kamera und des Schnitts. Man denke nur an solche Paradebeispiele wie „Die 12 Geschworenen". Regisseur Sidney Lumet hatte zwölf

Männer in einem einzigen Raum — nur durch eine ausgeklügelte Choreografie der handelnden Figuren und der Kamera ließ sich Langeweile vermeiden. Ähnlich auch hier. Kameramann Mark Irwin tat alles, um ein Höchstmaß an Mobilität innerhalb des Studioaufbaus (in den Kleinberg Studios in Toronto) zu erreichen. Er ließ sich sogar in einem Rollstuhl durchs Studio bugsieren, während er mit einer handgehaltenen Kamera filmte. Aus diesem Grund hat Seth Brundle auch eine athletisch-nervöse, „aufgedrehte" Persönlichkeit; voller Begeisterung und Energie bewegt er sich durch sein Labor. Wie die Crew es fertigbrachte, Hauptdarsteller Jeff Goldblum wie eine Fliege über die Labordecke laufen zu lassen, be-

schreiben wir auf Seite 150. Und über die einzelnen Phasen der „Vertierung" des Dr. Brundle, also die Maske, ist so viel geschrieben worden, daß wir hier — so glaube ich — darauf verzichten können.

Was nämlich weit weniger bekannt, aber für unser Kapitel „Motion Control" viel interessanter ist, wollen wir auf den folgenden Seiten erklären: wie Jeff Goldblum als Seth Brundle von einem Teleport zum anderen gelangen konnte. Oder — wie auf den Seiten 112 und 113 beschrieben ist — wie der schon fast zur Fliege mutierte Brundle sich in Rauch, Blitz und Atome auflöst.

Den meisten Zuschauern wird gar nicht bewußt, welch einen aufwendigen Prozeß sie da beobachten, welch ▷

So teleportiert man eine Menschenfliege

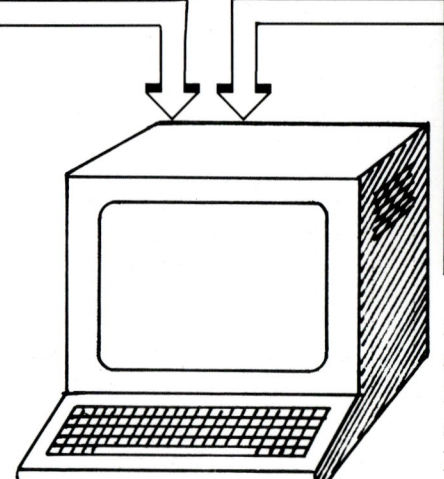

PHASE 1:
Anfang (Monster in Teleport) und Ende (leere Kapsel) der Sequenz werden gefilmt und in einen Computer gespeist. Dies läßt den folgenden Effekt

zu: Das Anfangsbild wird langsam ausgeblendet und gleichzeitig das Endbild eingeblendet. Dadurch entsteht die Illusion, das Monster würde langsam verschwinden.

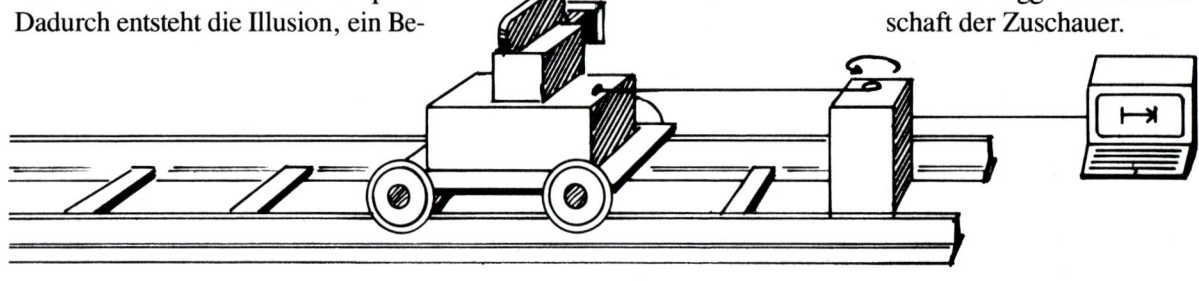

PHASE 2:
Eine vom Computer gesteuerte, von einem Elektromotor gezogene Kamera auf Schienen fährt um den Teleport. Dadurch entsteht die Illusion, ein Be-

obachter würde sich vor der Kapsel bewegen. Doch der Beobachter, das ist hier der Zuschauer im Kinosessel.

Das zusätzliche Bewegungsmoment um den Teleport herum steigert die Glaubwürdigkeit der Szene immens, denn es suggeriert direkte Zeugenschaft der Zuschauer.

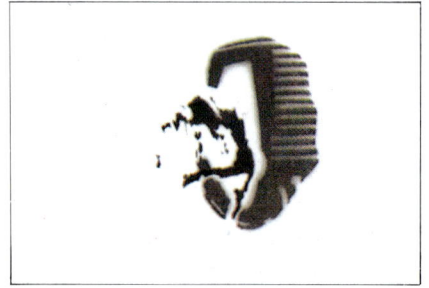

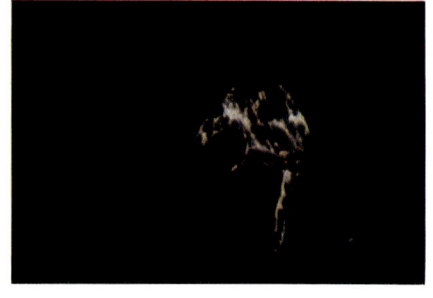

PHASE 3:
Zwei Arten von „Animation" helfen

dem Trick: Links ist eine optische Hervorhebung der dunklen Teile des Monsters und der Kapsel. Rechts ist ein „Reveal Matte" des Monsters: Das bedeutet, daß ein halbdurchsichtiges Bild des Monsters (zum Beispiel auf Glas gemalt) zwar die Umrisse des Monsters verstärkt, aber gleichzeitig den Hintergrund sichtbar läßt. Beide Elemente werden in den Film einkopiert und langsam ausgeblendet.

Effekt: Das Monster löst sich in Nichts auf.

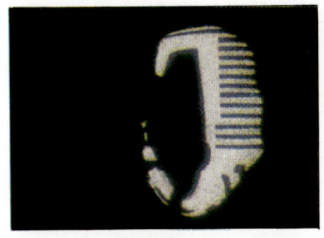
Langsam eingeblendet in den Film wird das Bild des transparenten Teleports. Es dient der optischen Verstärkung

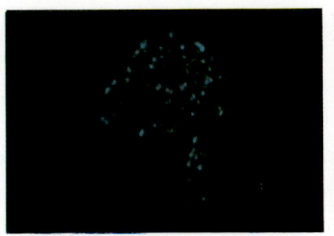
Dieses von Hollywoods Dream Quest erzeugte „inter-active" Licht simuliert die Auflösung des Monsters in Lichtpunkte

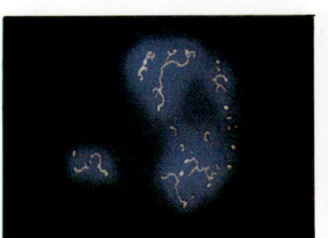
Das in der Kapsel aufleuchtende Licht ist kein Realfilm, sondern per Computer erzeugt. Die Helligkeit steigert sich bis zum Blitz

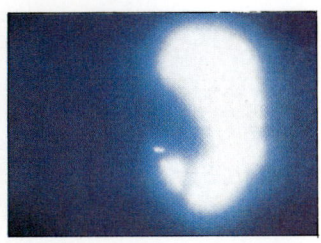
Zur Steigerung der Helligkeit (und der dramatischen Wirkung) wurde von Dream Quest Image ein animierter Blitz eingesetzt

eine Meisterleistung die Trickexperten da präsentieren. Das Fliegenmonster wird vor unseren Augen aufgelöst, ohne daß der Ablauf durch einen Schnitt unterbrochen wird. Zur Verdeutlichung: In einer einfacheren Produktion würde die Szene wohl so gedreht werden: Das Monster setzt sich in die Kapsel, Licht geht darin an, Rauch wird reingeblasen. Dann Schnitt auf eine Person, die entsetzt den Vorgang beobachtet. Dann wieder Blick auf die Kapsel (aus der inzwischen das Monster entfernt wurde), in der nur noch Rauch zu sehen ist. Die beobachtende Person geht zur Kapsel, öffnet sie und — siehe da! — die Kapsel ist leer.

In „Die Fliege" geht dies nicht so einfach: Sie sehen das Fliegenmonster ohne Unterbrechung vor Ihren Augen verschwinden. Ermöglicht wurde dies durch das „Real Time Motion Control System".

Ehe aber dieses aufwendige System eingesetzt wurde, versuchten Cronenberg und seine Crew praktikable Möglichkeiten der Illumination. Das Problem dabei war, daß gleißendes Licht nötig war, Licht aber für gewöhnlich Hitze erzeugt. Jeff Goldblum in der Kapsel hätte sich mit Sicherheit Brandwunden geholt. Mit kaltem Stroposkop (pulsierendem Licht) wurde experimentiert. Aber die Kapsel sah eher nach einer Disco aus, als nach einem Atomisierungsvorgang. Wie das Problem schließlich gelöst wurde, sehen Sie auf der Doppelseite 112/113 („Wie der Computer

das Monster wegzaubert"). Im Grunde handelt es sich um die Kombination von zwei Realfilmen mit verschiedenen Animationsvorgängen dazwischen. Auf dem Realfilm 1 ist das Monster in der Kapsel zu sehen. Dieser Film wird in einen Computer eingespeist und dabei langsam ausgeblendet. Die optische Betonung liegt auf dem Monster und der Kapsel und beide werden durch animierte Filme verstärkt. Auch diese Filme werden bei Hinzunahme des zweiten Realfilms, der die leere Kapsel zeigt, ebenfalls ausgeblendet. Gleichzeitig werden drei weitere animierte Filme eingespielt, die das Licht in der Kapsel simulieren. Der erste Film zeigt ein magisches Funkeln, so als würden die ersten abgespaltenen Atome wie Lichtpünktlein tanzen; der zweite zeigt gleißendes Licht, der dritte schließlich einen grellen Blitz. Während all diese Effekte in den Computer eingespeist werden, blendet der Film mit dem Monster aus, während der Film mit der leeren Kapsel einblendet. Auf diesem Film ist auch der langsam einquellende Rauch zu sehen.

Das Ergebnis: Das Monster verschwindet in Lichtgefunkel, starker Helligkeit, die sich bis zum Blitz steigert. Und was übrigbleibt, ist eine leere, rauchgefüllte Kapsel. Dies alles spielt sich ohne sichtbaren Schnitt vor unseren Augen ab und zwar in exakt dem gleichen Zeitraum, in dem eine solche Atomisierung wirklich ablaufen würde, wenn es sie denn gäbe (damit meinen wir: keine Zeitraffer- oder

Zeitlupeneffekte und keine Handlungssprünge). Weil der Vorgang des Tricks genau der „tatsächlichen" Handlung entspricht, nennt man das Verfahren „Real Time Motion Control System".

Gesteigert wird die dabei erreichte Glaubwürdigkeit noch durch den Umstand, daß die Kapsel durch eine sich bewegende Person beobachtet wird. Wie auf Seite 110 deutlich wird, simuliert die Motion Control-Kamera sogar noch eine Bewegung im Raum. Auch hier ist die Motion Control-Kamera unabdingbar für den Trickablauf. Denn bei den vielen Einzelfilmen, die hier kombiniert werden, muß zwangsläufig die einmal festgelegte Kamerafahrt absolut identisch wiederholt werden können. Ohne diese Wiederholbarkeit wäre es nicht möglich, die einzelnen Filmstreifen absolut deckungsgleich zusammenzupassen.

Gemeistert hat diese Aufgabe eine Spezialfirma in Hollywood, Dream Quest Image, deren optische Effekte schon Filmen wie „Das fliegende Auge", „Gremlins" und „Short Circuit" geholfen haben. Hoyt Yeatman, der für die optischen Effects bei „Die Fliege" verantwortlich war, arbeitete Hand in Hand mit Kathy Kean von Dream Quest, die für die Animation zuständig war. Ihre Spezialität ist „Enhancement Animation", also durch Zeichnung oder Computergrafik erzeugte Bilder, die zu etwa 50 Prozent durchsichtig sind und nur dazu dienen, wichtige Bestandteile der Filmbilder optisch hervorzuheben.

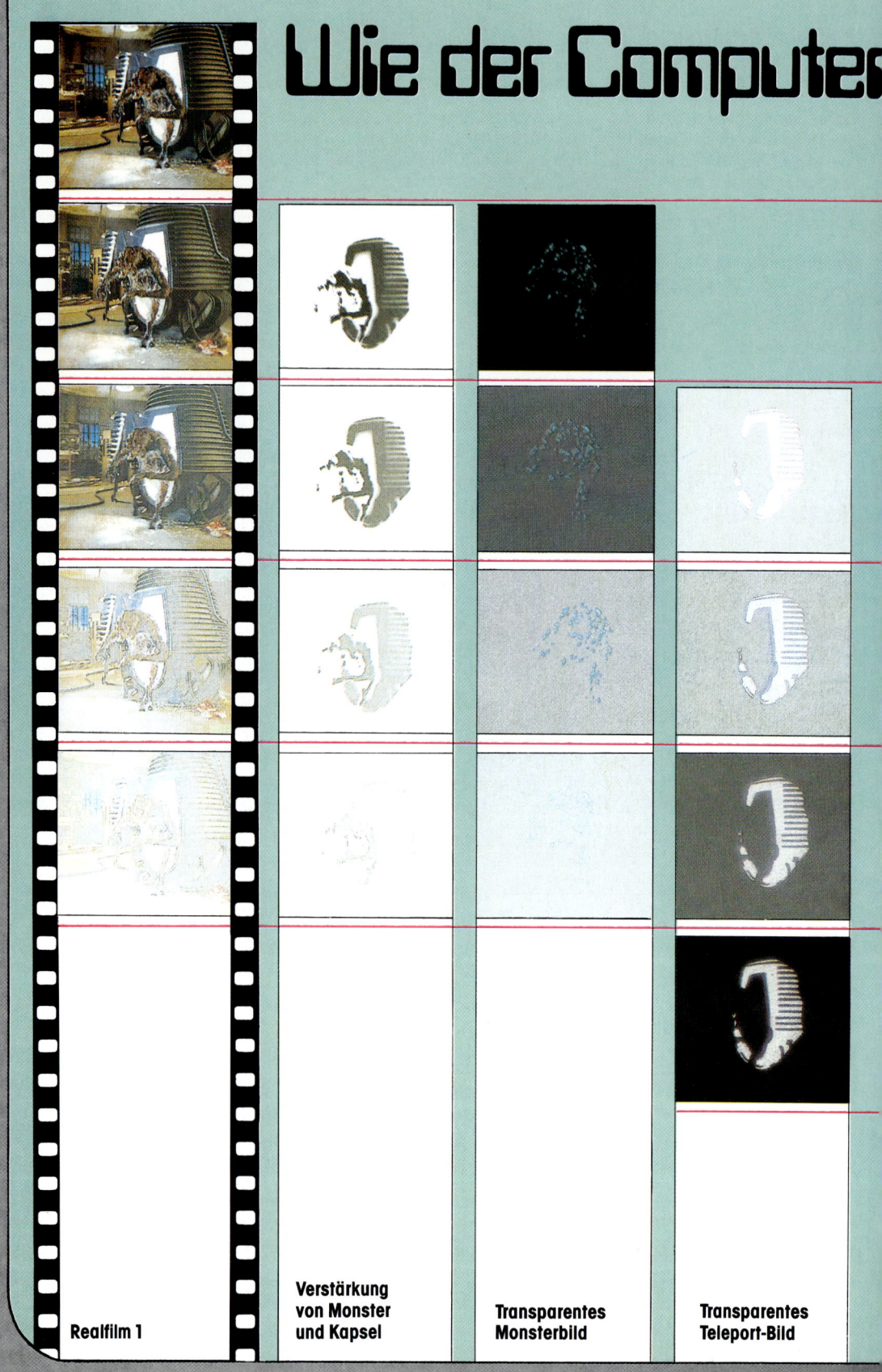

Wie der Computer

Realfilm 1

Verstärkung
von Monster
und Kapsel

Transparentes
Monsterbild

Transparentes
Teleport-Bild

das Monster wegzaubert

**Das schnittlose, also fließende Überblenden der
einzelnen „Teleport"-Phasen gibt der Szene Glaubwürdigkeit:
Sie läuft ohne Unterbrechung direkt vor unseren Augen ab**

**START:
Nur Monster mit
Teleport sichtbar**

**Teleport und
Monster werden
verstärkt**

**Die 3 Monsterfilm-
streifen werden aus-
geblendet. Licht im
Teleport beginnt**

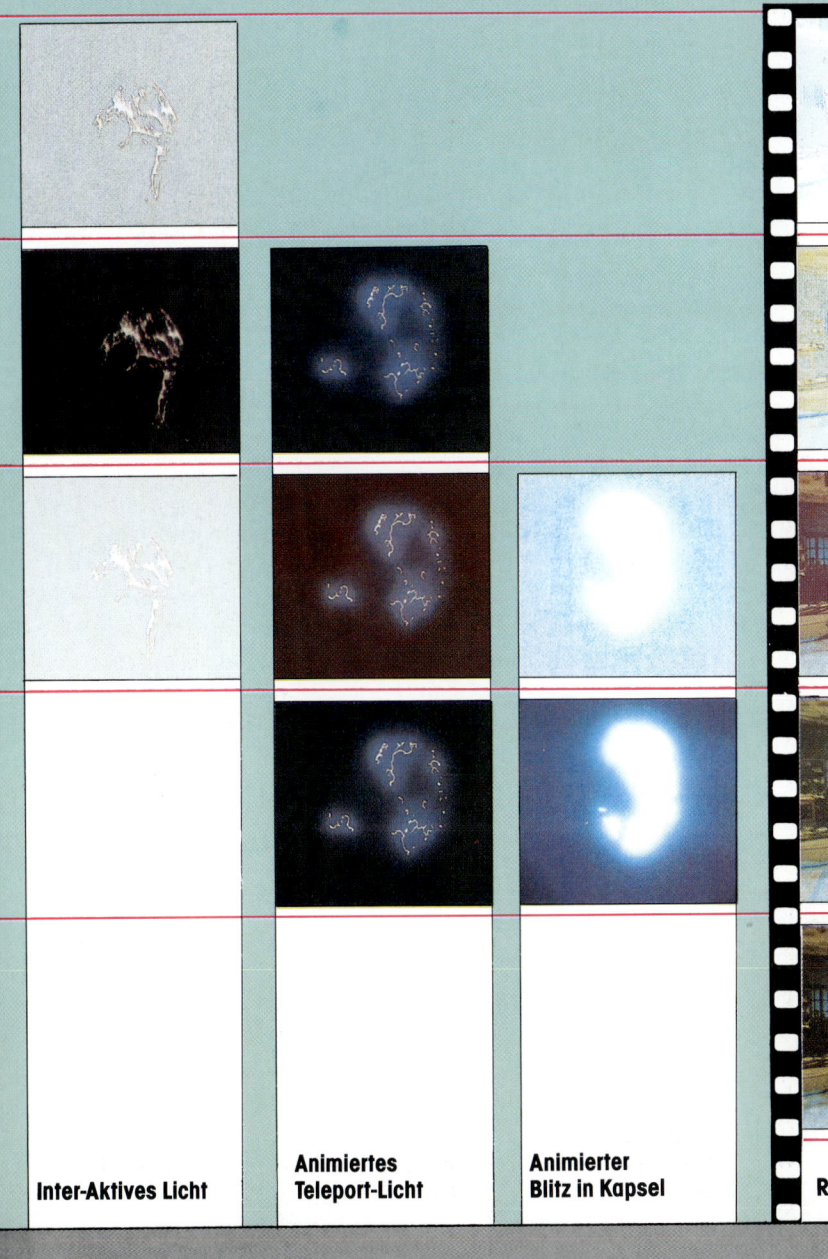

**Monster verschwin-
det. Nur noch dessen
Lichtreflexe sichtbar**

**Kapsel ist hell,
Monster verglüht.
Realfilm 2 ersetzt
Realfilm 1**

**Der Blitz in der Kap-
sel (Hier nicht sicht-
bar: Rauch wird in
die Kapsel geblasen)**

**ENDE:
Nur noch leerer Tele-
port ist zu sehen**

Inter-Aktives Licht

**Animiertes
Teleport-Licht**

**Animierter
Blitz in Kapsel**

Realfilm 2

113

7. Kapitel

Front-und Rückprojektion

Wenn ein Film schon im Studio auf die Leinwand fällt

Einmal hatte ich die Ehre, von Richard Widmark höchst persönlich erschossen zu werden. Die Halle 23 des Warner-Columbia-Studios war dunkel, niemand achtete auf mich, als ich mich unter die Crew mischte. Richard Widmark, immer schon einer meiner Lieblingsschurken, erzählte mir gerade angeregt über seine Ranch, als Regisseur Sidney Portier zu uns trat, um Widmark für die nächste Szene zu holen. Portier merkte natürlich sofort, daß ich nicht zur Crew gehörte und war entsprechend sauer. Aber Richard Widmark, der in Wahrheit ein lieber Opa ist, beruhigte den Regisseur mit dem Versprechen, mich zu er-

schießen. Willig nahm ich mein Todesurteil hin: Ich wurde durch ein Labyrinth von Gestellen und Gerüsten geführt und auf den Boden gesetzt. Statt einer Augenbinde erhielt ich faustdicke Ohrschützer umgestülpt. Allmählich gewöhnten sich meine Augen ans Licht: Schräg über mir wölbte sich der Bauch eines zur Hälfte abgeschnittenen Hubschraubers. Widmark und andere grimmig aussehende Burschen kletterten hinein. Vor ihnen stand auf einem Gerüst die Kamera. Hinter dem Hubschrauber, dessen Rotoren zu kreisen anfingen, leuchtete eine Leinwand auf — der Film einer öden Landschaft, offensichtlich von einem Hubschrauber aus gedreht. „Action" rief Portier und die Männer im Hubschrauber starrten angeregt in Richtung dunkler Studio-

boden. Dann hatte mich Richard Widmark im Blick, er rief etwas, was ich nicht hören konnte, riß seine Maschinenpistole hoch und feuerte eine Salve auf mich; Rauch, Feuerstrahl und — trotz Ohrschützern — unbeschreiblicher Krach. Ich wäre vor Schreck beinahe aufgesprungen und davongelaufen. Ging nicht: Die Szene mußte achtmal wiederholt werden, bis Portier sein letztes „Cut" hören ließ.

Ich habe mir meine achtfache Exekution im Kino angesehen. Den Film selbst, „Hanky Panky" mit Gene Wil- ▷

der in der Hauptrolle, fand ich lausig. Aber die Hubschrauberszene war absolut überzeugend: Man sah einen echten Hubschrauber starten und fliegen, dazwischen eingeschnitten die nach unten starrenden Männer in Großaufnahme, dann die Schüsse. Und die Landschaft, die hinter dem Helikopter zu sehen war, paßte nahtlos zur Landschaft, die in der Totalaufnahme zu sehen war.

Der Effekt, der so etwas möglich macht, nennt sich in Hollywood „back projection", im Deutschen sagt man „Rückpro" dazu. Ein Projektor strahlt einen Hintergrundfilm auf eine Leinwand, die das Bild auch auf jener Seite erkennen läßt, die dem Projektor abgewandt ist und somit zusammen mit dem Vordergrund (Hubschrauber) gefilmt werden kann.

Die Rückpro ist einer der ältesten und wohl auch bekanntesten Tricks

„Das fliegende Auge" sah meistens nicht das Original-Los-Angeles, sondern eine Rückpro. Roy Scheider sitzt im Studio

„Der unsichtbare Dritte" macht Cary Grant zu schaffen. Aber hier rennt er im Studio vor einem Film mit dem bösen Flieger des Films. In frühen Filmen fallen die Rückprojektionen dem heute erfahrenen Publikum sofort auf. In Tausenden von Autofahrten erscheint eine Straßenszene im Rückfenster des Autos; aber die ist meist körniger und grauer als das Auto und die Leute, die drinsitzen. Alfred Hitchcock, der ja in Stummfilmzeiten sein Handwerk gelernt hatte, hielt viel von Rückpro. Er drehte sogar einen Film, der fast ausschließlich vor einer Hintergrundleinwand spielte: „Lifeboat" von 1944. Eine Gruppe Schiffbrüchiger in einem Rettungsboot, geführt von einem bösen Deutschen (der Film war Hitchcocks Beitrag zu Hollywoods Kriegs-Propaganda). Das Boot wurde im Studio der 20th Century Fox entweder trocken vor eine Leinwand gestellt oder dümpelte in einem Wasserbecken vor der Leinwand. Helfer in Gummianzügen schaukelten das Boot, aus Wasserschläuchen wurden über 400000 Liter Wasser neben oder über die armen Schauspieler gespritzt — das war dann die stürmische See.

Sehr oft wird vermutet, daß die berühmten Szenen von Harold Lloyd durch Rückpro entstanden. Aber das stimmt nicht. Der Komiker hatte etwa in „Safety Last" (1923) tatsächlich aus dem Fenster im 12. Stock eines Hochhauses von Los Angeles zu klettern. Allerdings war drei Stockwerke tiefer ein Gerüst angebracht worden mit Matratzen, falls er doch fallen sollte. Für Totalaufnahmen hängte sich der Stuntman Bill Strothers über den Abgrund, entweder an ein Seil oder an die große Uhr der Western Bank & Trust Company. Zwei Dinge am Rande: Harold Lloyd hat sich bei seinen gewagten Szenen immer nur mit der rechten Hand festgehalten. Er hatte nämlich bei einem anderen Effekt mit einer Rauchbombe seinen Daumen und Zeigefinger verloren. Die Hand ist in seinen Filmen mit einem Handschuh „restauriert". Und: Nach Abschluß der Dreharbeiten ließ man zum Test eine Puppe auf das Ma-

Lesen Sie bitte weiter auf Seite 121

Back-Projektion: Wenn im Film ein Film gefilmt wird

Ein alter Trick: Ein Schauspieler agiert vor einer Leinwand, die von hinten mit einem Projektor angestrahlt wird. Wichtig dabei ist, daß Projektor und aufnehmende Kamera synchron geschaltet sind. Zwischen jedem Bild eines Films ist ein kleiner Zwischenraum. Ist dieser beim aufnehmenden Film nicht an gleicher Stelle, ensteht ein Flimmern.

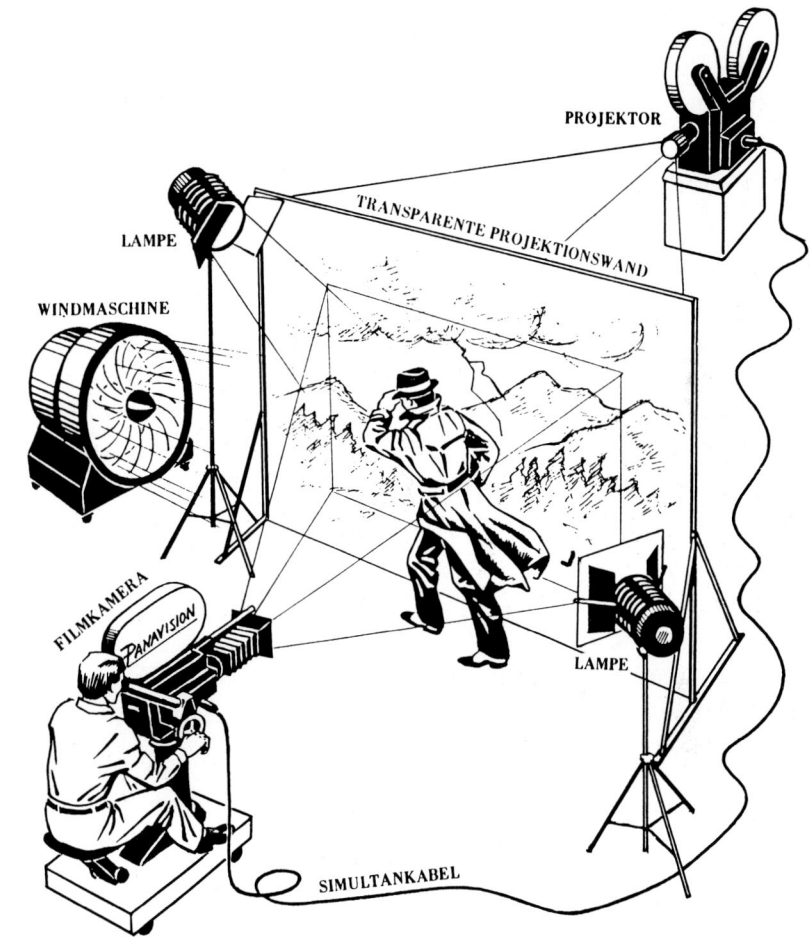

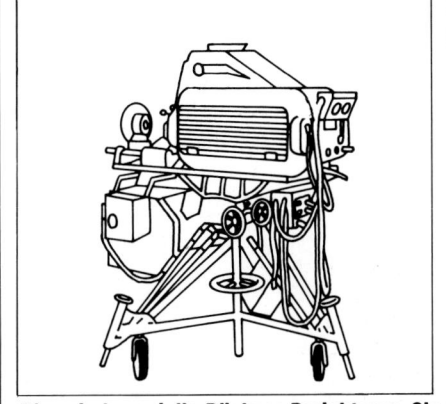
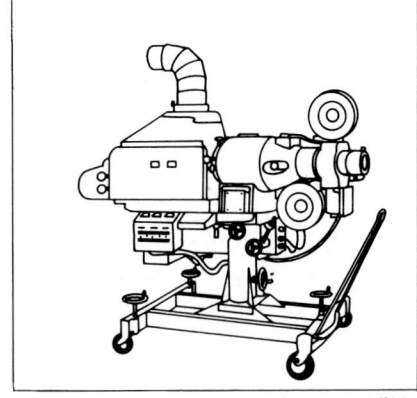

Dies sind spezielle Rückpro-Projektoren. Sie sind besonders lichtstark und auch gekühlt, damit die starke Lampe den Film nicht verbrennt

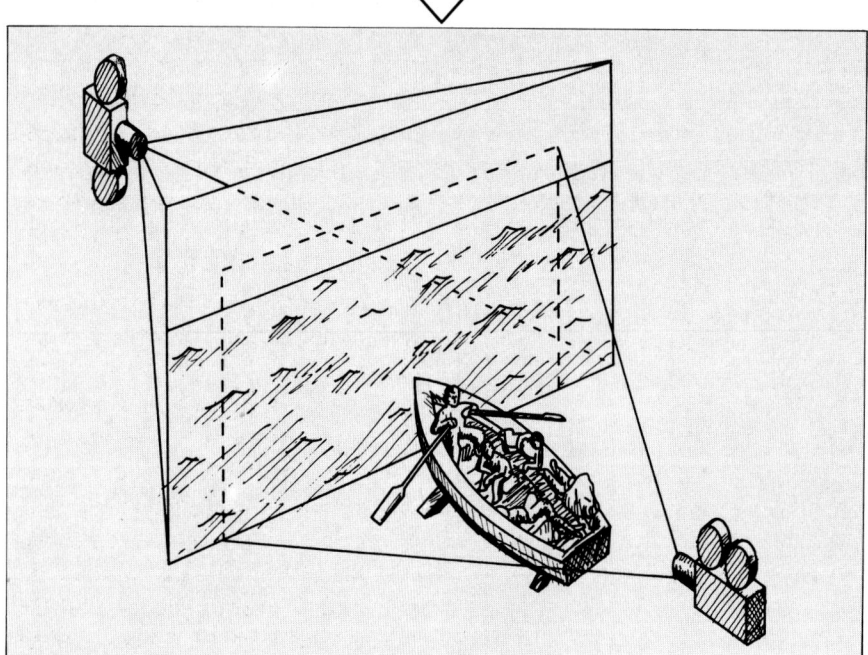

Schiffbruch in Studio und Wassertank

Alfred Hitchcock hat sein Handwerk in den Jahren des Stummfilms gelernt; in einer Zeit also, die noch keine große Variationsmöglichkeit der Effekte kannte. Aber die wenigen bekannten setzte er meisterlich ein. Darunter einen seiner Lieblingstricks, die Rückprojektion. Der Kriegspropaganda-Film „Lifeboat" ist ausschließlich mit dieser Methode gedreht worden: Das Rettungsboot auf hoher See war auf trockenem Studioboden oder im Wassertank.

Von hinten projizierter Ozean plus Boot von vorne gefilmt

Kombination Wasserbecken plus Rückprojektion. Die Sturmwellen kommen aus großen Feuerwehrschläuchen

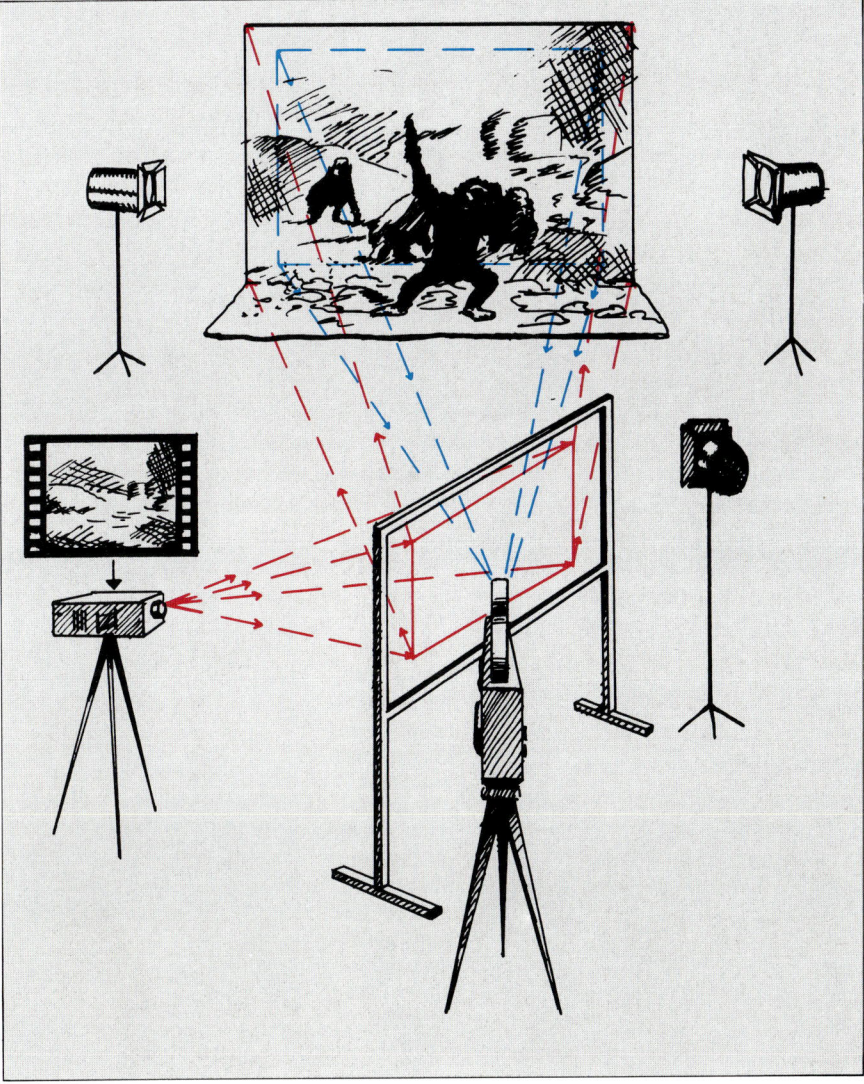

Affen, von Spiegel und Lampen bestrahlt

Ein besonders eindruckvolles Beispiel für Frontprojektion: Die Auftaktszene in „2001". Im Studio springen die als Menschenaffen verkleideten Schauspieler auf einer Sandfläche herum. Auf sie und die Leinwand hinter ihnen wird der Film einer Wüstenlandschaft von vorne projiziert, und zwar mit einem halbdurchlässigen Spiegel. Das heißt, der Spiegel steht im Winkel von 45 Grad zu Kamera und Leinwand und auch zum Projektor, der im Winkel von 90 Grad zur Kamera steht. Der projizierte Film wird vom Spiegel auf die Leinwand geworfen, das Licht strahlt von dort zurück in die Kamera, die Hintergrund und Affen gleichzeitig aufnimmt. Weil aber auch die Affen von vorn angestrahlt werden, werden sie stark ausgeleuchtet: Das Studiolicht „löscht" das Projektionslicht auf den Affen des Vordergrunds aus.

 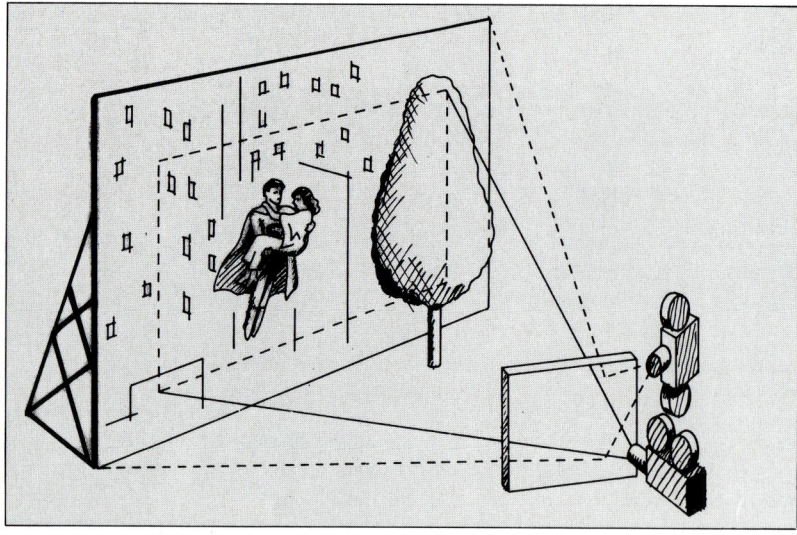

VARIATION 1: Durch eine Studiokulisse erhält ein bereits vorhandener Film einen Vordergrund: Vor eine Frontpro-Wand wird ein Baum gestellt, was der Filmszene räumliche Tiefe verleiht. „Superman" fliegt optisch „hinter" dem Baum

VARIATION 2: Vorder- und Hintergrund einer Miniatur-Aufnahme werden bereits während der Dreharbeiten kombiniert. Der Projektor spielt einen gemalten Hintergrund ein. Die Echsen bewegen sich (im Einzelbildverfahren) deutlich zwischen Vorder- und Hintergrund

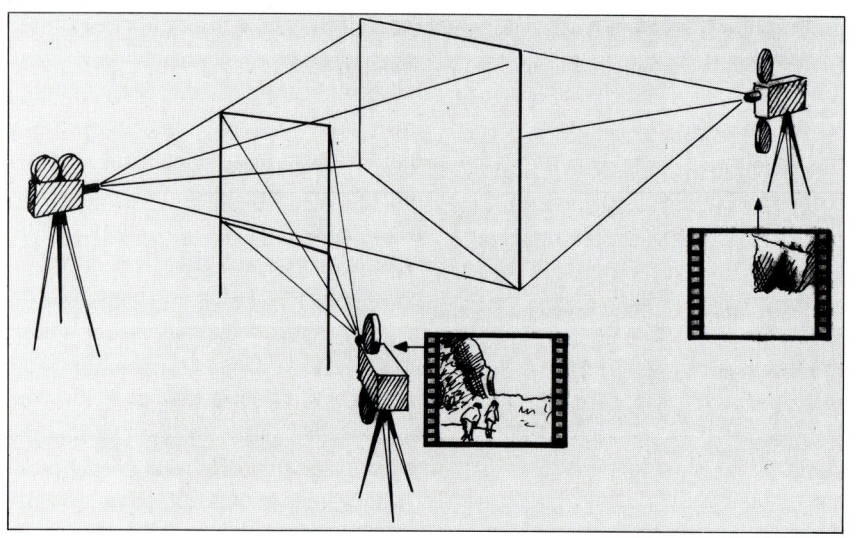

VARIATION 3: Zwei Projektoren, der eine Rück-, der andere Frontprojektion: Live-Actionszene mit ausgespartem Hintergrund wird auf Leinwand geworfen, von hinten Glasgemälde (Höhle)

tratzengerüst fallen. Sie federte ab und stürzte in die Tiefe. Um eine Indizierung zu vermeiden, drucken wir Harold Lloyds Kommentar lieber nicht ab.

Heute wird Rückpro nur noch selten eingesetzt — die Beleuchtung des Vordergrunds benötigt beim Farbfilm so viel Licht, daß dieses oft das Projektionsbild übertönt oder sich darin spiegelt. Bei Szenen wie meinem Widmark-Abenteuer läßt sich das verkraften, weil die Hintergrundlandschaft ja optisch weit vom Vordergrund entfernt ist und also eine andere Lichtqualität haben kann. Auch bei den Helikopter-Aufnahmen in „Blue Thunder — Das tödliche Auge" wurde viel mit Rückpro gearbeitet.

Die Frontprojektion ist etwas komplizierter und eigentlich erst richtig überzeugend, seit die 3M Company mit jener Leuchtfarbe auf den Markt kam, die zuerst bei Verkehrsschildern eingesetzt wurde. Die Leinwand, auf die ein Hintergrund projiziert wird, ist zwar weiß, hat aber die gleichen Reflexionseigenschaften: 95 Prozent des einfallenden Lichts wird auch wieder abgestrahlt.

Zum erstenmal so richtig virtuos eingesetzt wurde Frontpro vom Vater des modernen Effekt-Films, Stanley Kubrick in „2001 — Odyssee im Weltraum". Gleich zu Beginn des Films ist eine aufregende Sequenz: In prähistorischer Steinwüste entdeckt ein Affenmensch die Intelligenz. Er benutzt einen Knochen als Werkzeug und als erstes tötet er einen Artgenossen — die Analogie des biblischen Kainsmordes als Auftakt der Menschwerdung ist hier atemberaubend in Szene gesetzt. Aber wie? Durch Frontprojektion (s. Skizze Seite 119). Den idealen Hintergrund für die Ur-Landschaft fanden Fotografen in Südwestafrika. Die eindrucksvollsten Fotos wurden zu so großen Dias aufgeblasen (20 x 25 cm), daß eigens ein Projektor für sie gebaut werden mußte. Diese Dias wurden an eine Riesenleinwand (12 x 30 Meter) projiziert,

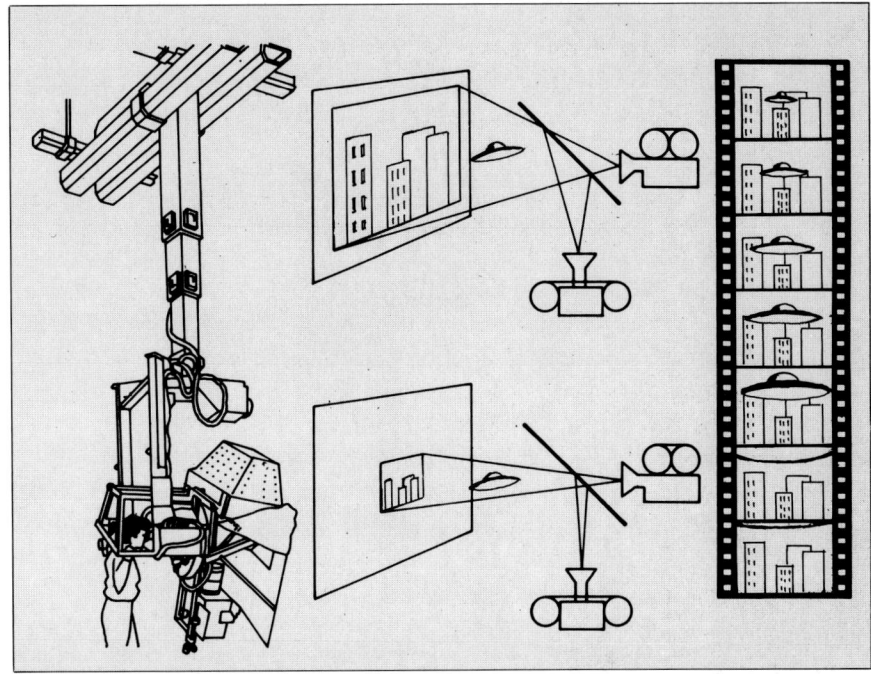

die im Boreham Wood-Studio in der Nähe von London aufgebaut wurde. Die Dias wurden nicht direkt auf die Leinwand, sondern auf einen Spiegel projiziert, der im Winkel von 45 Grad zum Projektor stand. Dieser Spiegel reflektierte das Projektorlicht, ließ aber das Licht für die hinter ihm, ebenfalls im Winkel von 45 Grad stehende Kamera durch. Vor der Leinwand agierten Schauspieler in Affenkostümen (plus zwei Schimpansen), ihren Anführer spielte Dan Richter. Weil nun das Bild des Projektors auch auf die „Affen" fiel, wurden diese aus 1500 Studiolampen angestrahlt, deren Licht zwar eine Affenhitze erzeugte, aber das Projektorlicht auf den Affen überstrahlte.

Das also ist das Prinzip der Frontprojektion. Der Vorteil gegenüber der Rückpro: Weil die Hintergrund-Leinwand von vorne angestrahlt wird, fällt ein wesentlich kräftigeres Bild von dort in die Kamera als dies von einer nur hinten beleuchteten Leinwand möglich ist. Der Hintergrund ist außerdem viel stärker, sozusagen „organischer", mit dem live gespielten Vordergrund verbunden und damit für den Zuschauer überzeugender. Aber auch Frontprojektion wird über kurz oder lang aus den Tricklabors verschwunden sein.

Auf den nebenstehenden Bildern und Skizzen sind Variationen aufgeführt, die allerdings nur noch gelegentlich eingesetzt werden — Matte, Travelling Matte und neuerdings Computer Grafik haben die guten alten Glas- und Spiegeltricks weitgehend auf ein Abstellgleis geschoben.

8. Kapitel

Maske

**Wenn Puder und
Schminke sogar unter
die Haut gehen**

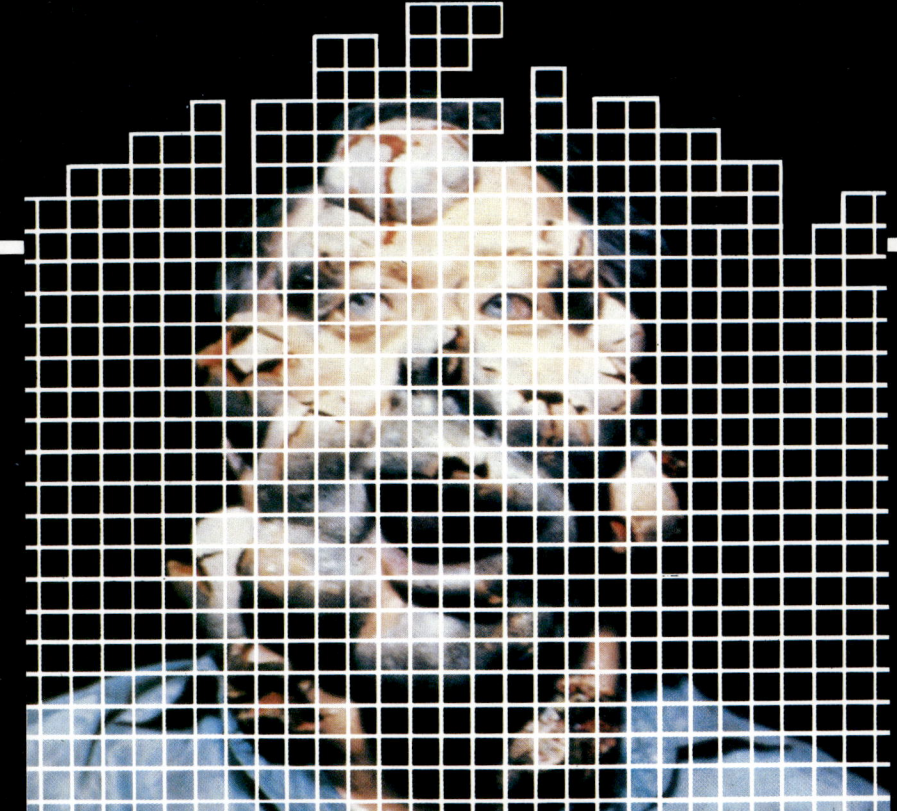
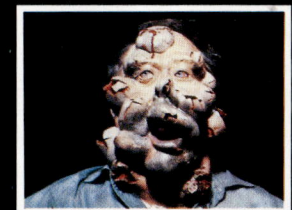

In Hollywood nennt man die „Maske" Make-up. Aber das ist genauso doppeldeutig wie der deutsche Begriff „Maske": Man kann nämlich eine Maske auflegen. Oder „in die Maske gehen"; also für eine Theater- oder Filmrolle zurechtgeschminkt werden. Lassen Sie uns der Einfachheit halber von zwei verwandten, aber doch unterschiedlichen Kategorien innerhalb einer Filmcrew reden. Da sind einmal die Make-up-Leute: Jeder Filmstar hat während der Drehdauer seinen eigenen Make-up-Experten, der nichts weiter tut, als sich um das Aussehen des Stars zu kümmern. In jeder noch so kleinen Drehpause springen die Make-up-Leute auf, kämmen und pudern ihren Schützling oder spritzen aus einem Zerstäuber feine Schweißper-

len auf dessen Stirn, falls das Drehbuch dies vorsieht.

Die andere Make-up-Gruppe sind die eigentlichen Maskenbildner. Ihre Arbeit geht in der Regel weit über das Rouge-Auflegen hinaus. Sie modellieren Gesichter. Dieser aus uralter Theatertradition gewachsene Berufszweig ist in der Filmindustrie hoch angesehen, ihre Stars sind Spitzenverdiener und werden wie Künstler eingestuft. Als Paul Muni 1936 einen Oscar für seine Darstellung von Louis Pasteur erhielt, dankte er nur einem Mann, dem Make-up-Künstler Perc Westmore, der „genausoviel für die Rolle tat wie ich." Die Filmakademie gab aber keine Oscars für Maskenbildner bis 1982, als Rick Baker für

„American Werewolf" ausgezeichnet wurde. Für ihre grandiosen Leistungen erhielten lediglich Ehrenoscars: William Tuttle für „Der mysteriöse Dr. Lao" und John Chambers für „Planet der Affen".

Die heutigen Spitzenleute sind Dick Smith, wie auf den folgenden Seiten zu sehen ist, ferner Rick Baker, Rob Bottin („Das Ding aus einer anderen Welt"), John Buechler („Ghoulies") oder — der blutigste von allen — Tom Savini („Maniac"). Maskenbildner sind nämlich auch am Werk, wenn es gilt, Menschen fachgerecht zu enthaupten, skalpieren, aufzuspießen, zu erstechen, zerhacken, zu explodieren, zu schmelzen oder einfach nur altmodisch zu erschießen. Ruhig Blut, wir werden später darauf zurückkommen.

Was geschah mit Cathérine Deneuve?

Wie kann man nur die strahlend-schöne Cathérine Deneuve so veschandeln? Dick Smith, der „Altmeister der Altmacher" kann es (s. Profil Seite 127). Für die radikalen Verfallserscheinungen der bildhübschen Französin in dem Blutsaugerfilm „Begierde" von Tony Scott fertigte Smith einen Gipsabdruck ihres Gesichts und daraus eine bewegliche Latexmaske an, die ihren Kopf und Teile ihres Oberkörpers einschloß (siehe nebenstehendes Bild). Acht Effekt-Helfer waren nötig, um per Drähten das Gesicht der Puppe so zu bewegen, daß die tief eingekerbten Falten und entsetzt-gepeinigten Gesichtszüge der greisen Vampirin entstanden. Das Ganze ist zwar kein besonders erfreulicher Anblick, aber perfekt gemacht.

So sieht die Deneuve von innen aus: Acht Helfer bewegten mit Drähten ihr Gesicht

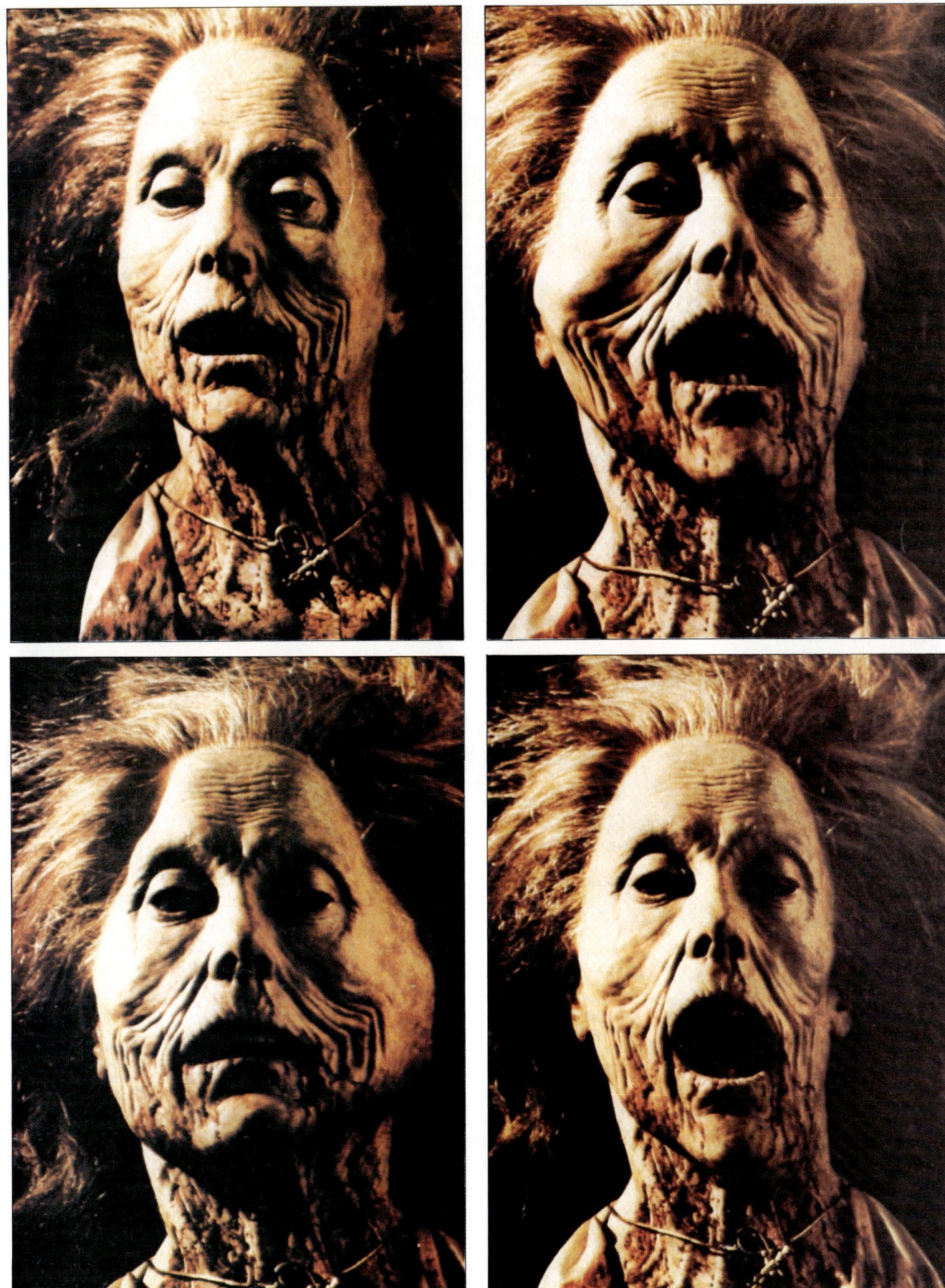

Extreme Verwandlungen; die mochte David Bowie schon bei seinen Bühnenshows. In „Begierde" verfiel er zu einem Greis

Auch David Bowie sieht ganz schön alt aus

Am Anfang sah alles nach einem Routine-Job aus, erzählt Dick Smith, „aber dann verwandelte sich alles in einen Alptraum." Damit meinte Smith nicht etwa den Inhalt des Tony Scott-Films „Begierde", sondern die Maskenbildnerei, die dafür nötig wurde. Der englische Regisseur Scott hatte für den optisch hochstilisierten Vampirfilm zunächst einen Londoner Make-up-Mann angeheuert. Aber die Aufgabe verlangte nach einem absoluten Topmann — und das war nun mal Dick Smith (siehe Profil S. 127). „Sieben Monate gab man uns für alle Make-up-Arbeiten des Films, das schien realistisch." Für den Alte-

rungsprozeß von Cathérine Deneuve und David Bowie brachte Smith die nötige Erfahrung mit; schließlich war er ja durch einen 121 Jahre alten Dustin Hoffman (in „Little Big Man", 1970) berühmt geworden.

Schwierigkeiten ergaben sich aber, weil David Bowie längere Passagen des Films als Greis bestreiten mußte. Dies erforderte nicht nur Gesichts-, sondern auch Körper-Make-up. Bowie erhielt in allen Altersphasen (50, 60, 70, 90 und schließlich 150) einen wachsenden Altersbauch und Rückenkrümmung bis hin zum Höcker. Er wurde zunehmend kahler und die „Haut" an seinem Hals immer runze-

liger. Wie damals Dustin Hoffman.

„Ich war mir darüber im klaren, daß kritische Zuschauer den alten Bowie mit dem alten Dustin Hoffman vergleichen und Ähnlichkeiten feststellen würden", sagt Dick Smith. „Viele denken: Da hat sich der Maskenbildner nun wirklich nichts Neues einfallen lassen." Nur: „Steinalte Leute ähneln sich nun mal."

Vom Gesicht Bowies wurde ein Gipsabdruck gemacht, der als Vorlage für die Latexteile seiner „alternden" Haut diente. Ebenso für den Körper, den die Deneuve dann in den Speicher trägt, in dem eine Ansammlung ausgedörrter Leichen steht. „Glücklicherweise überzog Tony Scott die Dreharbeiten um eine Woche", seufzt Smith, „diese zusätzliche Woche hatten wir dringend nötig." Mit diesem Hinweis wird klar, welche Arbeit selbst in scheinbar routinemäßige Effektsarbeiten fließt.

Bowies Gesichtsabdruck auf „alt" modelliert

Vom Gipskopf entsteht eine Latexmaske

Die Maske wird dann Bowie übergestülpt

Die Körperhaltung macht die Illusion perfekt

Profil: Dick Smith

Typische Präzisionsarbeit: Dick Smith formte ein Ganzkörper-Modell von David Bowie zur größtmöglichen Glaubwürdigkeit

Der Altmeister der Altmacher

Seine Spezialität ist die Gesichtskontrolle: In seinen berühmten Alterungsprozessen legt Dick Smith immer acht verschiedene Latexschichten auf das Gesicht eines Schauspielers, von dem er vorher einen Gipsabdruck genommen hat. Seine Detailtreue geht sogar so weit, daß er auch künstliche Augenlider einsetzt, die allerdings nicht blinken können (aufmerksamsten Beobachtern mag aufgefallen sein, daß Dustin Hoffman in Großaufnahmen von „Little Big Man" niemals blinkt oder blinzelt). Bei Marlon Brando füllte Smith sogar die Backen von innen, um das „alte" Gesicht nach unten zu ziehen. Dick Smith, der 1923 geboren wurde, hatte an der Prestige-Uni Yale Kunst studiert. Seit Anfang 1970 ist er selbständig und schuf einige der unvergeßlichen Gesichter des Films. Besonders in „Der Pate I und II" (1972 und '74), „Die Sunshine Boys" (1975), „Taxi Driver" (1976), „Der Höllentrip" (1980), „Scanners" (1981), um nur einige Top-Arbeiten zu nennen.

Max von Sydow: „Exorzist"

Marlon Brando: „Der Pate"

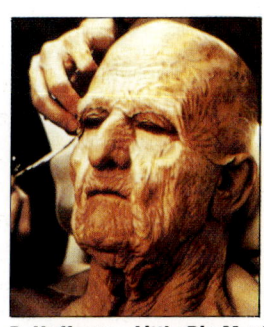

D. Hoffman: „Little Big Man"

Von einer kampfbereiten, stolzen Kriegerin zu einem Häufchen Staub — das geschah mit Sybil Danning in dem Fantasy-Film „Herkules"

Wie Sybil zu Staub wird

Eines Tages rief mich Sybil Danning an und stellte mir „Intimfotos" in Aussicht. Natürlich war ich nur gemäßigt interessiert. Denn ich weiß, daß die Österreicherin pausenlos die Werbetrommel für sich selbst rührt. Und außerdem sind ja heiße Sexfotos von der gebürtigen Danninger Sybille bereits säckeweise auf dem Markt. Was sie mir schließlich zeigte, war aber doch interessant: Wie sie sich aus dem — besser: in den — Staub macht. In dem Film „Herkules" mit Bodybuilder Lou Ferrigno spielte Sybil eine kriegerische Dame, die getötet und im Schnellverfahren zu Staub wird. Wie unsere Bilderabfolge zeigt, wurde dieser Prozeß in vielen Phasen bewerkstelligt: Sie liegt „tot" auf dem Boden. Die Kamera fährt auf ihr kalkiges Gesicht, das Sprünge aufweist (vorher wurde eine Gipsmaske angefertigt), dann „zerfällt" die Maske und schließlich bleiben nur Staub und Stirnring.

So stirbt eine mittelalterliche Walküre: Als erstes wird eine Gesichts- und Halsmaske aus Gips angefertigt und lebensecht geschminkt. Dann wird die Maske langsam zerstört, bis Staub und Stirnring übrigbleiben. Sybil (Bild oben) scheint über den eigenen Tod nicht beglückt zu sein

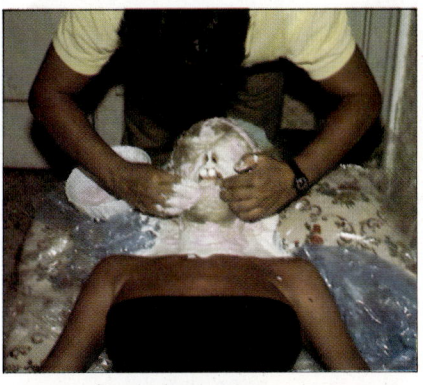

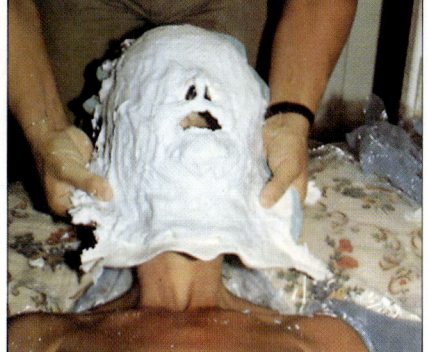

Rick Baker
(l.) klebt
dünnes Latex
auf Haut und
Hals, zerfetzt
es und färbt es
in verrottetes
Rot: Ekel-Make-
up in Vollendung

Vor unseren (und Davids)
Augen, streckt sich die Hand
in eine Monsterklaue. Unsere
Grafik zeigt, wie's ge-
macht wurde: Unter Latex-
Handschuh laufen kleine
Luftschläuche in Finger
und Ballen — Preßluft
dehnt den Handschuh aus

Wie der Werwolf den Masken-Oscar holte

Der nebenstehende Filmstreifen zeigt die wichtigsten Verwandlungsphasen von John Landis' „American Werewolf": David wird im Krankenhaus von seinem „untoten" Freund auf das Bevorstehende vorbereitet. Im Haus der Krankenschwester packt es ihn: Er reißt sein Hemd vom Leib, seine Hände werden zu Klauen, Haare sprießen, Gebiß wird raubtierhaft, sein Körper hat nichts Menschliches mehr

Wie sich ein netter amerikanischer Boy in ein zähnefletschendes Monster verwandelt — das löste sogar bei der eher konservativen Filmakademie Hollywoods Lobeshymnen aus: Rick Baker, der das Drama inszeniert hatte, erhielt den ersten Oscar für „herausragende Make-up-Leistungen" in Hollywoods Geschichte. Bei allem Respekt vor Baker, die Verwandlungssequenz in John Landis' „American Werewolf" erlangte ihre Intensität durch Team-Arbeit: Choreografie des Ablaufs, Kamera, Ton, Geräusche und vor allem der Schnitt. Ein Paradebeispiel für „simulierte Logik": Zu-

schauer sind daran gewöhnt, Schnitte zu sehen, wenn neue Bewegungsphasen beginnen. Eine neue Kameraeinstellung scheint hier logisch, fällt gar nicht auf. Würde David Naughtons Gesicht erst normal — dann Schnitt —, dann als Werwolfgesicht gezeigt werden, wäre der Schnitt als plumpes Trickmittel durchschaut. Und deshalb wurde bei der Umwandlung nur dann geschnitten, wenn David neue Bewegungen einleitete. Gleichzeitig wurde dabei natürlich die Maske verändert. Für den Zuschauer erschienen die Schnitte damit logisch, sie schienen nicht vorhanden zu sein.

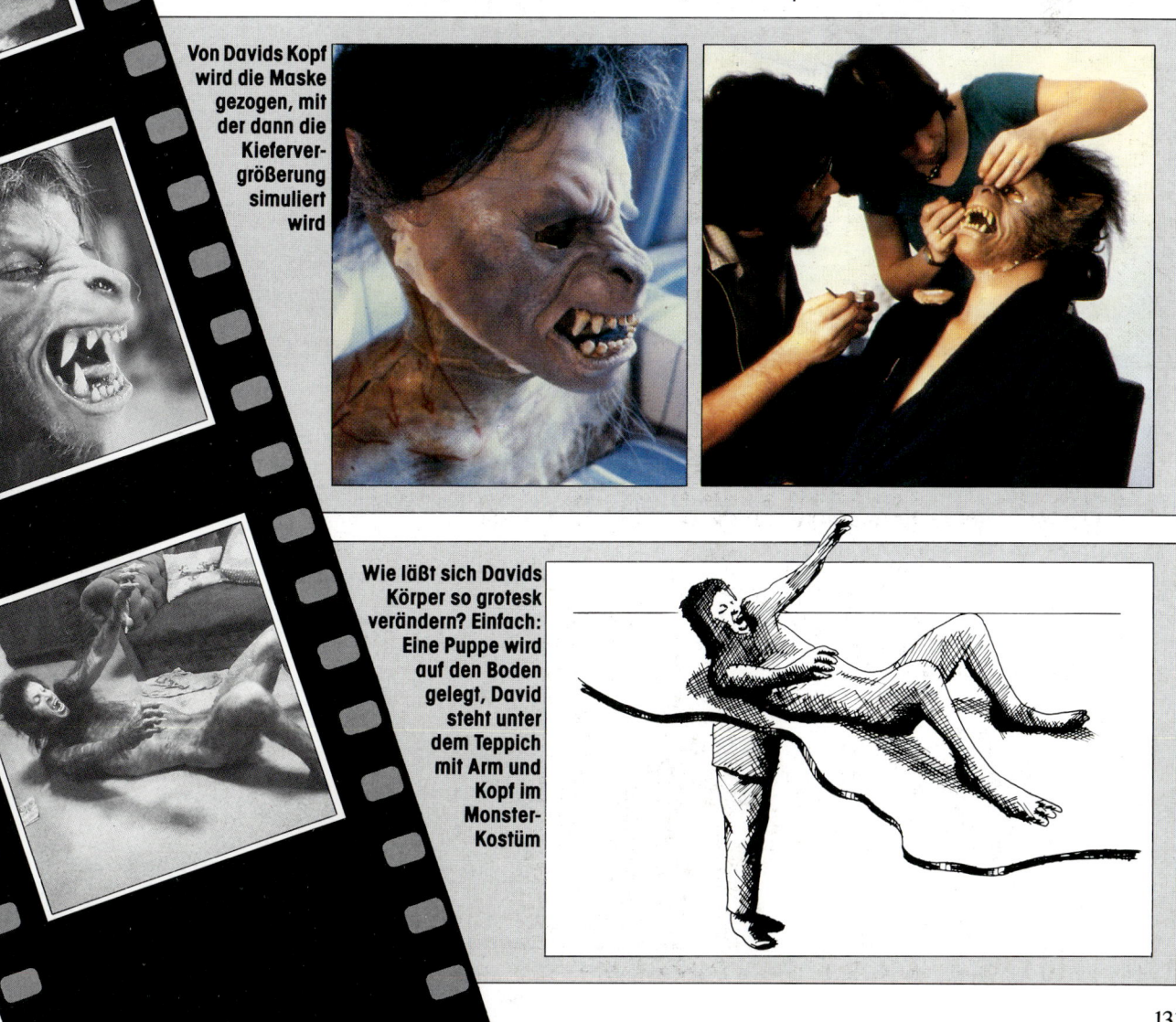

Von Davids Kopf wird die Maske gezogen, mit der dann die Kiefervergrößerung simuliert wird

Wie läßt sich Davids Körper so grotesk verändern? Einfach: Eine Puppe wird auf den Boden gelegt, David steht unter dem Teppich mit Arm und Kopf im Monster-Kostüm

131

Auf ihrem Hinterkopf trägt Linda Blair ein künstliches Gesicht. Der Eindruck der totalen Verrenkung

So sieht das künstliche Gesicht von innen aus: Augen, Mund und Haut lassen sich bewegen

Häßlicher Meilenstein der Maskenkunst

Ein junges Mädchen in ein bösartiges, vom Teufel besessenes Wesen zu verwandeln, das war das Thema von „Exorzist" (1973) und „Exorzist II" (1977). Linda Blairs Make-up ist ganz sicherlich abstoßend; aber ein Meilenstein in der Geschichte dieser Hol-lywood-Kunst. Horror-Make-up war bis dahin relativ zahm. Man denke an Frankensteins Monster von Jack Pierce. Aber Dick Smith machte die Maske blutiger und schleimiger und er verwendete erstmals auch mechanische Effekte — wie etwa das groteske Drehen des Kopfes, das mit einem künstlichen Gesicht erzeugt wurde (siehe oben).

Horror durch Haftschalen: Dick Smith ließ keine Effektmöglichkeit ungenutzt

Furchterregende Augenblicke

Die Augen werden vom Volksmund das Tor zur Seele genannt; deshalb sind besonders Augen-Tricks nicht nur optisch eindrucksvoll. Von Luis Buñuels „Un Chien Andalou" (1928), wo in Großaufnahme ein Auge zerschnitten wird, bis zu den heutigen Schlitzerfilmen wie „Freitag der 13.", wo Augen gewöhnlich mit Pfeilen ausgestochen werden. Horrorfilmer waren sich immer schon bewußt, daß mit Manipulationen an Augen Schockwirkungen erzeugt werden können. In Clouzots „Die Teuflischen" wurden mit Erfolg Kontaktlinsen eingesetzt, die Dick Smith auch Linda Blair in „Exorzist" verpaßte. Heute gehören Kontaktlinsen zum festen Bestandteil des Maskenbildners, weil damit Pupillen in jede gewünschte Farbe gebracht werden können.

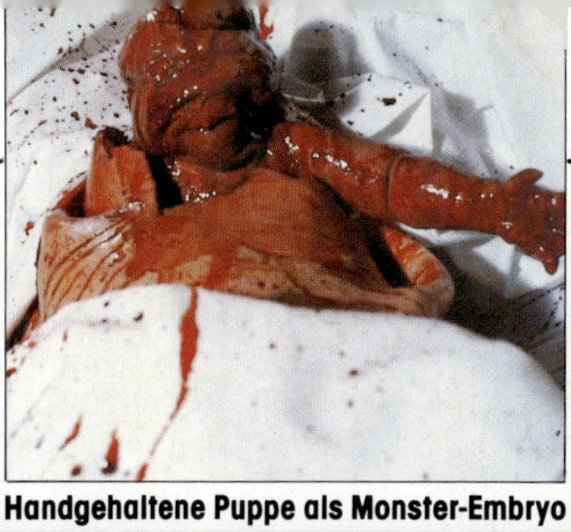

Handgehaltene Puppe als Monster-Embryo

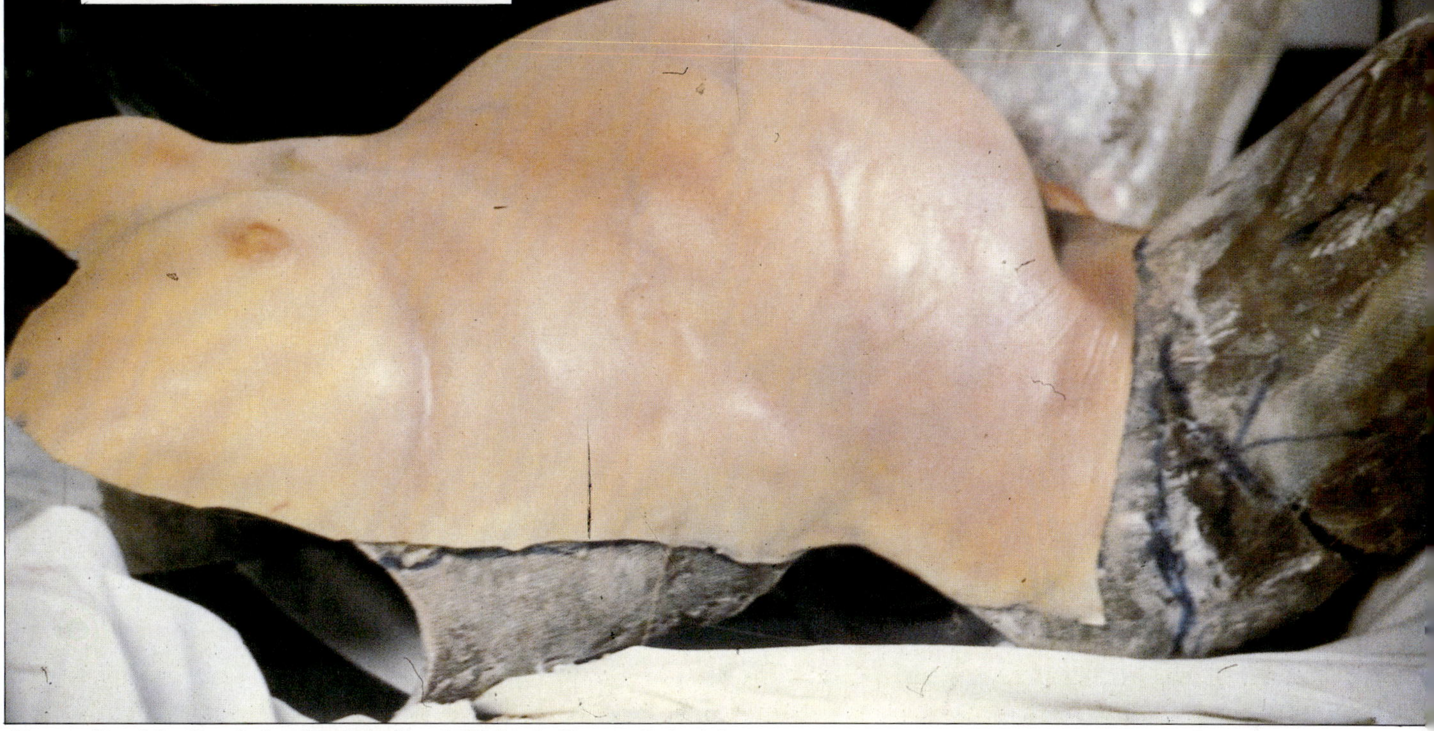

„Humanoids of the Deep": Aus dem Latexbauch bricht ein Monster-Baby (o.)

Zum Make-up gehören auch künstliche Körperteile

Schon der große Pionier der Horrorfilme, der Schauspieler und Maskenkünstler Lon Chaney, wußte, daß zur Gestaltung von eindrucksvollen Protagonisten mehr gehörte als Schminke und Kostüme. „Der Mann mit den tausend Gesichtern", wie eine Filmbiografie aus dem Jahr 1957 Lon Chaney nannte, benutzte auch künstliche Körperteile und nicht nur einen Höcker in seinem Klassiker „Der Glöckner von Notre Dame", in dem er (1923) einen unvergeßlichen Quasimodo spielte. Heute gehören artifizielle Körperteile zur Grundausrüstung der Maskenbildner. Schaumstoff oder Latex wird verwendet für

Schauspieler selbst, um bei Männern mehr Muskeln, bei Frauen andere Rundungen zu verstärken, und für die Erfordernisse einzelner Rollen oder Special Effects. Am bekanntesten sind wohl „Tootsie", „Der Elefantenmensch" und Peter Bogdanovichs „Mask". Künstliche Körperteile können direkt auf den menschlichen Körper aufgetragen werden, wie dies besonders eindrucksvoll in „Der Höllentrip" gelungen ist (s. Seite 135), oder sie können — wenn's nötig ist — menschliche Körperteile ersetzen, wie dies Carlo Rambaldi sogar mit einem fast kompletten Nachbau eines Körpers tat (Bild rechts).

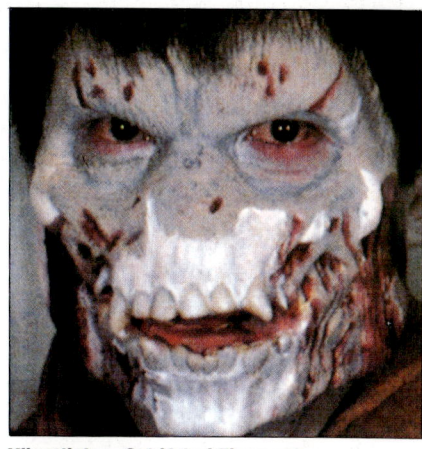

Künstliches Gebiß bei Tiermaske

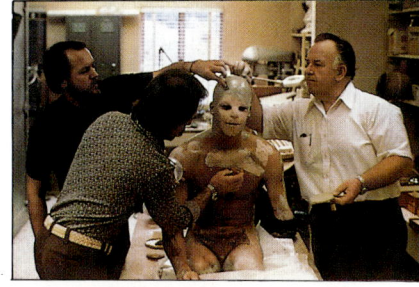

Eines der Meisterwerke aus der Werkstatt Carlo Rambaldis: ein Kunstmensch

DIE GEHÄUTETE FRAU, DIE IN WAHRHEIT EINE KÜNSTLICHE HAUT TRÄGT

Schlafen, Wachen, Träumen — das sind die üblichen Bewußtseinszustände des Menschen. Daneben gibt es die Meditation und wilde Zwischenformen, die mittels Drogen induziert werden. Weil solche Bewußtseinszustände meist mit aufregenden visuellen Reizen einhergehen, sprang der für optische Szenarios empfängliche Ken Russell auf das Thema an. Paddy Chayevsky hatte ein auf Tatsachen basierendes Buch mit dem Titel „Altered States" (veränderte Bewußtseinszustände) geschrieben und Russell machte einen „Höllentrip" daraus — so auch der deutsche Verleihtitel. Der Wissenschaftler Dr. Jessup (William Hurt) setzt sich im Selbstversuch gleich zwei Bewußtseinsveränderern aus: einem Isoliertank und mexikanischen Rauschpilzen. Aber nicht nur sein Bewußtsein verschiebt sich in andere Dimensionen, auch sein Körper — eine Einladung für Make-up-Meister.

Und wieder einmal wurde Dick Smith gerufen. Von ihm stammt ein aus dünnem Latex geformter Körperanzug, der hauteng über Kopf und Körper von Blair Brown gespannt wurde, die Jessups Frau Emily spielte. Der Anzug sieht aus, als sei ihre eigene Haut abgezogen worden — ein Bild faszinierender Häßlichkeit (siehe Foto auf dieser Seite). Aber noch nicht einmal mit diesem außergewöhnlichen Make-up gab sich der englische Exzentriker Russell zufrieden. Er ließ zusätzlich per Frontprojektion Filme von glühenden Lava-Strömen auf die Schauspielerin werfen, so daß der Eindruck entstand, durch die freiliegenden Adern rinne heißglühendes, flüssiges Metall. Um die Figur der so entstellten Frau legte er dann noch den Widerschein einer

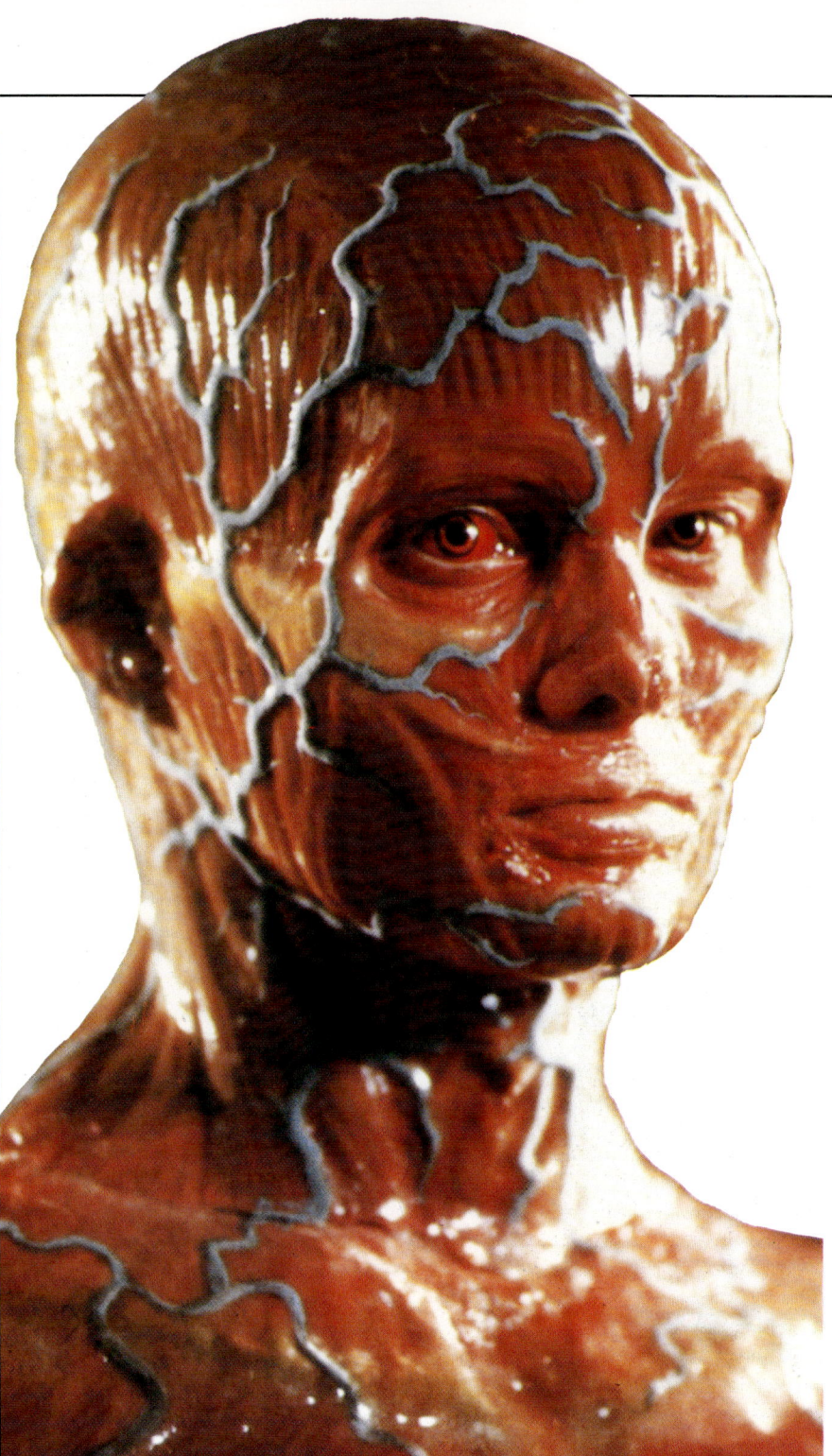

Faszinierende Häßlichkeit: Blair Brown ist sichtlich verändert durch den „Höllentrip"

„Aura", so als würde die Wissenschaftlerfrau geballte Ladungen von Energie abströmen.

Großen Anklang fanden auch die Effekte der pulsierenden Körperteile bei Dr. Jessup. Energiewellen liefen unter seiner Haut, buchteten seine Arme aus, beulten das Gesicht, rollten über seinen Brustkasten. Diese verblüffende Wirkung erzielte Dick Smith, indem er dünne Plastiksäckchen auf die betreffenden Hautteile von William Hurt klebte und diese dann mit einer Kunsthaut unsichtbar überdeckte. Durch Schläuche, die jeweils vom Schauspieler verdeckt waren, wurde Luft derart eingepreßt oder abgezogen, daß sich die Säckchen füllten bzw. leerten und so das Pulsieren simulierten.

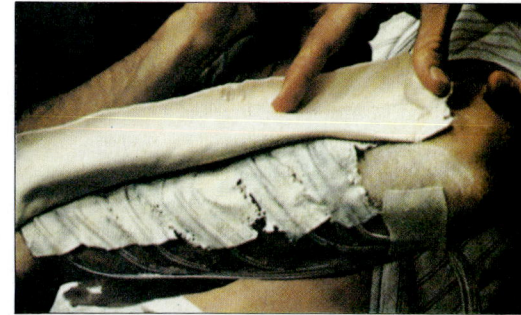

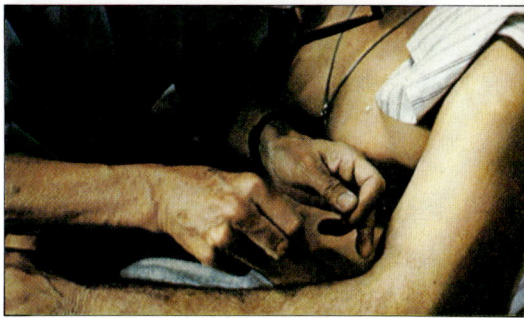

**So legte Dick Smith die Luftsäckchen
auf die Haut von William Hurt
und deckte sie mit einer Latexhaut ab**

So kann man Luft in die Backe blasen

Äußerste Präzisionsarbeit erfordert der Trick mit der künstlichen Haut: Auf die Körperteile, die sich verändern sollen, werden nämlich Plastiksäckchen gepackt, die an Schläuche angeschlossen sind. Die Schwierigkeit besteht darin, die aus Latex geformte Kunsthaut so knapp darüber zu spannen, daß keine Verdickung sichtbar wird. Außerdem ist es erforderlich, die Szenen jeweils aus einem Winkel zu drehen, der die vielen Luftschläuche verdeckt läßt. Solche Effects wurden nicht nur in dem Film „Der Höllentrip" angewandt, sie sind Routine in einer anderen Make-up-Spezialdisziplin, nämlich dem Simulieren von Verletzungen.

Ganz besonders knifflig sind Ausdehnungen im Gesicht. Denn hier fällt eine Kunsthaut besonders leicht auf. Deshalb wird die Szene nur für Sekunden gezeigt

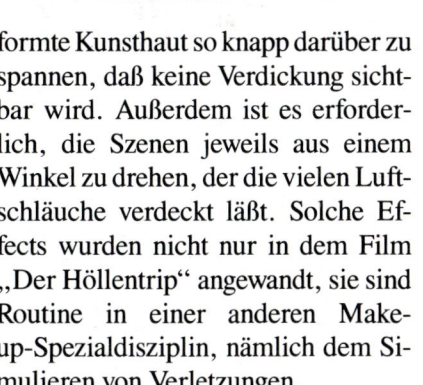

Willkommen zum Maskenball von Hollywood

Hereinspaziert, nur hereinspaziert, meine Damen und Herren! Einerlei, ob Sie einen Schweinskopf haben oder unfrisierte Schlangen. Was, Ihnen fehlt der Skalp? Macht doch nix! Ein Auge? Oder das ganze Gesicht? Sie sind in bester Gesellschaft. Wir haben Tod und Teufel hier und sogar die Königin des farblosen Planeten: Bei Hollywoods Maskenbällen ist jeder, wirklich jeder gern gesehen.

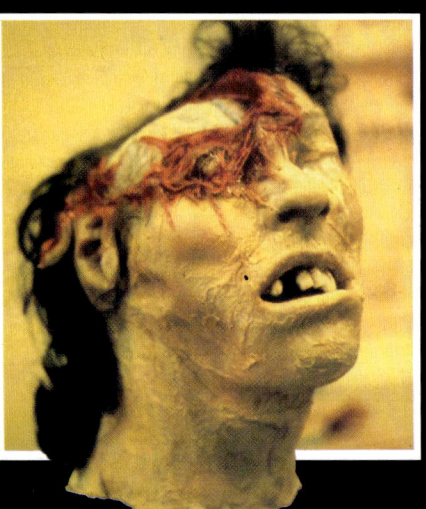

Im Uhrzeigersinn (mit Affenkopf startend): Der Höllentrip, The Devil and Mr. Devlin, Rache aus dem Reich der Toten, From Beyond the Grave, Planet des Schreckens

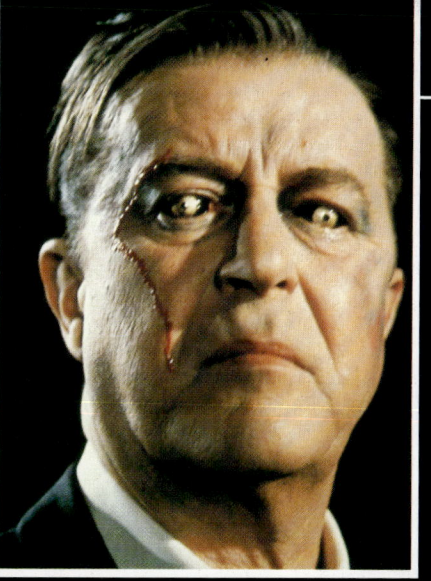

Im Uhrzeigersinn (mit Schweinskopf startend): Kampfstern Galactica, Captain Eo, Nachts wenn die Leichen schreien, Der Mann mit den Röntgenaugen, Galaxina, Der mysteriöse Dr. Lao, Kampf der Titanen

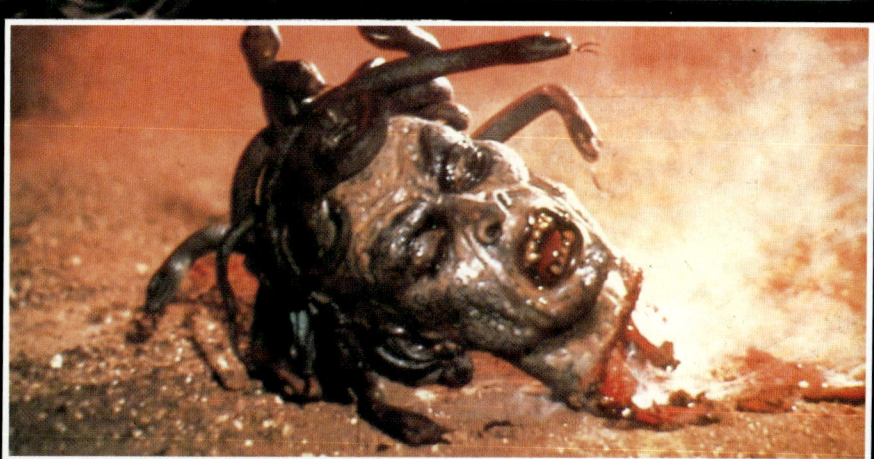

9. Kapitel

Puppen

Wir lachen über sie
und sie stürzen
und sterben für uns

Bei uns wird zwischen Puppen und Puppen kein Unterschied gemacht. Ob sie im Schaufenster lebensgroß Kleider präsentieren oder als Plastikmenschlein von Kindern ins Bett genommen werden, man nennt sie schlicht Puppen. In Hollywood ist das anders. Die Spielzeug-Puppen heißen „dolls"; die lebensgroßen Puppen heißen „dummies". Und das hat einen guten Grund: Sie sind wirklich die Dummen; sie müssen den Schädel hinhalten, wenn es gilt, denselben in die Luft zu sprengen. Sie werden aus fahrenden Autos geworfen oder erbarmungslos aus Flugzeugen gekippt. Sie stürzen von hohen Felsklippen oder werden von Panzerketten zermalmt.

Puppen als Ersatz für Menschen gibt es schon seit Erfindung von Theater und Jahrmärkten. Und beim Film gehören sie zum festen Bestandteil der „Props". Das ist die übliche Abkürzung für „Property" und bedeutet so viel wie Kulissenausstattung. In Hollywood (in und in der Nähe von Studios) gibt es große Prop-Lager, die Puppen in allen Größen vorrätig haben oder auf Anforderung fabrizieren können.

In Filmen wie „Gremlins" sind Puppen klar als solche erkennbar. Soll aber eine Puppe einen Menschen ersetzen, muß sie möglichst unentdeckt bleiben. Die Aufgabe der Puppenbauer und der Maskenbildner, die Puppen lebensecht schminken, ist es also, sie so menschenähnlich wie möglich zu machen. In alten Filmen kann man oft sehen, daß dies nicht von Anfang an

gelungen war: Da sieht man einen Menschen abstürzen, etwa eine steile Felswand hinab, aber die Fallbewegung ist die eines vollen Sacks und nicht die eines strampelnden, totgeweihten Menschen. Selbst tote Menschen fallen anders als volle Säcke. Um die Illusion des fallenden Menschen so überzeugend wie möglich zu machen, haben die Filmemacher zwei Techniken perfektioniert: den eingeschnittenen Stuntfall und die anatomisch konstruierte oder mechanische Puppe:

Fällt ein Mensch etwa aus einem Hochhausfenster, werden drei fallende Objekte kombiniert: ein Stunt- ▷

man, eine Puppe und die Kamera selbst. Das muß selbstverständlich nicht so sein, manchmal sind nur zwei der drei Elemente kombiniert. Der Abstürzende wird innerhalb des Gebäudes gezeigt (das ist meist eine Studioaufnahme, der Schauspieler läßt sich ein, zwei Meter tief auf ein Luftkissen fallen). Dann sieht man den Fall selbst: Ein Stuntman fällt fuchtelnd und zappelnd aus großer Höhe ebenfalls auf ein großes Luftkissen. Sieht man den Fall von oben — würde man also das Luftkissen sehen —, wird eine Puppe abgeworfen. Wie auf Seite 141 zu sehen ist, werden solche Puppen so konstruiert, daß ihre „Gelenke" denen von Menschen entsprechen. Nur so kann garantiert werden, daß ihre Gliedmaßen nicht anatomisch völlig falsch schlenkern. Spezialisten wie Roy Arbogast passen sogar winzige Elektromotoren in Arme und Beine der Puppen ein, um täuschend echte Strampelbewegungen zu simulieren: Die Stürzenden können z. B. mit den Armen rudern.

In dem Film „Die stahlharten Profis" (1987) stürzt gleich zu Beginn des Films ein Mädchen von einem Hochhaus. In diesem Beispiel wurde keine Puppe benutzt. Drei Kameras (Arri) fuhren an Schienen an der Seite eines Hochhauses in Los Angeles gleichzeitig nach unten, um den Fall aus der Perspektive der Fallenden zu zeigen. Der beste Stuntman in Sachen Absprung, Dar Robinson, ließ sich in Frauenkleidern aus großer Höhe nach unten fallen. Die Frau fällt auf einen Wagen. Sieht man diesen von oben, ist er nichts weiter als ein großes Gemälde über einem Luftkissen. Dann wird geschnitten und der Aufprall vom Wageninneren gezeigt (ein Gewicht wurde auf den Wagen geworfen). Wie wichtig die Puppen allerdings sind und wohl wieder werden, zeigt ein tragischer Vorfall gleich nach Abschluß dieses Films: Dar Robinson, der mit seinen Sprüngen Puppen beinahe arbeitslos gemacht hätte, stürzte zu Tode. ●

Roy Scheiders Partner in „Das fliegende Auge" wird verfolgt. Er stürzt...

...ein Stuntman übernimmt. Er bereitet sich auf das heranfahrende Auto vor...

...kurz vor Aufprall hechtet der Stuntman zur Seite. Schnitt...

...jetzt übernimmt eine Puppe. Zwei Kameras filmen. Die eine den Aufprall...

...die andere von der Seite: Die Inszenierung eines Mordes mit dem Auto ist geglückt

Roy Arbogast hat so viele Körperteile auf Lager, daß selbst Dr. Frankenstein vor Neid erblassen würde

Klebestreifen für lebensechte Bewegung

Kleine Elektromotoren werden angefertigt . .

. . . die eigenständige Bewegung simulieren

SCHAUFENSTERPUPPEN, DIE VON SELBST STRAMPELN KÖNNEN

Eine Autostunde außerhalb von Los Angeles, dort wo die Wüste bereits beginnt, breitet sich ein Gehöft aus, das sich beim näheren Hinschauen als eine faszinierende Werkstatt entpuppt: die Trickfabrik von Roy Arbogast. Auch wenn er Superechsen und Raumschiffe baut (z. B. das von „Star-

man") hat sich Arbogast auf Puppen spezialisiert. Die meisten entsprechen in Größe, Gewicht und Konsistenz etwa den Schaufensterpuppen. Nur daß diese entfernten Verwandten der Filmpuppen möglichst steif und stabil zu sein haben, wohingegen die Puppen von Roy Arbogast menschliche

Bewegungen ausführen können: Die Gelenke sind (meist mit breiten Isolierbändern) so verbunden, daß ihr Bewegungsspielraum den menschlichen Gelenken entspricht. Fällt also ein Mann (sprich: Puppe) aus einem fahrenden Auto, werden Arme und Beine nicht wild nach hinten verrenkt, wie das in alten Filmen zu sehen ist. Für lange Fallaufnahmen können winzige Elektromotoren sogar für eigenständige Bewegungen sorgen.

Kermit der Frosch und seine ganze Bande sind eine fröhliche Gesellschaft, der man die harte und präzise Arbeit, die im wahrsten Sinn des Wortes hinter ihnen steckt, nicht ansieht. Frank Oz und Jim Henson beschränken sich aber nicht auf die „Muppets". Auch andere Puppen (wie z. B. „Yoda" oben) tragen die Qualitätsmerkmale des Puppen-Duos

Die beiden Männer, die Miss Piggy unter den Rock greifen dürfen

Der eine sieht aus wie ein Oberbuchhalter, der andere wie ein Späthippie. Aber eines haben Frank Oz und Jim Henson gemeinsam: Sie spielen liebend gern mit Puppen. Und wir alle schauen gern dabei zu. Ihre „Muppets" gehören zu den beliebtesten Fernsehsendungen der Welt und die Liebesaffären von Miss Piggy werden von US-Klatschblättern ebenso verfolgt wie die von Liz Taylor. Beide Männer haben die jahrtausendealte Kunst der Puppenspielerei perfekt den Medien Film und Fernsehen angepaßt. Deshalb wird ihre Kunst auch ständig bei anderen Filmproduktionen gefragt. So war es Frank Oz, der (siehe Bild oben) Luke Skywalkers Erzieher, den großohrigen Yoda, zu dessen unvergeßlicher Erscheinung führte, und in „Der dunkle Kristall" gelang den beiden Puppenfreaks ein hypnotisch schöner Film, auch wenn er an der Kinokasse floppte.

Jim Henson mit Kermit dem Frosch

Einer der Höhepunkte aus „Unheimliche Schattenlichter". Aus Gummi schuf Rob Bottin groteske Riesenspielzeuge, die auf Schienen über den Boden glitten, sich wie Kreisel drehten oder handgehalten waren. Kleines Bild links: Der Arm der Puppe ist ein „maskierter" Menschenarm (oben neben der Puppe zu sehen)

Rob Bottin: Die Fantasie eines verspielten und sanft bösartigen Jungen

Rob Bottin ist der Jüngste im Generationswechsel der Maskenbildner. Für ihn war es schon seit seinen Anfängertagen klar, daß wirklich eindrucksvolles Make-up nur in Verbindung mit mechanischen Bewegungsvorrichtungen entstehen kann. In seinem Stil ist er dabei sehr stark von Comic Strips beeinflußt — was sich ganz besonders in seinen Entwürfen zu „Unheimliche Schattenlichter" zeigte. Joe Dante, der eine der vier Sequenzen der Spiel-

berg-Produktion drehte, hatte sich mit Rob Bottin genau den richtigen Mann geholt. Denn es sollte die Fantasie eines Jungen mit recht bizarrer, ja, bösartiger Gedankenwelt in Puppentheater umgesetzt werden. Und mit dieser Vorgabe war der Künstler von seinem Kunstwerk gar nicht weit entfernt. Auch Bottin, ein sanft sprechender 1,93-Mann, hat bei aller jungenhaften Verspieltheit einen Hang zum Makaberen. Wer sich an seine Kreation in

Carpenters „Das Ding aus einer anderen Welt" erinnert, wird sicherlich sofort Brechreiz verspüren. Und trotzdem ist ein Vorfall bei den Dreharbeiten zu „Schattenlichter" eher typisch für ihn: Als eine Puppe per Preßluft aus einem Zylinder springen sollte und dabei plötzlich in die Wolken hochstieg, freute sich Bottin trotz des Verlustes für das glückliche „Kind, das diese seltsame Himmelskreatur finden wird."

Drachen — auf den Arm genommen

Nicht nur modifizierte Kasperle-Figuren eignen sich für Hand-Animation. Selbst furchterregende Drachen und sonstige Monster kann man von innen in den Kopf fassen und damit Schrecken verbreiten. So etwa in dem Film „Dragonslayer", wo Tricktechniker Christopher J. Walas den Kopf einer Riesenechse aus Latex formte und mit reichlichem Innenleben versah: Drähte für das Maul und die Augen, ferner Schläuche, um Qualm durchjagen zu können, der — rot angestrahlt — zu heißem Feueratem wurde. Interessant dabei, daß die Töne bei Tippi Hedren („Die Vögel") aufgenommen wurden. Für den Film „Roar" hatte sie über 120 Großkatzen in ihrem Privatzoo; deren Gebrüll zusammengemischt ergab das heisere Grollen des Drachen. Dessen Kopf wurde meist vor „Blue Screen" gedreht oder in einer rauchwabernden Umgebung, die viele Details der Latexechse vernebelten, wie die drei nebenstehenden Bildbeispiele zeigen.

Drachen sind schwer, das spürt Christopher J. Walas am eigenen Leib (o.). Drähte und Schläuche bewegen die Latexechse und blasen Rauch

Das ekelerregende Untier aus dem Bauch des Astronauten in „Alien" war eine Handpuppe

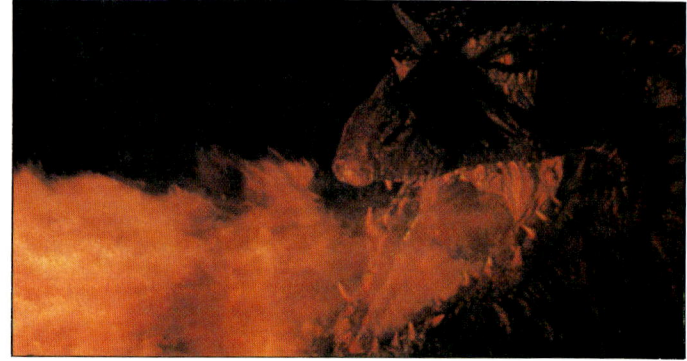

PROFIL: Carlo Rambaldi

Carlo Rambaldi (l) zeigt mir in seiner Werkhalle in Hollywood das Innenleben von Außerirdischen

Eine seiner ersten Kreationen: Der Büffel der aus Schläuchen schnaubt

Vampirfledermäuse, deren Augen, Ohren und Schnauzen per Drähten bewegt werden

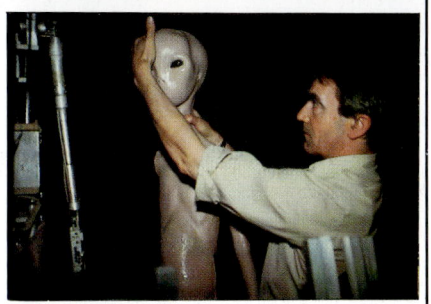

Design plus Technik ist die Stärke des Italieners

Künstler und Ingenieur: Man nennt ihn „Leonardo da Rambaldi"

Man nennt ihn respektvoll Leonardo da Rambaldi. Weil er auf vielen Gebieten Spitze ist: Ein recht guter Zeichner, ein Designer mit brauchbaren bildhauerischen Fähigkeiten, ein hervorragender Maskenbildner und vor allem auch ein Techniker und Ingenieur. Das hat er — neben Kunstgeschichte — in Rom studiert und diese seltene Kombination ermöglichte es ihm, in Cinecittà in Rom zu einem der ganz gefragten Puppen- und Monsterbauer zu werden. Er entwarf seine Kreaturen nicht nur, er brachte sie auch mittels technischer Hebel- und Zahnradmechanik zum Leben. Steven Spielberg verdankt er seinen Sprung nach Hollywood, wo er heute ein mehrfach mit Oscars ausgezeichneter Star unter den Trickkünstlern und mehrfacher Millionär ist. Seine Arbeiten, die einige der erfolgreichsten Filme aller Zeiten enthalten, werden heute schon in Museen und Galerien ausgestellt. Lediglich seine Gipsformen von „E.T. — Der Außerirdische" kann er nicht zeigen: Steven Spielberg verlangte die Zerstörung.

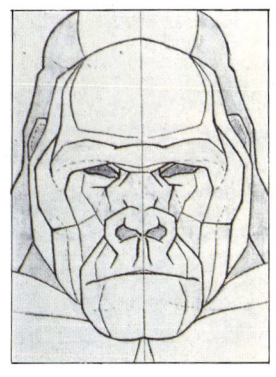

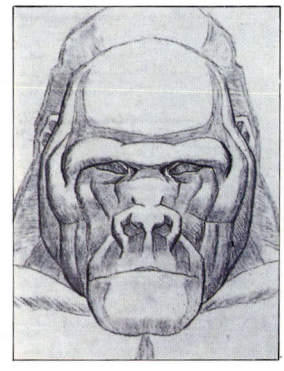

Für „King Kong" (1977) erhielt Rambaldi einen Oscar. Die Bilderfolge zeigt Rambaldis Talent: Von Skizze zu beweglicher Maske

10. Kapitel

Mechanische Effekte

Wenn's blitzt und kracht und alle Welt

Das Feld der „mechanischen Effekte" ist weit und seine Abgrenzungen sind fließend. Es müßte eigentlich alles umfassen, was nicht im Labor, im Computer, mit Linsen oder in der Kamera passiert. Und manchmal werden die „mechanischen Effekte" auch so verstanden. Denn schließlich werden auch Puppen mit Drähten, also mechanisch, bewegt. Oder Miniaturen — werden doch kleine Schlachtschiffe oder Flugzeuge mit technischen Kunstgriffen ins Bild gebracht. Ja selbst die Animation, der Zeichentrickfilm, ist eigentlich ein mechanischer Vorgang.

Was aber mit dem Begriff „mechanische Effekte", also mit diesem Kapitel gemeint ist, sind alle jenen Tricks, deren Betonung auf der Mechanik ihrer Durchführung liegt. Bei Puppen sind Aussehen und Aufnahmetechnik vorrangig; daß sie mit Drähten bewegt werden, ist nur eine Zugabe. Bei den Miniaturen ist Bauart und Größe signifikant, weniger die Tatsache, daß sie auch schwimmen oder fliegen können. Und beim Zeichentrickfilm ist es doch am interessantesten, daß gezeichnete Bilder plötzlich laufen lernen.

Und so haben wir hier einige Special Effects-Abteilungen zusammengefaßt: Die Full Scale-Mechanik (das Riesenrad von „2001 — Odyssee im Weltraum"), die Props (Kulissen-Ausstattung), die Waffen und Schüsse und schließlich Feuer und Explosionen. Hinter all diesen Effekten stecken Techniker und Ingenieure, Tüftler und Handwerker, die uns oft mit kleinen Mitteln große Illusionen vorgaukeln. Die größten mechanischen Effekte waren etwa der Riesenkrake aus „20000 Meilen unter dem Meer" von 1954, den Robert A. Mattey baute, ebenso wie „Bruce", den Weißen Hai aus Spielbergs Monsterhit von 1975, ebenfalls ein mechanisches Wunder. Riesig waren der Weiße Wal in „Moby Dick" (1956) und die Würmer in „Dune — Der Wüstenplanet" dreißig Jahre später. Aber nicht nur Riesenviecher lassen sich mechanisch bewegen; man kann sogar — wie die nächsten Seiten zeigen — eine Stewardeß auf den Kopf stellen.

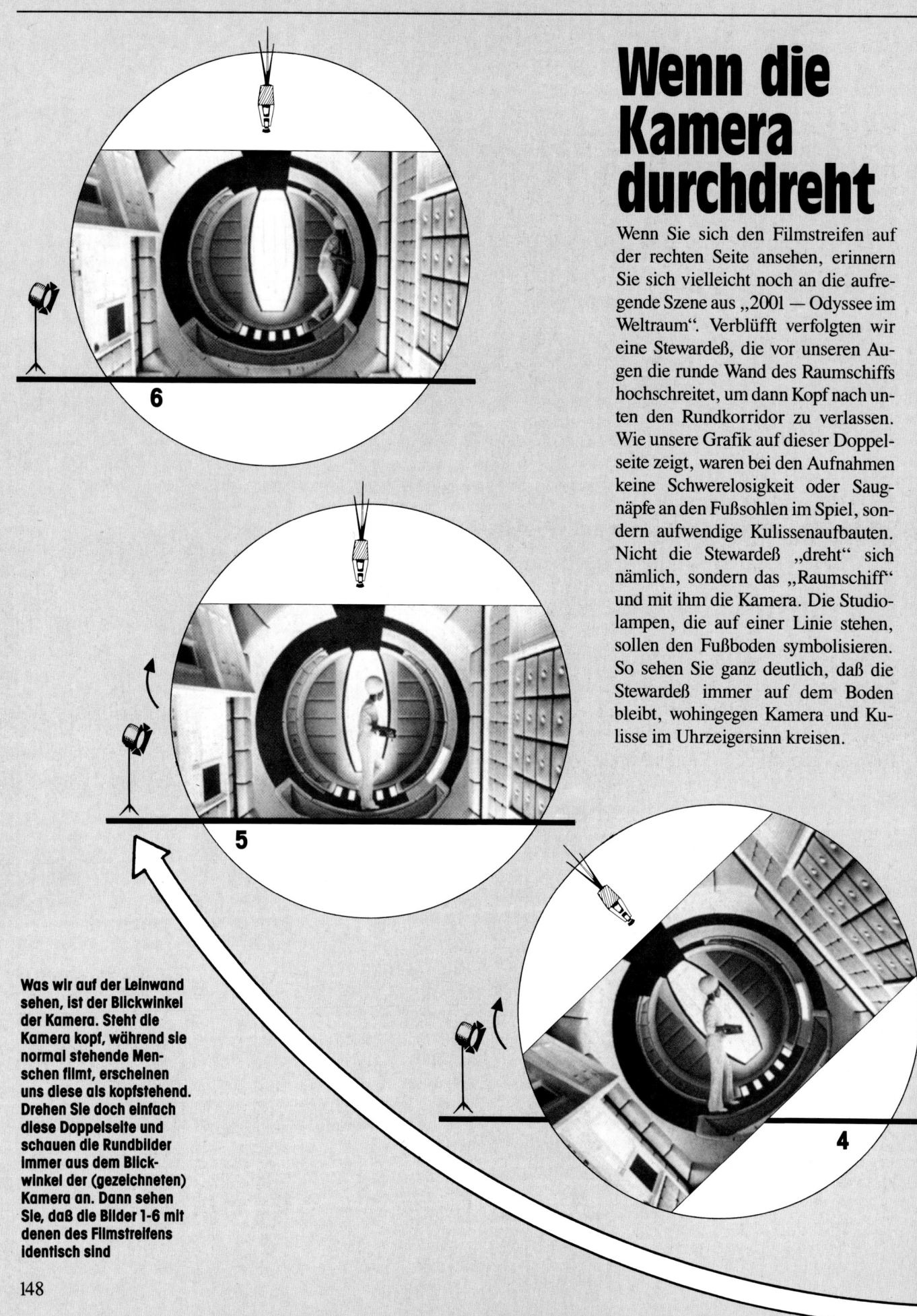

Wenn die Kamera durchdreht

Wenn Sie sich den Filmstreifen auf der rechten Seite ansehen, erinnern Sie sich vielleicht noch an die aufregende Szene aus „2001 — Odyssee im Weltraum". Verblüfft verfolgten wir eine Stewardeß, die vor unseren Augen die runde Wand des Raumschiffs hochschreitet, um dann Kopf nach unten den Rundkorridor zu verlassen. Wie unsere Grafik auf dieser Doppelseite zeigt, waren bei den Aufnahmen keine Schwerelosigkeit oder Saugnäpfe an den Fußsohlen im Spiel, sondern aufwendige Kulissenaufbauten. Nicht die Stewardeß „dreht" sich nämlich, sondern das „Raumschiff" und mit ihm die Kamera. Die Studiolampen, die auf einer Linie stehen, sollen den Fußboden symbolisieren. So sehen Sie ganz deutlich, daß die Stewardeß immer auf dem Boden bleibt, wohingegen Kamera und Kulisse im Uhrzeigersinn kreisen.

6

5

4

Was wir auf der Leinwand sehen, ist der Blickwinkel der Kamera. Steht die Kamera kopf, während sie normal stehende Menschen filmt, erscheinen uns diese als kopfstehend. Drehen Sie doch einfach diese Doppelseite und schauen die Rundbilder immer aus dem Blickwinkel der (gezeichneten) Kamera an. Dann sehen Sie, daß die Bilder 1-6 mit denen des Filmstreifens identisch sind

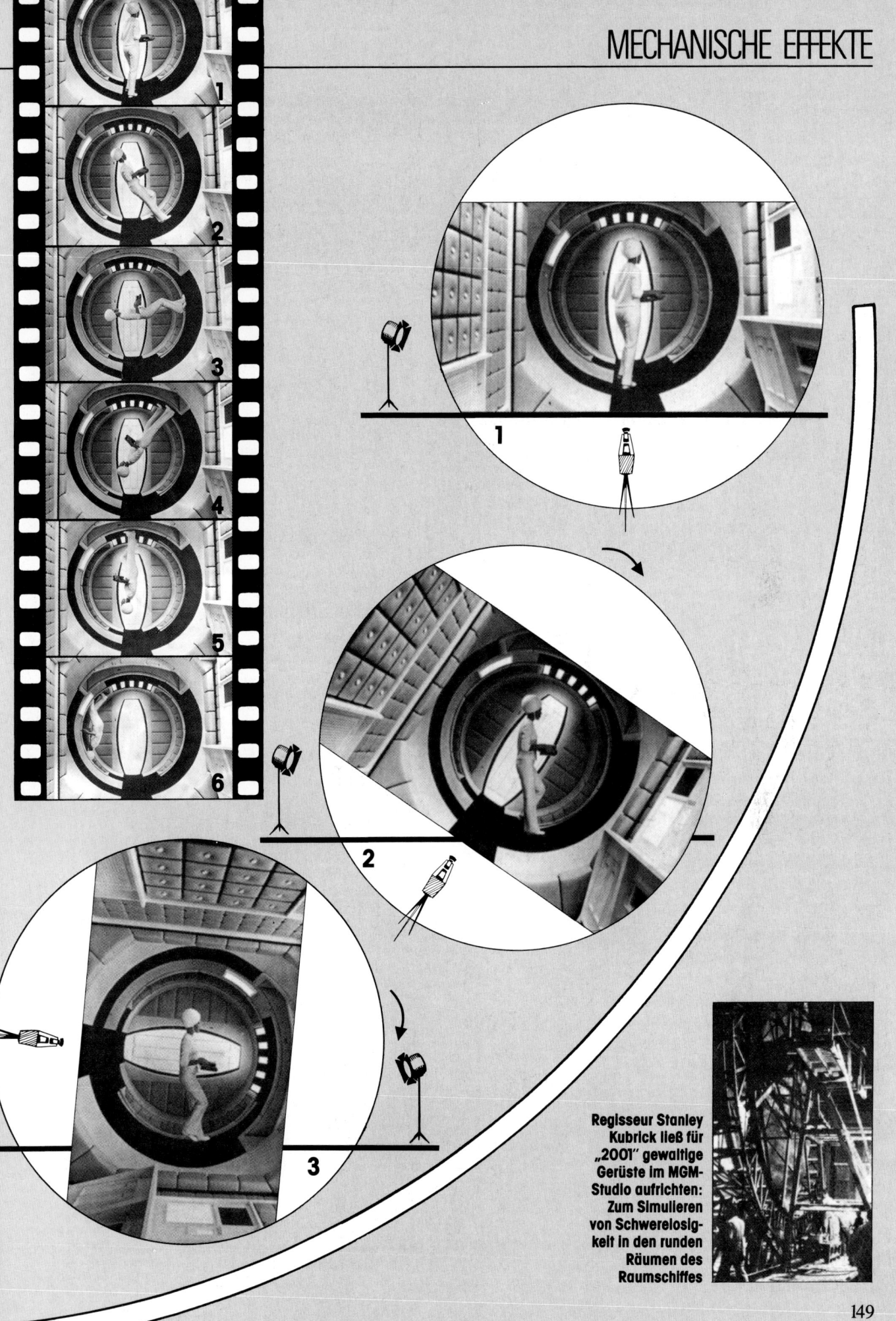

1

2

3

4

5

6

1

2

3

Regisseur Stanley Kubrick ließ für „2001" gewaltige Gerüste im MGM-Studio aufrichten: Zum Simulieren von Schwerelosigkeit in den runden Räumen des Raumschiffes

Filme, die alle Welt auf den Kopf stellen

Stanley Kubrick war mit seinem Drehtrick aus „2001 — Odyssee im Weltraum" (Seite 148/149) keineswegs der erste, der seine Kulissen auf den Kopf stellte; der Kunstgriff ist viel älter. Am bekanntesten wurde er wohl durch Fred Astaire (siehe gegenüberliegende Seite), der 1950 wortwörtlich im Zimmer herumtanzte. Mit großem dramatischen Effekt wurde das Drehzimmer auch in Tobe Hoopers „Poltergeist" eingesetzt: Ein unsichtbarer Geist schiebt die Dame des Hauses aus dem Bett die Wand hoch, über die Decke und auf der anderen Seite wieder herab.

Jüngstes Beispiel ist „Die Fliege": Das Labor von Dr. Seth Brundle wurde gekippt, die Lampe steht auf einem Eisenständer, die Utensilien auf dem Tisch sind festgeklebt. Jeff Goldblum als Brundle krabbelt am Fußboden entlang. Kameramann Mark Irwin mußte selbstverständlich — wie John Alcott bei der Stewardessen-Szene in „2001" — die Kamera mitdrehen, um den gewünschten Effekt im Finalfilm zu erreichen: Dort sah es dann so aus, als würde die menschliche Fliege Brundle — wie von Saugnäpfen gehalten — an der Zimmerdecke entlangkriechen.

Kameramann Mark Irwin dreht die Deckenszene mit einer angewinkelten Kamera

Bühnenbildner Kirk Cheney konstruierte das Drehzimmer; am Boden Jeff Goldblum

Die Szene im Film: Jeff Goldblum als menschliche Fliege an der Decke

Die unvergleichliche Anmut von Fred Astaires Tanz wurde durch die Trickvariante des sich drehenden Zimmers bereichert: In „Royal Wedding" (1950) tanzte Astaire, als gäbe es keine Schwerkraft

Quiz im Universal-Studio: Wer von den beiden trotzt der Schwerkraft?

Besucher des Universal-Studios in Hollywood — und davon gibt es jährlich 1,5 Millionen — werden auf unterhaltsame Weise in die Welt der Special Effects eingewiesen. Darunter auch mit nebenstehendem Beispiel: Die Touristen sehen ein Zimmer, in dem scheinbar die Schwerkraft aufgehoben wurde. Je nach Standort des Beobachters befindet sich entweder der Kartenspieler auf dem Zimmerboden oder der Herr mit dem Mikrophon. Ein kleiner Tip: Die Spielkarten sind festgeklebt.

Richtige Antwort: Der Kartenspieler sitzt an der Seitenwand

So kann man ein Auto umwerfen oder . . .

Superbaby landet auf der Erde. Jeep hat einen Platten. Superbaby hebt den Wagen hoch. Alle sind erstaunt, auch die Zuschauer. Sie wären's nicht, hätten sie das Auto ganz gesehen. Auf der anderen Seite von Superman Jr. hob nämlich eine starke Hydraulik den Wagen. Wie die Bilder zeigen, kam eine hydraulische Kippvorrichtung auch bei dem Film „Herbie dreht durch" zum Einsatz. Der Hebel an Herbies Hinterteil ist natürlich nicht im Bild.

. . . reparieren

„Christine" ist totaler Schrott, der sich selbst regenerieren kann. Regisseur John Carpenter (l.) ließ die Karosserie an vielen Stellen (s. u. Roy Arbogast mit biegsamer „Stoßstange") durch Plastikteile ersetzen. Im Wageninneren wurden diese durch Drähte nach innen gezogen, so daß schwere Dellen entstanden. Gleichzeitig zerplatzten Scheinwerfer und Reifen. Der Film rückwärts abgespult: Aus einer Schrottkarre wird wie durch Zauberkraft eine makellose Limousine.

... in die Luft jagen

Autos zertrümmern ist eine Lieblingsbe-
schäftigung in Hollywood. Die Skizze unten
zeigt, an welchen Stellen Sprengkapseln
montiert werden, die per Fernzündung den
Wagen zerfetzen oder in die Luft jagen (wie
in „Die stahlharten Profis", l.)

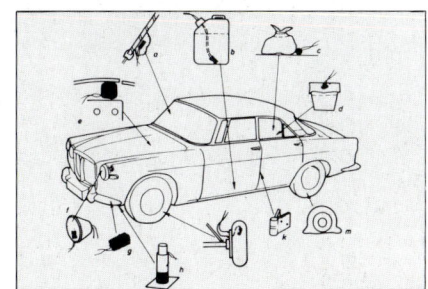

... fliegen lassen

Der Höhepunkt in „Black Moon" war der
Sprung eines Autos von einem Hochhaus
zum anderen. Effektkünstler Max Anderson
(u.) schoß dafür ein Miniaturauto durch
eine Preßluftkanone in die Spiegelfassade
einer Hochhaus-Nachbildung

... von innen filmen

Der Chauffeur eines fahrenden
Autos wird nicht mehr im Rückpro-Ver-
fahren gefilmt. Kameras werden auf dem
Kühler oder an den Seiten montiert
(oft mit aufgeschnittenen Türen). Wenn
die Kamera genau vor dem Fahrer
steht, wird das gefilmte Auto gezogen

Viel Rauch um nichts: Was hier ballert, sind nur Platzpatronen und der Stuntman lebt weiter – auch nach dem Todesschuß

Wie man einen Menschen erschießt

„In Hollywood sollte man weniger Filme schießen, dafür mehr Schauspieler erschießen!", sagte Marlon Brando einmal. Als „Pate" wurde er selbst erschossen. Er geht zu einem Auto, als Schüsse aufpeitschen. Sein

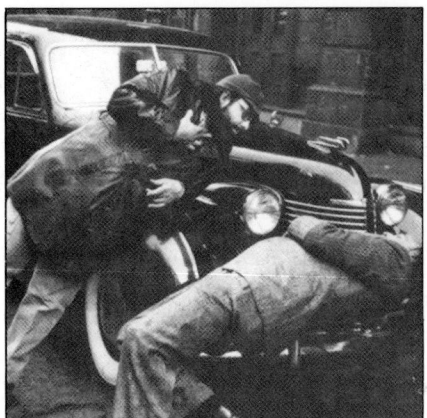

So läßt Francis Coppola (l.) einen Mafiaboß umlegen: Marlon Brando als der „Pate" rutscht getroffen über den Autokühler

Mantel wird zerfetzt, Blut dringt aus den Einschußlöchern. Schwer getroffen bricht er zusammen.

Da sich Schauspieler nur sehr ungern wirklich erschießen lassen, mußten die Filmemacher schon sehr früh das Aufpeitschen eines Schusses und die Einschlagstelle der Kugel simulieren. Das Abfeuern eines Gewehrs oder einer Pistole ist denkbar einfach: Man benutzt halt Platzpatronen. Früher hatte jedes Studio Hollywoods ein eigenes großes Waffenarsenal mit den dazugehörigen „blanks" (Platzpatronen). Mit dem Aussterben des Westerns und dem Einzug fantastischer Waffen (bei Science Fiction oder Artillerie-Filmen wie „Rambo II") wurden die traditionellen Waffen in den Keller gepackt; Spezialfirmen sorgen nun für die gewünschte „Fire Power".

Das Erschießen selbst ist schon komplizierter, vor allem seit Zunahme realistischer Eindeutigkeit. In der Regel werden die zu Erschießenden mit Asbestplatten geschützt, auf denen — von der Kleidung verdeckt — Säckchen befestigt werden, in denen neben „Blut" auch kleine Zündkapseln untergebracht sind. Die werden dann über feine Drähte zur Explosion gebracht. Diese zerfetzt das Säckchen und die Kleidung, durch die der Blutersatz sickert — die perfekte Simulierung eines Einschusses. Wird eine Salve gefeuert, so zündet man die versteckten Kapseln häufig durch hintereinander geschaltete Elektrokabel — oder man zündet fern.

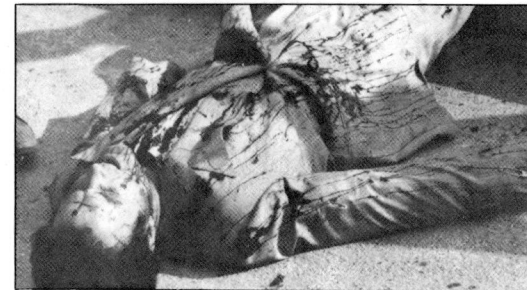

James Caan in „Pate II" an vielen Drähten, die Mini-Explosionen auf Brust und Gesicht zünden. So wird er vom „Kugelhagel" zerfetzt

Und so erschießt sich der Horrorkönig Stephen King selbst: In „Creepshow", wo er selber mitspielt, wird er von Moos überwuchert, bis er sich in den Schädel schießt. Die Skizze von Tom Savini zeigt, wie's wirklich gemacht wurde

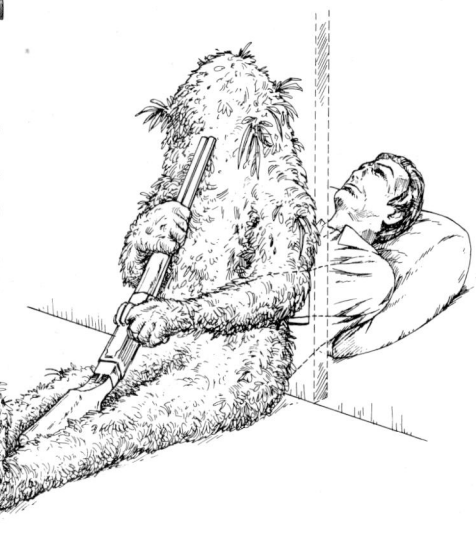

Wenn Preßluftbohrer die Kameras schütteln

Als Tony Scott seinen Film „Top Gun" vorbereitete, schaute er sich nochmal genau die Flugaufnahmen aus „The Right Stuff" an — absolut überzeugend schossen hier Flugzeuge durch die Wolken. Scott kontaktierte das Team, das diese Spitzenleistung geboten hatte: USFX, eine Special Effects-Gruppe aus San Francisco. Ihre ersten Versuche hatten sie mit Motion Control gemacht, aber „das wirkte merkwürdig unecht", sagte Gary Gutierrez, Boß von USFX. Man entschied sich für Modelle von 50 Zentimetern bis drei Metern Länge. Sie wurden auf einem Berg nahe Oakland gegen den blauen Himmel geschossen. Besonders eindrucksvoll waren die Explosionen. Feuermeister Peter Stolz zündete über Funk ein Schwarzpulver-Naphtalin-Gemisch. An die Kamera wurde ein Preßluftbohrer angeschlossen, um starke Erschütterung zu simulieren. Gedreht wurde mit einer Geschwindigkeit von 300 Bildern pro Sekunde.

So wurden einige der dramatischen Flugszenen des Filmhits „Top Gun" simuliert. Unten: Angriff auf eine F-14 (genauer: auf ein Modell davon). Links: Schwarzpulver-Explosion per Fernzündung

Echte Explosionen
von „Full Scale"-
Modellen sind wegen
ihrer Unwiederhol-
barkeit riskant.
Miniaturen werden
bevorzugt

Brennende Häuser brennen
in Wirklichkeit nur selten: Hinter
den Fenstern sind durch
Asbest abgesicherte Gasbrenner,
die im Bedarfsfall wochenlang
brennen können, ohne die Fassaden
zu zerstören. Denn manchmal
dauern die Dreharbeiten so lange

Was den großen Weißen zum Beißen bringt

„Bruce" hat heute einen Ehren-platz im Universal-Studio (oben). Rechts: Komplizierte und millionenschwere Mecha-nik des gigantischen Beißers

„Bruce" tauften ihn Regisseur Steven Spielberg und Crew, als sie mit ihm vor der Küste von Martha's Vinyard die Schauermär vom Weißen Hai drehten. Über eine Million kostete die Mechanik des Monsterhais. Die Anordnung von Drähten, Hebeln, Zahn-rädern war aber so kompliziert, daß „Bruce" nicht nur einmal seinen Dienst versagte. Verantwortlich für ihn war Robert A. Mattey, der schon 1954 den Riesenkraken für Disneys „20000 Meilen unter dem Meer" ge-baut hatte. Die Mechanik der 10-Meter-Tentakeln dieses Meeresun-geheuers brachte Disney einen Oscar für beste Special Effects. Weitere Vor-läufer des Riesenhais: Der Weiße Wal aus John Hustons „Moby Dick" aus dem Jahr 1956 (mit Gregory Peck).

Drei Hunde und ein Pelz

In der Stephen King-Verfilmung „Cujo" wird die tollwütige Bestie von drei kreuzbraven Hunden gespielt — und einem Stuntman im Hunde-fell. Ganz rechts: Ein Hund trainiert die Attacke, die in Großaufnahmen (m.) vom Stuntman gespielt wird

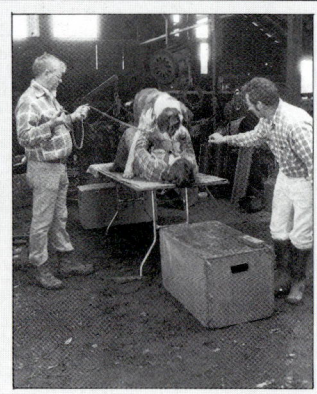

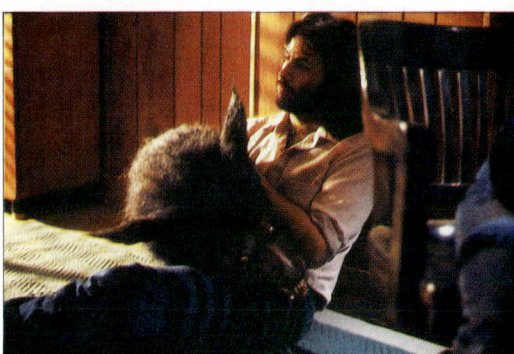

Werwölfe sind auch nur Hohlköpfe

Teils mechanischer Effekt, teils Maskenbildnerei, teils Kostümdesign, ein Werwolf hat viele Väter. In „The Howling — Das Tier" wurden entweder Stuntleute in Werwolf-Kostüme gesteckt oder eigens konstruierte Kopfmodelle bewegt. Bis zu sechs Techniker betätigen die Drähte oder Hebel, um die Bewegungen der Modellteile zu simulieren. Über Schläuche wird glyzerinhaltige Flüssigkeit von hinten ins Maul gepreßt, um die geifernde Bösartigkeit des Mondanheulers noch zu unterstreichen.

Eine perfekte Werwolf-Maske: Der Stunt-„Wolf" fletscht die Zähne

Das Kopfmodell in einer Drehpause

Soll ein Werwolf nur den Mond anheulen, genügt ein einfaches Kostüm (Zeichnung unten links). Es gibt aber auch Masken, die vom Kiefer des Schauspielers bewegt werden

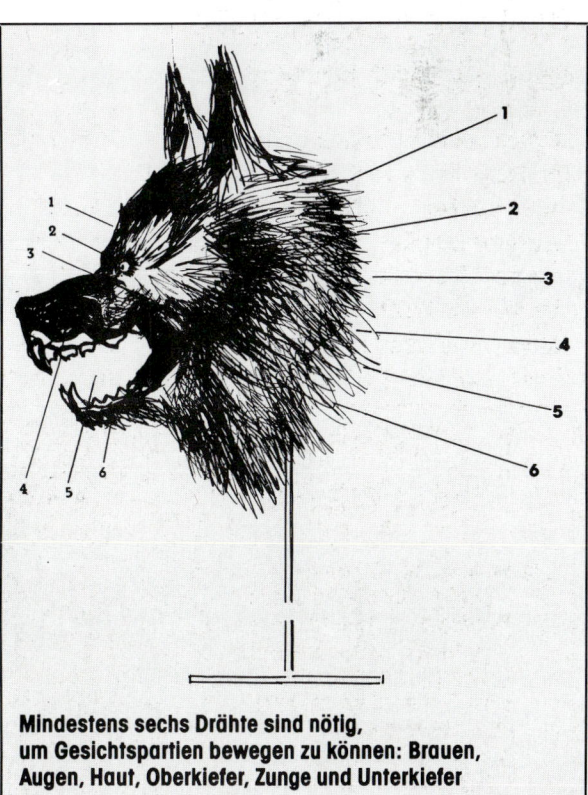

Mindestens sechs Drähte sind nötig, um Gesichtspartien bewegen zu können: Brauen, Augen, Haut, Oberkiefer, Zunge und Unterkiefer

159

11. Kapitel

Stop Motion Animation

Ein Bild kommt selten allein. Sind's viele, wird ein Film daraus

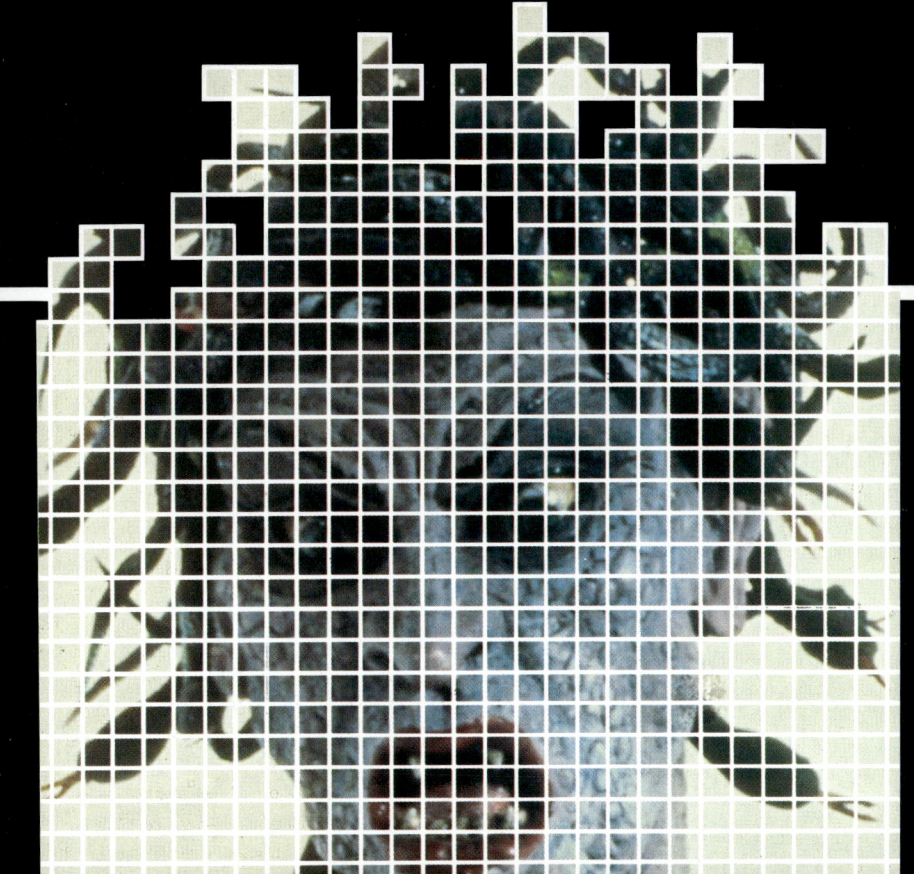

Wen die schreckliche Medusa anblickt, der muß für immer bewegungslos verharren. So geht die Legende. Die Wahrheit ist: Gäbe es kein Stop Motion, wäre es die Medusa, die für immer bewegungslos bliebe. Denn sie ist nichts anderes als eine Puppe aus verformbarer Knetmasse, schön schaurig angemalt und nicht viel größer als eine Kasperlefigur.

Stop Motion und Animation bringen also Bewegung in Lebloses, lassen sozusagen die Puppen tanzen. Aber wie? Erinnern wir uns daran, daß Bewegung im Film dadurch entsteht, daß eine Reihe zusammengehöriger „Dias" schnell an unserem Auge vorbeizieht. Dies bedeutet nun aber nicht, daß diese „Dias" auch in gleicher Geschwindigkeit belichtet werden müssen. Man kann jedes Bild auch einzeln aufnehmen. Das nennt man Stop Motion oder Einzelbildverfahren.

Der unumstrittene Meister des Stop Motion ist Ray Harryhausen (siehe Profil Seite 163). Seit er im Alter von 13 Jahren in Hollywood „King Kong" (1933) gesehen hatte, stand für ihn der Lebensweg fest.

Der andere Gigant, dessen Name für immer mit den Rubriken dieses Kapitels verbunden sein wird, ist Walt Disney. Er war es, der mit einem nie versiegenden Drang nach Innovation und Perfektion den „Zeichentrickfilm" zur Vollendung trieb.

Wenn hier von „Stop Motion" und „Animation" die Rede ist, dann handelt es sich eigentlich um ein und denselben Vorgang: in beiden Fällen werden Einzelbilder aufgenommen. Aber irgendwie hat sich eingebürgert, von Stop Motion dann zu sprechen, wenn von „Model Animation" die Rede ist, also von „bewegten Puppen". Und Animation als eine Art Oberbegriff: für den „Zeichentrick", für bewegte Puppen und neuerdings für Einzelbild-Images beim Computer — Computer-Animation. Doch von ihr soll später die Rede sein.

„Caveman" Ringo Starr reitet durch die Luft. Seine (teilweise abgedeckte) Aufnahme . . .

. . . wird mit Bein und Echsenpuppe kombiniert

Skizze und Foto veranschaulichen das Prinzip: Projektor wirft Hintergrundbild an Miniaturaufbau, vor dem Miniaturen in Einzelbildern gefilmt werden

Wie Ringo den Saurier rausläßt

Er sah aus wie ein Oberlehrer, behutsam, bebrillt und bedächtig: Aber wenn Willis O'Brien an die Arbeit ging, zitterte die Leinwand. Als er im Frühjahr 1932 ein Affenmodell gegen Saurierpuppen antreten ließ, blieb kein Auge trocken. Seine Stop Motion-Aufnahmen für „King Kong" (1933) gelten als eine der ganz großen Meisterleistungen der Filmgeschich-

Eine typische Ray Harryhausen-Szene: Mythologische Gestalten, die durch Stop Motion bewegt in Realfilm eingepaßt werden

Profil: Ray Harryhausen

Der 1920 geborene Ray Harryhausen mit einem geflügelten Pferd (aus „Der Kampf der Titanen") vor der Kamera. Er verbringt oft Monate für einzelne Szenen

te. Alle haben von ihm gelernt, allen voran Ray Harryhausen, der mit O'Brien an dessen Film „Mighty Joe Young" (1949) arbeitete, für den O'Brien mit einem Oscar ausgezeichnet wurde.

Das Prinzip war damals schon perfektioniert. Vor Hintergrundbildern (entweder gemalt, Miniatur oder Rückprojektion) wurden Puppen bewegt und in Einzelbildern aufgenommen, so daß die Projektion dieser Bilder einen möglichst glatten Bewegungsfluß erzeugte. Manchmal wurde und wird vor schwarzem oder blauem Hintergrund aufgenommen, was das Einpassen der Szene in einen Realfilm erleichtert.

Dies läßt sich sehr schön belegen an Ringo Starrs Ritt auf einem nashörnigen Saurier (aus der Komödie „Caveman"): Ringo wurde vor einer blauen Leinwand gedreht, wobei seine Beine abgedeckt wurden. Diese Aufnahme wurde in einen Hintergrundfilm einer Landschaft einkopiert. Gleichzeitig kroch vor der Stop Motion-Kamera der Saurier mit einem Mini-Bein Ringos auf dem Rücken ebenfalls vor einer blauen Leinwand.

Diese Einzelaufnahmen zusammengenommen ergeben den vorsintflutlichen Ritt des Ex-Beatle.

Der sanfte Titan, der Fabeln und Mythologien zum Leben erweckt

Als er 13 Jahre alt war, sah er im Chinesischen Theater von Hollywood einen Film, der ihn zutiefst beeindruckte: „King Kong" mit den grandiosen Tricks von Willis O'Brien. Ray Harryhausen wußte, wie er fortan sein Leben gestalten wollte. „Ich spürte, ich hatte einen kompletten zoologischen Garten in meinem Kopf", sagte er. „Und alles Wesen, die es sonst höchstens noch in Mythologien gibt." Kein Wunder, daß sich der Meister der Stop Motion an legendäre Themen machte: „Earth vs. the Flying Saucers" (1956) bis „Der Kampf der Titanen" (1981). Er bewegte Figuren aus den Epen des Homer und den Märchen aus 1001 Nacht. Ganz besonders berühmt wurden seine Szenen aus „The Seventh Voyage of Sinbad" (1958), wo er Skelette gegen Sindbad den Seefahrer fechten ließ —

eine seiner größten Meisterleistungen auf dem Gebiet der kombinierten Live-Action und Animationsfilme.

Ray Harryhausen, der vermutlich mehr Monster geschaffen hatte, als jeder andere (Luzifer vielleicht ausgenommen), hat selbst so gar nichts Diabolisches an sich. Ein freundlicher Familienvater mit nie versiegender Freude an seinen Kreationen.

Und so fliegt das Pferd im Realfilm

163

Wie man mit Laser schießt

Es kann sein, daß Sie diese Bilder unter der Rubrik Stop Motion/Animation nicht vermutet hätten. Aber sie gehören hierher ebenso wie die so gar nicht nach Zeichentrickfilm aussehenden Szenen aus „Tron" auf den Seiten 166 und 167. Denn in der Tat handelt es sich bei den Laser- und Blitzeffekten um Unterabteilungen der Animation, ja, sogar die blauen Augen des jungen „Fremen" aus „Dune — Der Wüstenplanet" haben etwas mit Animation zu tun.

So wurden bei „Krieg der Sterne" und anderen Science Fiction-Filmen wie „Das Schwarze Loch" (rechte Seite) die Laserschwerter, bzw. Laserschüsse simuliert: Luke Skywalker hatte bei den Aufnahmen lediglich eine runde Stange aus Fiberglas als „Schwert". Diese war mit der gleichen Farbe bestrichen, die für Frontprojektion verwendet wird (siehe Seite 119). Starkes Licht wurde durch halbdurchlässige Spiegel vor der Kamera auf die Schwerter geworfen. Die Reflexion auf den Schwertern machte diese also schon relativ hell.

Aber im Filmlabor wurde die Leuchtkraft der Fiberglasschwerter durch „Hands-on Animation" (Bild für Bild von Hand) so verstärkt, daß sie den Laser-Effekt erreichten. Nach ähnlichem Prinzip wird auch mit Laserpistolen geschossen. Die Schauspieler drücken die Pistolen ab, natürlich ohne daß ein wirklicher Schuß daraus abgefeuert wird. In „Das Schwarze Loch" leuchtete lediglich ein Lämpchen im Pistolenlauf auf, das den Animatoren signalisierte, wann die Laserstrahlen eingeblendet werden sollten. Die züngelnden Blitze, sind ebenfalls nicht Elektrikern, sondern Animatoren zu verdanken.

Luke Skywalker hat in Wirklichkeit eine Fiberglas-Stange in seinen Händen

Auch die züngelnden Blitze (aus „Krieg der Sterne") sind von Animatoren gemacht

164

Die Laserschüsse (in „Das Schwarze Loch") sind beim eigentlichen Drehen nichts weiter als winzige Glühlämpchen

Wie die Fremen blaue Augen bekommen

Die Bewohner des „Wüstenplaneten Dune", die Fremen, haben leuchtend blaue Augen. Nicht Kontaktlinsen wurden benutzt, um diesen Effekt zu erreichen, sondern ein Verfahren, das man „Rotoskop" nennt. Damit ist ein technisches Verfahren gemeint, das ähnlich einem Optischen Printer Bildelemente auf einen Film übertragen kann. In diesem Fall ist es die blaue Farbe, die auf die Augen der Schauspieler kopiert wird.

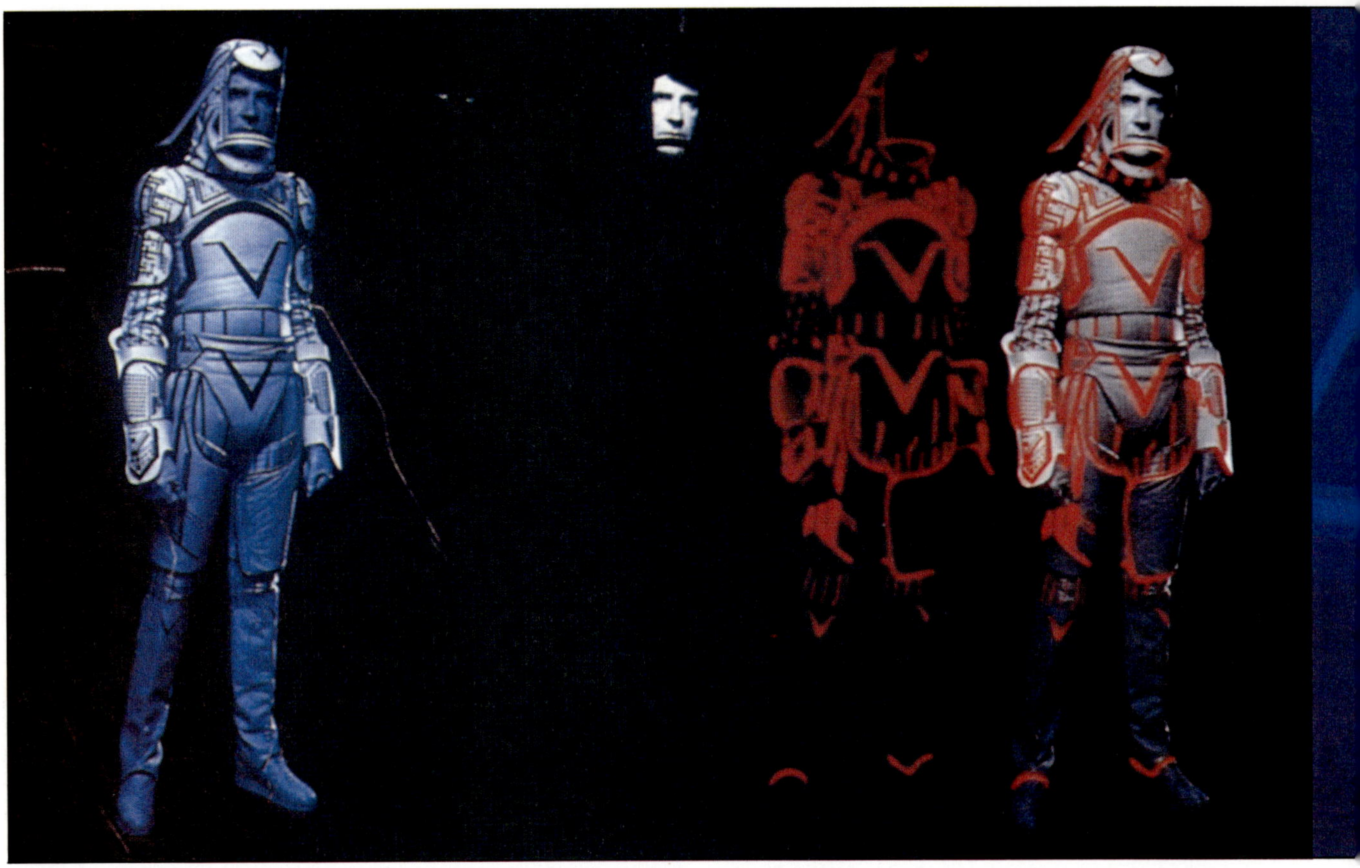

Wie der Bösewicht so richtig böse wird. Links: Aufnahme im Studio, Matte der Augen, kalte Farbe im Gesicht, „back-lit" rot auf Realfilm

So filmt man Computer von innen

Deena Burkett koordinierte die „back-lit"-Animation der „Kodaliths". Das Bild zeigt die reale Größe jedes dieser Negative

Ein Mensch gerät in die Mikrowelt der Elektronik, eine Welt mit pulsierender Energie, gleißenden Räumen, die der geometrischen Klarheit entspringen und nicht dem Wunsch, darin zu wohnen. Die Prämisse des experimentellen Films „Tron" (1982) verlangte eine völlig neue Optik und die wurde — was bei der Produktionsfirma Disney nicht sonderlich überrascht — mit Animation erreicht. Matte-Meister Harrison Ellenshaw entwickelte dafür ein System, das von Hollywoods Experten als genial einfach bezeichnet wurde: Man drehe den gesamten Film in Schwarzweiß und füge anschließend durch Animation die Farbe hinzu. Entscheidend für diese Technik waren die sogenann-

ten „Kodaliths". Das sind große Schwarzweiß-Negative, die alle farbigen Flächen weiß wiedergeben. Diese Kodaliths wurden nun Zeichnern gegeben, die sämtliche Weißflächen ausmalen sollten. Das stellte sich jedoch als unbefriedigend heraus. Denn die Animationsfarben waren zwar sehr gefällig, aber für die Welt der Elektronen nicht „energisch" genug. Dann versuchte man es mit „backlit color effects": Die Kodaliths wurden nicht von oben beleuchtet und fotografiert; das durch Filter gefärbte Licht strahlte vielmehr von unten direkt in Richtung Kamera. Der Effekt dabei war, daß das von unten durchscheinende Licht leichte Überbelichtungen erzeugte, was wie „Energiestrahlen" wirkte. Obwohl viele der traumhaft schönen Hintergrund-Szenen vom Computer geschaffen wurden (siehe Seite 186 oben), muß „Tron" doch unter der Rubrik „Animation" eingereiht werden.

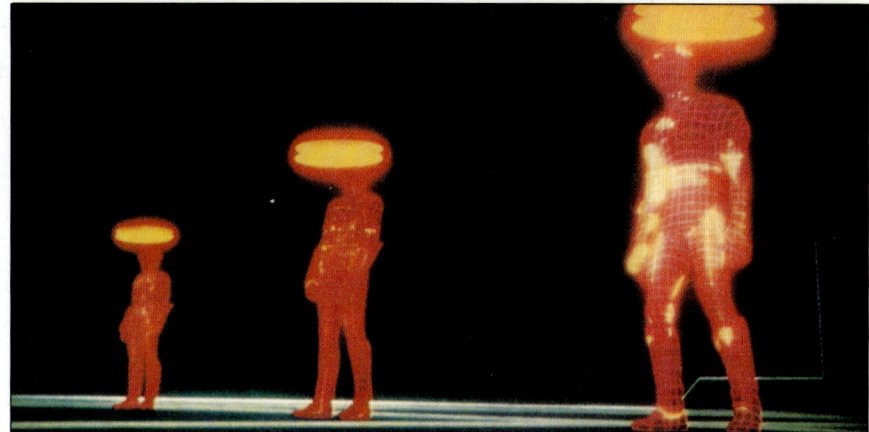

Das Ergebnis: Der Böse mit vier Filmschichten

Rechts oben: Ein „Kodalith", linke Hälfte im Original, rechts mit „back-lit" (von unten beleuchtet)

Leichte Überbelichtungen der ehemaligen Weiß-flächen geben den „energischen" Glüheffekt — perfektes Simulieren des „Innenlebens" eines Computers

12. Kapitel

Szenerie

Mal kolossal, mal Miniatur und manch- mal sogar echt

S chon nach zwanzig Minuten Autobahnfahrt von Downtown Dallas brauchte ich die Straßenkarte nicht mehr. Dicke Trauben von Schaulustigen ließen keinen Zweifel am Standort der „Southfork Ranch". Am Swimmingpool vor dem Haupthaus inszenierten die „Ewings" eines jener Dramen, die jahrelang die Bildschirme in aller Welt dominierten. Wer ein paarmal bei Dreharbeiten zugeschaut hat, findet schnell heraus, daß es kaum etwas Langweiligeres gibt. Stundenlanges Warten bis der nächste Kamerawinkel beschlossen, die Lichterreihe gesetzt, die Soundmaschine ausgepegelt ist. Das sind ideale Gelegenheiten für einen Reporter. Denn auch die Stars finden die Herumsitzerei langweilig. Selbst diejenigen, die sich sonst rar machen, freuen sich oft geradezu über die Abwechslung eines Interviews.

Aber diesmal war's anders. Eine amerikanische TV-Serie wie „Dallas" arbeitet mit optimaler Effizienz. Jeweils 24 Folgen sind im voraus minutiös durchdetailliert, vom kleinsten Kamerafilter bis zu den Schnürsenkeln der Schauspieler. So können die Dreharbeiten abschnurren wie ein Rolls Royce-Motor. Während beim Film im Durchschnitt von der Arbeit eines Tages höchstens zwei Minuten auf der Leinwand erscheinen, bringen TV-Crews das Drei- bis Vierfache, vor allem dank raffinierter Planung einschließlich der „location shots". Unter „Location" versteht man sämtliche Dreharbeiten, die außerhalb eines Studios heruntergekurbelt werden. Zum Beispiel, wenn J. R. mit dem Auto in Dallas fährt: Sämtliche Autoszenen aus 24 zukünftigen Folgen werden hintereinander weggedreht. Das bedeutet, daß Larry Hagman viele Tage nur im Auto verbringt, in genau festgelegten Posen und Geschwindigkeiten, mit jeweils anderer Kleidung, verändertem Gesichtsausdruck usw. All diese Einzelszenen werden später in die jeweiligen Folgen eingepaßt.

Besondere Bedeutung erhält hier ein Team, das Bestandteil jeder Crew ist, die „Continuity". Das sind dieje- ▷

nigen Experten, die mit Argusaugen jede einzelne Kleinigkeit festhalten müssen — und sei es nur die Art, Größe und Platzierung von Blumen in einer Vase — damit die späteren Zusammenschnitte nahtlos zusammenpassen. Das kann auch mal schiefgehen. So erzählte mir Walter Matthau, wie er in dem Film „Little Miss Marker" auf eine Tür zugeht, sie öffnet und den Raum verläßt. Sechs Monate später wurde beschlossen, auch die Szenen in dem Raum zu zeigen, in den Matthau eintrat. Also Innenaufnahme von Matthau, wie er in den Raum tritt. Kein Problem, sein Anzug, seine Mine — alles wurde haargenau der Vorszene angepaßt. Nur — Matthau hatte in den sechs Monaten fast 30 Pfund zugenommen und so ergab sich die folgende Kuriosität: Matthau geht schlank und rank auf eine Tür zu, öffnet sie und in der Sekunde, in der er durch die Tür tritt, nehmen Backen und Bauch sichtliche Rundungen an. Auch in der TV-Serie „Colombo" passierte ein komischer Schnittfehler: Der einäugige Detektiv sieht etwas auf dem Boden liegen, während er sich eine seiner langen Zigarren ansteckt. Er bückt sich, hebt den Gegenstand hoch. Als er sich nach drei Sekunden wieder aufrichtet, ist — flupp — seine Zigarre nur noch ein Stummel. Die „Bück-Szene" war so oft wiederholt worden, daß die Zigarre währenddessen verglimmt war. Der für „Continuity" zuständigen Dame wurde daraufhin selbst eine gehörige Zigarre verpaßt.

Zurück zu „Dallas". Nach zwei, drei Wochen „on location" in Dallas sind sämtliche Außenaufnahmen für 24 TV-Folgen im Kasten. Die Crew geht nach Hollywood zurück, wo im MGM-Studio die Innenaufnahmen gedreht werden. Die Stadtansichten, die dann durch die Fenster zu sehen sind, bestehen aus aufgeblasenen Großfotos oder Gemälden außerhalb der Studioräume.

Also selbst so etwas Realistisches wie Stadtansichten oder Landschaften

gehören zum Bereich der Special Effects, sind Teil der Illusionsmaschinerie Hollywoods. In den vorhergehenden Kapiteln haben wir gesehen, daß Szenerien auf vielfältige Weise ins Bild gesetzt werden können: vom

Szenen aus dem tiefsten Afrika. So sehen sie zumindest aus — in Wahrheit wurde in Newall in Kalifornien gedreht

Kein Trickfilm und doch viele Tricks: Whoopie Goldberg und Steven Spielberg („Die Farbe Lila")

Spiegel zur blauen Leinwand, von der Glasmalerei bis zum Travelling Matte. Das waren die „visuellen Effekte". Hier ist nun von drei weiteren Möglichkeiten die Rede: „Location", „Full Scale" und „Miniaturen", also bei dem Herstellen von Szenen mit technischen Mitteln.

Die „Location" von „Dallas" ist wirklich Dallas. Diese Authentizität trifft auch auf andere Filme oder Städte zu, die dem US-Publikum vertraut sind und die eine „Hauptrolle" im Geschehen spielen — bei Denver in „Denver Clan", bei „Die Straßen von San Francisco" oder Miami in „Miami Vice" würden Ersatzlokalitäten

auffallen. Aber das sind Ausnahmen. Die Regel ist: Jedes Studio und jede unabhängige Produktion hat „Location Scouts". Diese Pfadfinder der Drehorte sind darauf spezialisiert, anhand eines Drehbuchs passende Lokalitäten zu finden. Behilflich sind dabei die „Film Commissions" aller US-Bundesstaaten. Deren Regierungsauftrag ist es, möglichst viele (steuerbringende) Produktionen in ihren Staat zu locken. Als ich einmal für eine europäische Koproduktion nach Drehorten Ausschau hielt, wurde ich in drei Staaten in einem Polizeihubschrauber über Wildnis und Wüsten, Steppen und Steilwände spazierenge-

Vermummte Trauergestalten in rauher Schneelandschaft. Aber nur im Kino. In Wahrheit wurde diese Szene aus „Die Farbe Lila" unter heißer Augustsonne gedreht. Der Schnee ist künstlich (r.) und die Crew trägt Shorts (Foto unten: rechts Schnee, links keiner)

flogen. Als Gast der „Commissions".

Wichtig für die „Scouts" ist, daß der Charakter der Landschaft den Intentionen des Drehbuchs und Regisseurs entspricht. Die Beispiele für „Tricklandschaften" sind endlos. Ob Spielberg sein afrikanisches Dorf in „Die Farbe Lila" nach Newall in Kalifornien verlegte oder John Carpenter sein New York nach Kansas und Los Angeles (in „Die Klapperschlange"), ob Mexiko herhalten mußte als Kolumbien in „Die Jagd nach dem grünen Diamanten", als Nicaragua in „Under Fire", als Barbarenland in „Conan" oder gar als „Dune — Der Wüstenplanet". Oder ob Sylvester

Stallone die Sowjets in einem Afghanistan verdrischt, das im Mittleren Westen Amerikas liegt („Rambo III") — nur auf den Effekt kommt es an. Da gibt es favorisierte Gegenden wie Durango, das Hunderte von Western sah (zuletzt „Silvarado") oder das kalifornische Imperial Valley, dessen Sanddünen von „Der Flug der Phönix" bis zu „Unheimliche Begegnungen der Dritten Art" als staubige Kulisse dienten oder die Philippinen, die spätestens seit Coppolas „Apocalypse Now" stets zu Vietnam umfunktioniert werden.

Aber Landschaften bestehen nicht nur aus Bergen und Bäumen, da findet

ja auch noch Wetter statt. Und auch dieses ist keineswegs dem Spiel der Jahreszeiten überlassen. Stellen Sie sich nur mal vor, das Drehbuch würde Regen vorschreiben und eine Crew, die jeden Tag Hunderttausende von Dollars kostet, würde geduldig warten, bis sich die Himmelsschleusen öffnen. Riesige Duschköpfe über dem Drehort tun's auch. Oft drehen sie sich, damit die Tropfen nicht zu regelmäßig runterkommen oder das Wasser wird hochgespritzt, auch das macht die Fallbewegung überzeugender (in alten Schwarzweißfilmen kann der aufmerksame Beobachter feststellen, daß sehr oft nur unmittelbar vor der Kamera „Regen" runterkommt, der Hintergrund bleibt trocken). Wind ist auch kein Problem, riesige Propellermaschinen außerhalb der Szene können Mini-Orkane erzeugen. Für Schnee benutzte man früher Papier- oder Zellophanschnitzel, später Plastikflocken. Heute sind die Filmemacher umweltfreundlicher geworden und sprühen eine besondere Art von Salz (Epsom) oder anderes bio-degradables Material. So wurde etwa die winterliche Begräbnisszene in „Die Farbe Lila" im August gedreht. Statt Pelzhandschuhen trug die Crew Shorts und Mundschutz, um nicht zu viel von dem „Schnee" einzuatmen.

Viel Schnee gab's in „Rocky IV". ▷

Schließlich trainiert Rocky da im bitterkalten Sibirien. Die Produzenten experimentierten erst mit Miniaturlandschaften und künstlichem Schnee — aber das war alles nicht überzeugend genug. So wurde „Sibirien" nach Jackson Hole in Wyoming verlegt und dort trainierte Rocky nun vor künstlich gewärmten Kameras tatsächlich im Schnee (der Moskauer Endkampf fand übrigens in Vancouver, Kanada, statt).

Ein Element können die Filmemacher allerdings nicht total manipulieren, die gute alte Sonne. Und die hat eine lästige Eigenschaft: Wird nämlich eine Szene über den Verlauf eines ganzen Tages gedreht, dann klappt's mit der erwähnten „Continuity" nicht; der Stand der Sonne verändert das Licht und die Schatten der Akteure und Objekte. Deshalb gibt es beim Film schon lange das Prinzip der „zweiten Sonne", was schlicht und einfach eine zusätzliche Lichtquelle ist (ein Strahler, eine Lampe oder ein Reflektor), die den sich ständig verändernden Sonnenstand ausgleicht. Das ist einer der Gründe, warum Sie auf Bildern von Dreharbeiten auch Lampen sehen, obwohl unter heller Sonne gedreht wird.

Aber auch mit dem Thema Wetter ist der Trickbereich „Szenerie" noch lange nicht abgeschlossen. Denn in Landschaften stehen ja Häuser, Burgen, Raumstationen, Kirchen, Märchenschlösser herum. Rund 27 000 Filme wurden seit Bestehen allein in Hollywood gedreht; die Zahl der Szenerien ist deshalb so hoch wie der Turm von Babel, der übrigens in John Hustons „The Bible" von 1966 ein Matte-Gemälde war. Aber Gebäude werden nicht nur gemalt, sondern auch gebaut. Und zwar oft in „Full Scale", was schlicht „in voller Größe" bedeutet. Da solche Bauten aufwendig sind, behelfen sich die Studios mit zwei Kunstgriffen. Sie bauen grundsätzlich nur das, was wirklich in einem Film sichtbar wird. Und sie „recyclen" ihre Bauten, indem sie mit

Fast jedes Hollywood-Studio hat eine Westernstraße: Seit Jahrzehnten eine der am meisten gebrauchten „Full Scale"-Kulissen (hier: Universal)

Auch ein Flugzeug kann ein „Full-Scale"-Modell sein. Diese Sperrholz-Version von „Firefox" ist „lebensgroß"

neuem Anstrich oder Firmenschild wiederverwendet werden. Alle Hollywood Studios haben solche Mehrzweck-Kulissenstraßen, Warner Columbia etwa die New York Street, die sich auch ganz schnell in London oder Chicago verwandeln läßt. Bei 20th Century Fox steht die New Yorker Stadtbücherei zwischen einem Spielsalon aus New Orleans und einer neuenglischen Kirche. Und Westerstra-

ßen haben sie alle.

Diese Westernstraßen entheilten schon ganz früh Tricks mit der Perspektive: Häuser, Türen und die typischen Holzbohlen-Verandas sind durchweg etwas kleiner, als wenn sie in einer wirklichen Straße wären. Je kleiner ein Objekt in Relation zum Vordergrund ist, desto weiter ist es weg — so unsere Seherfahrung. Macht man also Häuser kleiner als

Das berühmteste Horrorhaus ist eine hohle Fassade: Die Bates-Villa aus „Psycho"

Oft sind nur Kulissenteile in voller Größe gebaut. Hier zwei Füße. Oben: Roy Arbogast mit einem riesigen Krähenfuß und...

Aber dann gibt es auch Häuser, die nicht eigens gebaut, sondern für Dreharbeiten gemietet werden. In Hollywood gibt es Kataloge mit Hunderten unterschiedlichster Privathäuser, und Agenten, die solche Gebäude vermakeln. Beispiel: „Beverly Hills Cop". Der Schurke wohnt in einer Luxusvilla in Beverly Hills. Das Gebäude, das dafür ausgesucht wurde, steht in Wahrheit in Hollywood und sieht völlig anders aus. Warum? Zehn Tage vor den Dreharbeiten kam eine Kolonne von 35 Zimmerleuten und Elektrikern in das „Castillo di Lago". So heißt die Villa, in der Mafia-Boss Bugsy Siegel einst ein illegales Spielkasino betrieben hatte. Sie bereiteten eine Woche lang die Dreharbeiten vor, bauten Terrassen für die Kameras, ein Dutzend Türen, die später zerbrochen wurden und forderten schließlich, daß die blauen Türrahmen des Hauses weiß gestrichen werden sollten. Die Besitzer Alice und Don Willfong, gute Freunde und Nachbarn von mir, weigerten sich: „Wegen ein paar Sekunden im Film sollten wir den Stil des Hauses ändern." So wurde ein anderes Haus im Stadtteil Los Feliz gemietet und dort wurden nun die Außenaufnahmen gedreht und nur die Innenaufnahmen im „Castillo di Lago". Daß wegen solcher Kleinigkeiten Hunderttausende von Dollars draufgehen, spielt bei solchen Großproduktionen offenbar keine Rolle.

Manchmal spielt auch die Logik keine Rolle. So wohnte etwa Kathleen Turner als „China Blue" in einem anderen Haus meiner Nachbarschaft. Immer wenn sie im Taxi zu ihrer „Nachtarbeit" fuhr, startete das Taxi in die falsche Richtung, was bei Eingeweihten Gelächter auslöste. Und mit donnerndem Applaus wurde gar der Weltrekord von Mel Gibson in „Die stahlharten Profis" gefeiert: Er rennt vom Hollywood Boulevard zu einer Brücke in Downtown, ballert dort ein paar Autos um und rennt zurück. Das Ganze dauert nicht mehr als zehn Minuten. Aber die Entfer- ▷

normal, stehen sie optisch weiter im Hintergrund, die Straße wirkt automatisch breiter. Dieser Trick wurde zum Beispiel auch in Billy Wilders Klassiker „Das Apartment" ausgenutzt. Man sieht ein schier unendlich großes Büro mit langen Reihen von Schreibtischen. Was wie eine Riesenhalle aussieht, ist in Wahrheit eine normale Studiohalle, nur die Schreibtische wurden nach hinten hin immer kleiner gebaut.

Alle Gebäude, die eigens für Filme errichtet werden, zeigen — wie gesagt — nur das Nötigste. Manche sind nur halbhoch, weil das Dach nicht mitgedreht wird. Von anderen wird nur eine Seite aufgebaut, weil nur dieser Teil des Gebäudes zu sehen ist. Und alle sind nur Fassaden. Darunter auch das berühmteste Horrorhaus, Norman Bates' „Psycho"-Villa, das auf dem

... der Fuß des Raumschiffs von „Alien", im Studio gebaut. Das Raumschiff selbst ist gemalt oder Miniatur

Für „Something Wicked this Way Comes" baute Disney eine ganze Stadt

Gelände des Universal-Studios steht.

„Full Scale" beschränkt sich nicht nur auf Gebäude. So wurde etwa die Hand von „King Kong" in Lebensgröße gebaut oder die Riesenschlange in „Conan" oder der tote Außerirdische in „Aliens". Vor allem die Riesenstudios in London sind auf „Full Scale" spezialisiert — am besten bekannt sind wohl die gigantischen Bauten für sämtliche James Bond-Filme.

nung entspricht in Wahrheit ziemlich genau der einer Marathonstrecke, die Mel Gibson da entlangspurtet. 40 Kilometer in 10 Minuten — Mad Max macht's möglich.

In dem Los Angeles, das Doug Trumbull gebaut hat, wären solche Weltrekorde allerdings schon möglich. Das Los Angeles von „Blade Runner" war rund 20 Quadratmeter groß, eine Miniatur, die auf die Ladeflächen von drei Transportern paßte. Und damit sind wir bei der dritten Form der Trick-Szenerie, den Miniaturen. Oder in Hollywoods Fachsprache: „Reduced Scale". Ums gleich vorwegzunehmen: Das nächtliche Los Angeles in „E. T. — Der Außerirdische" war keine Miniatur. Jedenfalls nicht die Stadt, die war ein Matte-Gemälde; lediglich die Sträucher im Vordergrund waren Kleinausgaben, ebenso der darin herumirrende „E. T."

Zur nochmaligen Verdeutlichung: Film-Zuschauer sind daran gewöhnt, Objekte — im Gegensatz zur Realität — in extrem unterschiedlichen Ausmaßen zu sehen. Denken Sie nur an „Spiel mir das Lied vom Tod", wo die Augen von Charles Bronson riesengroß auf der Breitwand zu sehen sind und Sekunden später Berge mit Stadt, Holzstapel, Reiter und Eisenbahn in Winzlingsformat. Diese Seherfahrung macht Miniaturen möglich. So war zum Beispiel das Rom, das Nero in „Quo Vadis" (1951) niederbrannte, eine von Arnold Gillespie gebaute Stadt in Liliput-Ausgabe. Allerdings nicht mikroskopisch klein: Gillespie baute mehrere hundert komplette Gebäude auf einer Fläche von einem halben Hektar Land — eine der größten Miniaturen der Filmgeschichte. Schon 1926 hatte Gillespie Rom für „Ben Hur" gebaut und dann, 1959, für William Wylers Remake von „Ben Hur" nochmal. Sagt Gillespie: „Je mehr Details eine Miniatur erfordert, desto größer muß sie angelegt werden."

Doug Trumbull, der für „Blade Runner" Los Angeles baute, hatte den ▷

Warum Stars und Statisten zur leeren Studiodecke hochstarren

In einer wilden Berglandschaft des amerikanischen Mittelwestens landet ein freundliches Raumschiff. Doch diese „Unheimliche Begegnung der Dritten Art" fand im Saale statt. Steven Spielberg ließ diese „Full Scale"-Aufbauten mit einigen Mattegemälden der Bergformation kombinieren und dann das vor Blue Screen aufgenommene Miniatur-Raumschiff in den Realfilm einkopieren. Die größte Schwierigkeit einer solchen Großoperation ist vor allem das Aufeinanderabstimmen des Lichts. Aber wie unten zu sehen ist — auch dies wurde perfekt gemeistert.

Riesige Scheinwerfer an der Studiodecke simulierten die Lichtreflexe des imaginären Raumschiffs. Unten: Der ins Licht getauchte, ins Nichts starrende Richard Dreyfus

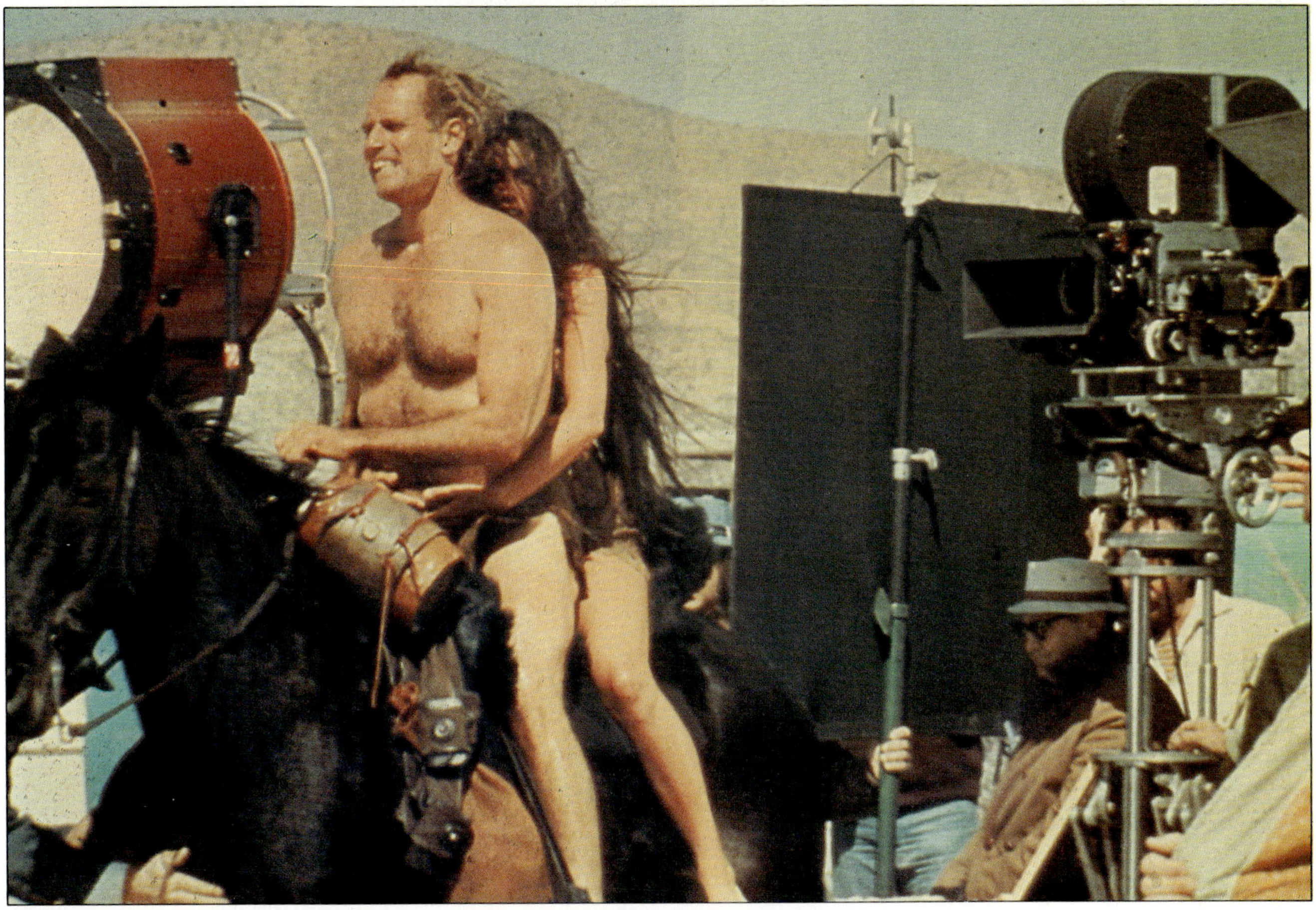

Der „Planet der Affen" (sprich: Kalifornien) läßt Reiten in Badehose zu. Trotzdem Scheinwerfer

Warum man selbst in Afrika zusätzlich Licht braucht

Selbst an Drehorten, die von der Sonne überflutet sind, werden immer zusätzliche Lichtquellen eingesetzt. Warum eigentlich? Ein Grund: Je mehr Licht, desto lichtunempfindlicher kann das Filmmaterial sein, was stets eine höhere Schärfe und Brillanz der Reproduktion bedeutet. Zum anderen muß die Bewegung der Sonne korrigiert werden: Manche Szenen dauern so lange, daß die veränderte Stellung der Sonne sichtbar auch Licht und Schatten der Szene verändert. Wandernde Schatten würden jedem Zuschauer sofort auffallen. Zusätzliche Lichtquellen oder Reflektoren gleichen nach dem „Prinzip der zweiten Sonne" diese unerwünschte Sonnenwirkung aus.

Strahlende Sonne auch „Jenseits von Afrika". Trotzdem ordert Regisseur Sidney Pollack künstliches Licht

Auch im tropischen Südamerika muß Robert De Niro vor Reflektoren agieren (in „Mission")

Alan Faucher vor gemalten Wolken

Vorteil, daß der Film fast ausschließlich nachts spielt. Die Detailgenauigkeit der Miniaturen war deshalb weniger entscheidend, als die „beleuchteten Fenster": Tausende von feinen Drähten führten zu winzigen Kontroll-Lämpchen in den Zwergenhäusern. Ein anderes Meisterwerk der Miniaturen war „Fantastic Voyage" (1965), ein Film der die Miniaturisierung eines U-Bootes zum Thema erhob. Das Boot wird verkleinert und in die Arterie eines Mannes gespritzt. Eine Wissenschaftlergruppe soll einen lebensgefährlichen Blutpfropfen per Laser unschädlich machen. Art Cruickshank, der einen Oscar für seine Effekte in diesem Film erhielt, ließ ein „Full Scale"-Typ des U-Bootes „Proteus" bauen: 16 Meter lang mit den Schauspielern drin. Ferner ein Einmeter-Boot, ein 30cm-Boot und eins in der Größe einer Walnuß. Kurios ist, daß in diesem Miniaturfilm die Hintergrundausstattung vergrößert werden mußte. Das „Herz", in das die Proteus einschwimmt, war ein Studioaufbau, der die Größe eines wirklichen Herzens ums Tausendfache übertraf. Je nach der Möglichkeit, solche Hintergrundbauten zu erstellen, wurde die Größe des Mini-Bootes bestimmt. So wurde etwa das walnußgroße Modell verwendet, als das Eindringen des U-Boots durch die Injektionsnadel simuliert werden sollte. Ein größeres Modell hätte eine zu aufwendige „Nadel" erfordert.

Fünf Kameras filmten die Mini-Explosion

Wie das US-Kapitol weggesprengt wird

Sowjetisches Militär überfällt die Vereinigten Staaten und zwingt sie unters Joch. Dies ist das Thema der umstrittenen Fernsehserie „Amerika", die in der Bundesrepublik auf Video erhältlich ist. Für Amerikaner besonders schmerzlich: Das Sprengen des Kapitols in Washington. Das Bombardement des Kongreßhauses besorgte John Dykstra und seine Apogee, Inc. Modellbauer Alan Faucher baute die Kuppel vor einer Wolkenwand als Miniatur, die gesprengt wurde.

Die gewaltigsten Formationen sind oft nur Kleinformat

In dem Kapitel „Matte" haben wir schon gesehen, daß die eindrucksvollsten Szenerien sehr häufig aus den Pinseln von begnadeten Malern kommen. Eine andere Form der künstlichen Landschaft ist die Miniatur. So wurde etwa in „Superman" keineswegs ein echter Staudamm zerbrochen, sondern eine mannshohe Miniatur. Ebenso war der Rummelplatz in Spielbergs „1941 — Wo bitte geht's nach Hollywood?" nur eine Miniaturausgabe. Eine der kompliziertesten und teuersten Miniaturanlagen war der „Tempel des Todes" im gleichnamigen Indiana Jones-Film. Die meisten der höllischen Fahrten waren Miniaturen in Spielzeuggröße und auch die Felswand, aus der sich gigantische Wassermassen ergossen, war nur eine Kleinausgabe (oben rechts). Diese Miniatur wurde dann kombiniert mit dem Realfilm der handelnden Personen und ergänzt durch ein fotorealistisches, naturgetreues Matte-Gemälde. Auch ILM-Effects-Boß Dennis Muren verband Gemälde mit Miniatur. So ist bei der Szene unten die Stadt gemalt, der Wald fingerhoch und „E.T." ein Winzling.

Die rettende Felswand aus „Indiana Jones und der Tempel des Todes" ist eine Kombination aus Miniatur (o.), Realfilm und Matte

Dennis Muren stellt „E.T." für eine Szene ein. Der ILM-Trickboß ist kein Riese, sondern Wald und Außerirdischer sind Miniaturen

Los Angeles, die funkelnde Kleinstadt

In der Millionen-Metropole Los Angeles wurde ein Mini-Los Angeles geboren. Der stolze Vater heißt Doug Trumbull. Der Regisseur („Brain Storm") und Erfinder („Showscan") war verantwortlich für die (alp)traumhaften Stadtlandschaften in „Blade Runner", für die Miniaturen aller Größen: als Stadtfläche von nur 20 Quadratmetern (für Kamerafahrten aus dem Blickwinkel der Flugautos),

als mannshohe „Gebäude", die mit Tausenden von Radiolämpchen verkabelt wurden, und als Großaufbauten, die (großes Bild rechts) detaillierte Motion Control-Aufnahmen des Stadtbildes erlaubten. Doch trotz aller intensiven Vorplanungen dauerte die Herstellung der Kleinausgaben von Los Angeles bis zur Fertigstellung und Verfilmung sage und schreibe über vierzehn Monate.

Tausende von Kabeln für winzige Lichter

Eine Metropole auf rund 20 Quadratmetern

Alles überragend: Boß Doug Trumbull

Ein „Riese" nimmt Maß

Das Ergebnis: Über das Hochhausgebirge fliegt ein (einkopiertes) Polizeiauto

Doug Trumbull (kariertes Hemd) dirigiert die Motion Control-Kamera über den Studioaufbauten

Eine Stadt wird umgekippt

Ein ganz seltener und ungewöhnlicher Einblick in die faszinierende Welt der Trickstudios: Bis in alle Einzelheiten nachgebaute Großmodelle von Hochhäusern werden schräg aufgebaut und ausgeleuchtet, um die Flugbewegungen der Reklame-Luftschiffe und der Polizeiflugautos in „Blade Runner" möglichst wirkungsvoll in Szene setzen zu können. Diese Drehanordnung veranschaulicht das Ausmaß an technischer Perfektion, das Hollywood von Trickstudios verlangt.

13. Kapitel

Computer Grafik

**Bald macht nur
noch der Programmierer
unser Kinoprogramm**

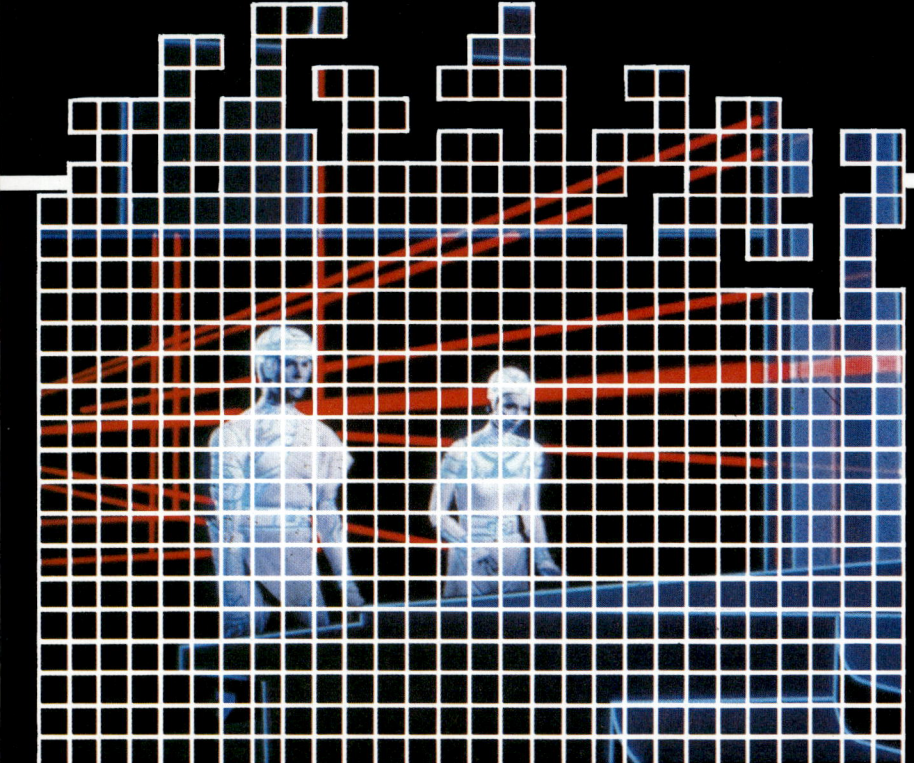
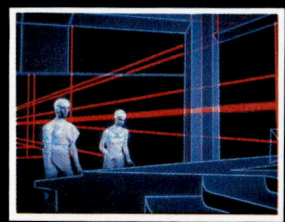

Das Bildmotiv dieses abschließenden Kapitels zeigt eine Szene aus „Tron". Es paßt, weil die geometrischen Raumzeichnungen dieses ungewöhnlichen Disney-Films im Computer entworfen wurden. Und es ist angebracht, weil der Film zum ersten Mal eine Szenerie präsentiert, die uns wohl immer stärker beschäftigen wird: Das Innenleben eines Computers.

Denn diese schnellen Zahlenbrüter haben längst auch die Unterhaltungsmedien penetriert. Musikaufnahmen mit Synthesizern und ihre Wiedergabe mit computerisierten Lasern. Musikvideos, deren Optik ganz der Elektronik entstammt. Fernseh- und Filmaufnahmen, die vom Computer koordiniert, digitalisiert, kreiert werden. Und das gilt auch für die Special Effects, die von

der Computer Grafik, von der Computer-Animation ganz neue Impulse erhalten. Es sieht ganz so aus, als ob über kurz oder lang viele der herkömmlichen Techniken, die in diesem Buch beschrieben wurden, der Vergangenheit angehören werden. Matte und Travelling Matte, Rück- und Frontprojektion, Storyboards und Stop Motion werden wohl die ersten Trickdisziplinen sein, die der Computer obsolet macht.

Vor allem in Los Angeles, in und um Hollywood etablierten sich in den letzten Jahren die Pioniere der Computer Grafik. Denn hier in dem Umfeld von hochspezialisierten Universitäten und künstleri-

schen Einrichtungen gedeiht die Software und die erforderliche Hardware wie an keinem anderen Ort der Welt.

Auf den folgenden Seiten haben wir zusammengestellt, was die Computer heute im Bereich der Unterhaltungsindustrie und vor allem im Film leisten können. Noch ist es nicht wirklich überwältigend: Noch immer sind selbst Supercomputer zu langsam, um Bildabläufe effizienter zu schaffen als dies Film oder Video könnten. Wenn man bedenkt, daß selbst Spitzenprogramme eine Rechenzeit von bis zu einer Stunde für ein einziges komplexes Bild brauchen, kann man sich auch ohne Computer ausrechnen, daß die guten alten Filmkameras noch lange schnurren werden, ehe sie zum alten Eisen gehören.

Hollywood ist der Vorreiter

Schon vor zwanzig Jahren war gelegentlich Computer-Animation auf Bildschirmen zu sehen. Aber das waren Kuriositäten. So richtig los ging es erst mit „Tron", der in einem Computer spielte und für den das Magi-Studio Grafiken elektronisch entwarf. Und durch das 1980 etablierte „Music Television" (MTV), ein Kabelkanal, der innerhalb von fünf Jahren an knapp 30 Millionen amerikanische Haushalte angeschlossen war und durch Computer Grafiken ganz neue Sehgewohnheiten einführte. Kein Wunder, daß die Entwicklung im Umfeld von Hollywood am raschesten vorangetrieben wurde — von einem knappen Dutzend Topfirmen sind allein vier in Los Angeles. Allen voran Abel Research, die schon 1982 mit einem Werbespot für den Softdrink „Seven-Up" Computer-Animation mit Realfilm verband, dann drei Jahre später mit einer reinen Kunstfigur aus der Elektronik, dem „Sexy Robot", Aufsehen erregte und schließlich 1986 den Werbespot mit dem bislang höchsten Sekundenpreis schuf: 750000 Dollar kostete ein 30 Sekunden-Spot für „Hawaiian Punch".

Dann gibt es in Los Angeles die Digital Productions, die verstärkt in die Filmproduktion einstiegen („Der letzte Starfighter") und den reinen Computer-Clip „Hard Woman" mit Mick Jagger entwarfen (r.).

Was die Computer heute leisten können, haben wir auf der folgenden Doppelseite zusammengestellt. Die Ergebnisse sind zwar schon recht erstaunlich, sie werden aber — das darf man als sicher gelten lassen — innerhalb weniger Jahre ganz gewaltige Qualitätsverbesserungen aufzeigen.

184

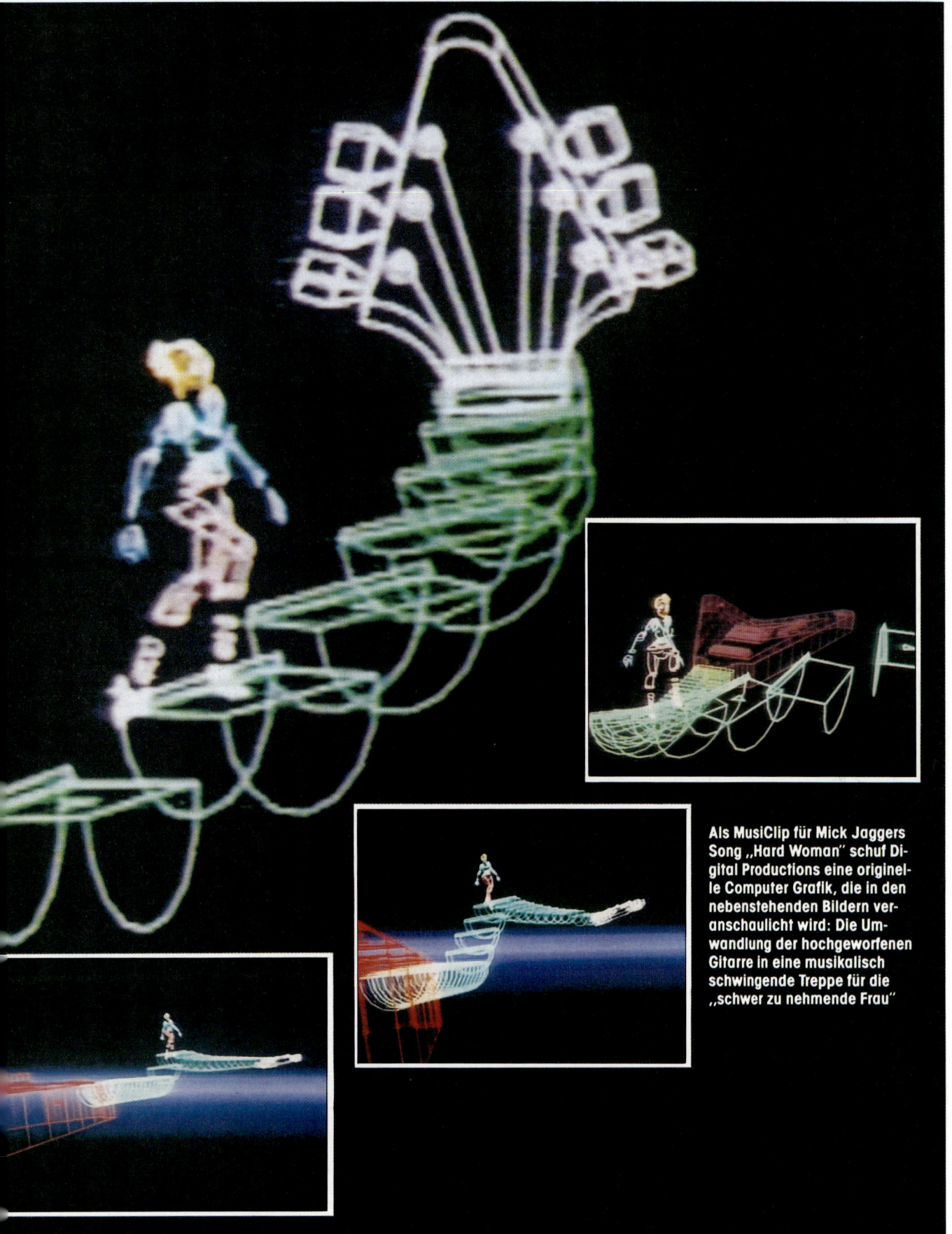

Als MusiClip für Mick Jaggers Song „Hard Woman" schuf Digital Productions eine originelle Computer Grafik, die in den nebenstehenden Bildern veranschaulicht wird: Die Umwandlung der hochgeworfenen Gitarre in eine musikalisch schwingende Treppe für die „schwer zu nehmende Frau"

Das kleine ABC der Computer-Animation

Für Leser, die sich über den Rahmen dieses Buches hinaus in die Materie einarbeiten wollen, hier die Erklärung der wichtigsten Begriffe:

CAD/CAM : Engl. Abk. für Computer Aided Design (rechnergestützte geometrische Bauteilmodellierung, z.B. von Maschinen, Gebäuden und Schaltkreisen, und deren Ausdruck) bzw. Computer Aided Manufacturing (rechnergestützte Fertigungssteuerung, bei der die Materialdisposition und die Betriebsdatenerfassung mitintegriert sein kann). Die Integration beider Verfahren resultiert im Extremfall in der vollrobotronischen Fabrik, in der nur noch der Designer über CAD bestimmt, welche Produkte wie hergestellt werden.

Computer-Animation : Spezieller Anwendungsbereich der Computergrafik zur Produktion filmisch bewegter Bildfolgen ohne Verwendung einer Kamera. Diese werden synthetisch im Computer generiert, berechnet, abgespeichert und dann Bild für Bild auf Film oder Video editiert.

Pixel : Engl. Abk. für: picture element, dt. Bildelement. Je höher die Zahl der vertikalen und horizontalen Bildpunkte (z.B. PAL-Norm: $625 \times 400 = 250\,000$), desto höher die Bildauflösung, aber auch die Rechenkosten. In Studios derzeit erzeugte Bildsequenzen höchster Auflösung enthalten bis $4000 \times 4000 = 16$ Mio. Pixels/Bild (Ausgabe auf 35mm-Film).

Ray Tracing : Fotorealistisches, rechnerisch aufwendigstes Animationsverfahren. Der Verlauf jedes einzelnen Lichtstrahls wird rückwärts von jedem Pixel des Bildschirms aus auf die Objekte hin berechnet und entsprechend der dortigen Verzweigungen des jeweiligen Lichtstrahls (durch Brechungen, Spiegelungen etc.) weiterverfolgt.

Real Time : Berechnung und sofortige Darstellung in Realzeit, d.h. die Bilder werden mindestens genauso schnell berechnet und aufgebaut wie sie gezeigt werden (z.B. PAL-Norm: 25 Bilder/Sek., NTSC-Norm: 30 Bilder/Sek.).

Wire Frame : Objektdarstellung in Form eines 3D-Drahtmodells; dient entweder als Arbeitsschritt bei der Objektmodellierung oder als Mittel, bei Bewegungstests den Rechenaufwand zu reduzieren.

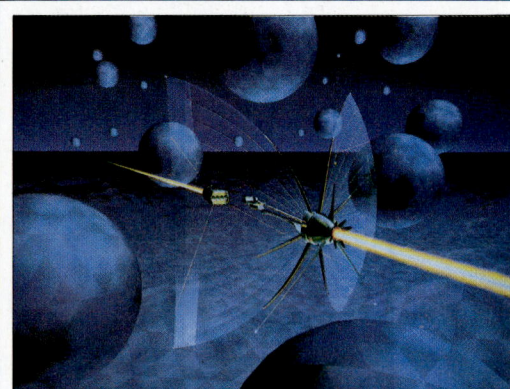

Programme für den Film...

Noch nicht mit dem erwarteten finanziellen Erfolg, aber zum Respekt der Fachwelt stieß Disney mit dem Film „Tron" in die Computer Grafik vor: Vom Magi-Studio wurden traumhaft schöne Szenen entworfen

...Lehr- oder Industriefilm

Die Kombination von Realfilm und Computer Grafik eignet sich besonders für Filme, die Technisches veranschaulichen sollen. Manchmal — wie bei diesem Werbespot für BMW (Steiner-Film) — stammt das gesamte Image aus dem Computer

...Grafisches Design

So hautechte Bilder können vom Computer heute noch nicht simuliert werden, wohl aber die Komposition der Bildelemente. Das ist eine willkommene Bereicherung für Design-Studios, die alle Entwürfe auf dem Bildschirm gestalten können

...Werbespots und Videos

Für Werbespots werden Computer Grafiken schon heute häufig eingesetzt. Links: Der teuerste Computer-Spot aller Zeiten. Die 30-Sekunden-Werbung für „Hawaiian Punch" kostete 25.000 Dollar pro Sekunde. Ein Experimentierfeld sind die MusiClips

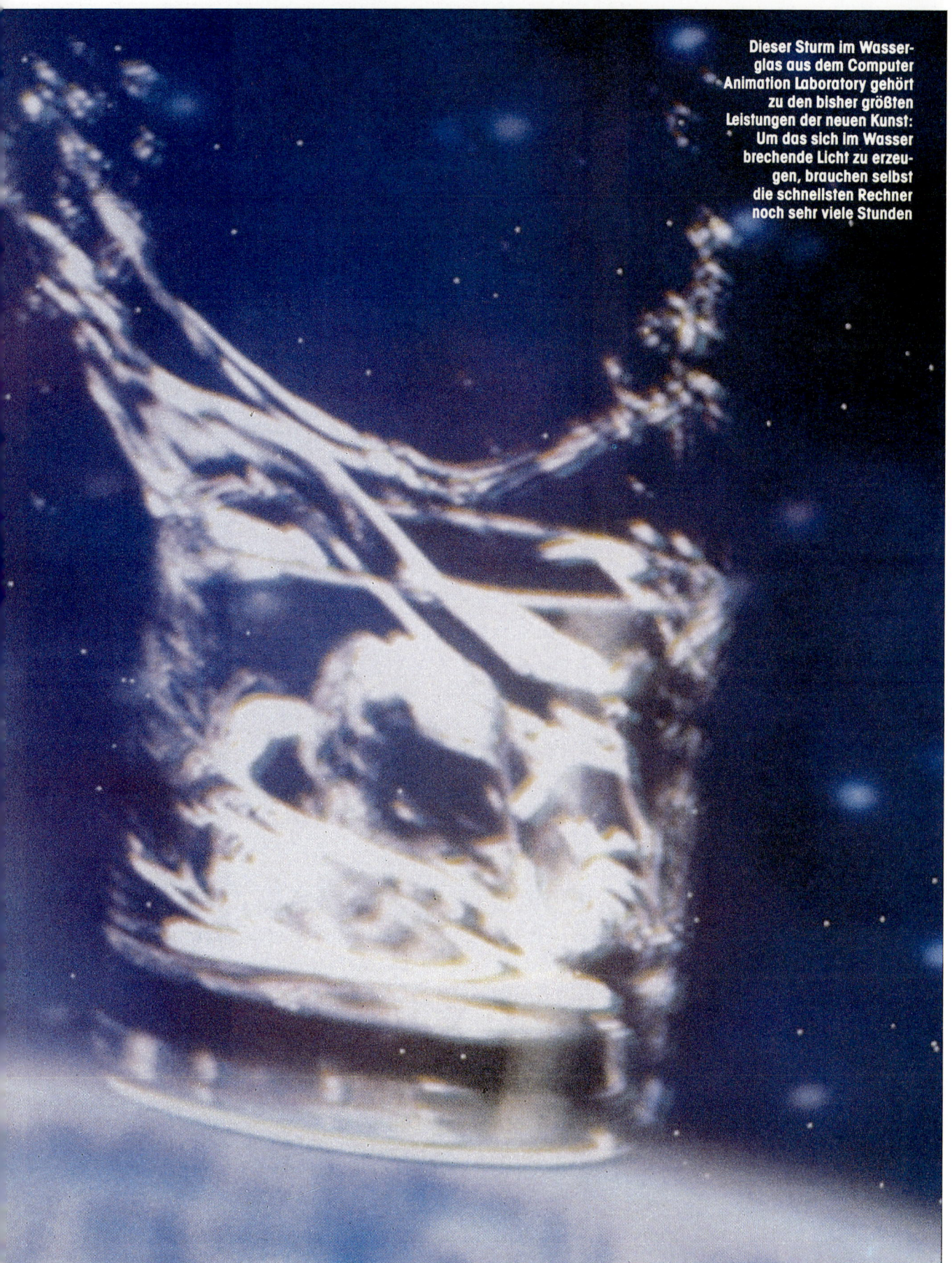

Dieser Sturm im Wasser-
glas aus dem Computer
Animation Laboratory gehört
zu den bisher größten
Leistungen der neuen Kunst:
Um das sich im Wasser
brechende Licht zu erzeu-
gen, brauchen selbst
die schnellsten Rechner
noch sehr viele Stunden

Ausblick in eine
fantastische Zukunft

David Byrne, Ober-Talking Head und Regisseur von „True Stories" ist skeptisch: „Durch die Computerisierung der Unterhaltungsmedien wird sich nichts Grundlegendes ändern. Denn was hier zählt, ist Kreativität und Intuition. Und gemessen an diesen Eigenschaften sind Computer doch verdammte Flachköpfe." Bill Gates, Chef der Microsoft Corporation sieht das anders: „Computer-Entwicklung wird unser Leben verändern. Obwohl er ‚nur' ein Rechner ist, wird der Computer das Ende der passiven Unterhaltung einläuten."

Viele geben ihm recht: Die Computer-Animation wird — so sagen viele — innerhalb des nächsten Jahrzehnts so weitkommen, daß jedermann sein eigenes Programm machen kann. Mehr noch: Er kann sich mühelos in

bereits vorhandenes Programm einspielen. Wollten Sie nicht schon mal Rocky aus den Seilen prügeln? Mit David Bowie Gitarre oder mit Tom Cruise Billard spielen? Sie werden's können, wenn die Experten recht behalten.

Wir werden per Computer Hologramme (dreidimensionale Bilder) schaffen können, die es uns ermöglichen, die längst verstorbene Oma am sonntäglichen Tisch Platz nehmen zu lassen. Oder wir können an Konferenzen teilnehmen, wo wir — umringt von den Abbildern der anderen Teilnehmer — völlig allein sind. „Wer hätte vor 150 Jahren gedacht, daß wir live mit jemanden sprechen können, der am anderen Ende der Welt lebt. Ja, daß wir sogar Leute sehen können, während sie auf dem Mond herumlaufen?", fragt rhetorisch Tony Verna, der Erfinder des Instant Replay bei Video.

Wie sich nun diese Zukunft, die offensichtlich schon begonnen hat, wirklich entwickelt, wissen wir nicht. Sicherlich werden die Computer die meisten Tricks dieses Buchs hinfällig machen. Nicht aber das, was wir an den Anfang unseres gemeinsamen Blicks hinter die Kulissen stellten: Die Macht der Magie.

189

A

John Alcott 33, 150
Irwin Allen 17
Karen Allen *58*
Max Anderson 15, 22, *153*
Julie Andrews . . . . 99ff.
Roy Arbogast 140, 141, 152, *173*
Fred Astaire 150, *151*
Alexandre Astruc 10

B

Rick Baker 123, *130*, 131
Ingmar Bergman 33
Linda Blair 132
Humphrey Bogart 30
Peter Bogdanovich 133
Carol Borland 33
Rob Bottin 123, 143
David Bowie 126, *127*
Marlon Brando . . . . . . 127, 154f.
Charles Bronson 174
Mel Brooks 65, 108
Blair Brown 134
Garrett Brown 97
Tod Browning 33
John Buechler 123
Luis Buñuel 132
Deena Burkett *166*
David Byrne 188

C

James Caan *155*
John Carpenter *41*, 152, 171
John Chambers 123
Lon Chaney 133
Paddy Chayevsky 134
Kirk Cheney *150*
Charles Clarke 40
Henri-Georges Clouzot 132
Francis Ford Coppola 171

David Cronenberg . . 105, 108f., 111
Art Cruickshank 176
Peter Cushing *32*

D

Sybil Danning *128*, 129
Joe Dante 143
Norman Dawn 40
Albert Dekker 28
Cathérine Deneuve 124, 126
Robert De Niro *175*
Marlene Dietrich *35*
Walt Disney 12, 99, 161
Donald Dow 60
Richard Dreyfuss *174*
Linwood Gale Dunn 96, 98
C. Dodge Dunning . . . . 56f.
Dick van Dyke . . . . 99ff.
John Dykstra 15, 59f., 65, 176

E

Clint Eastwood 65
Richard Edlund 62, 106
Farciot Edouart 28
Sergej Eisenstein 10
Harrison Ellenshaw 87, 166
Peter Ellenshaw 87
Jonathan Erland 60
Chris Evans 82

F

Alan Faucher 176
Lou Ferrigno 129
Harrison Ford 8, *58*, 67, *68*, 80
Stuart Freeborn 13
John Fulton 96, 98

G

Abel Gance 31
Bill Gates 188
Mel Gibson 173, 174
H. R. Giger 50
Arnold Gillespie 174
Rocco Gioffre *71*
Whoopi Goldberg *170*
Jeff Goldblum 108f., 111, 150
Cary Grant *96*, *116*
Gary Guttierrez 156

H

Larry Hagman 169
Mark Hamill 15
Ray Harryhausen 161, 163
Rutger Hauer 80
Tippi Hedren 144
Jim Henson 142
Katharine Hepburn *96*
Charlton Heston *59*
Alfred Hitchcock . . . 45, 48, 117, 118
Dustin Hoffman . . . . 126f.
Tobe Hooper 150
James Wong Howe 33
William Hurt 134, *135*
John Huston 158, 172

I

Mark Irwin *108*, 109, 150

J

Fred Jackman 96
Mick Jagger 184
Jim Jarmusch 38
Joe Johnston 46

K

Boris Karloff 30, 55, *58*
Kathy Kean 111
Wallace Kelly 28
Margot Kidder *92*
Stephen King *155*, *158*

Friedrich Knilli 10
Stanley Kubrick . . 11, 13, 26, 33, 50,
. . . . . 121, 149, 150
Gary Kurtz 23

L

Ronald Lace 47
Carl Laemmle 98
John Landis 131
Fritz Lang 12, 26
Dino de Laurentiis 22
Reginald Le Borg 35
Vachel Lindsay 10
Harold Lloyd 117, 121
George Lucas 13, 15, 16f., 18f.,
. . . . . 23, 26, *32*, 106
Bela Lugosi 30, 33
Sidney Lumet 109
Eustace Lycett 11
David Lynch 108

M

Rouben Mamoulian 36
Fredric March 36
Robert A. Mattey 147, 158
Walther Matthau 170
Syd Mead 70
George Méliès 25, 26, 27
Paul Muni 123
Dennis Muren 177
Friedrich W. Murnau 26

N

David Naughton 131
Paul Newman 17
Bruce Nicholson 107
Sven Nykvist 33

O

Willis O'Brien . . . . 162f.
Frank Ordaz 87
Frank Oz 142

P

Mike Pangrazio 85, 87
Gregory Peck 158
Arthur Penn 11
Jack Pierce 132
Bob Pittman 23
Sidney Poitier 115
Sydney Pollack *175*
Roy J. Pomeroy . . . . 56f.
Edwin S. Porter 28

R

Ken Ralston 82, 107
Carlo Rambaldi . . . 23, 50, 133, 145
Christopher Reeve *92*
Dan Richter 121
Dar Robinson 140
Henry Peach Robinson *26*
Ken Russell 134

S

Ilya u. Alexander Salkind 23
Tom Savini 123, 155
Roy Scheider *116*
Ernest B. Schoedsack 13, 28
Eugen Schüfftan 40, 41
Arnold Schwarzenegger 22
Elliott Scott 85
Ridley Scott 68, 70, *80*
Tony Scott 124, 126, 156
Dick Smith . . . 123, 124, 126f., 132,
. . . . 134, *135*
Tom Smith 46, 47
Steven Spielberg . . 14f., 22, 23, 26,
. . . . . *32*, 45, 48f., *58*, 85, 106,
. . . . 145, 158, 171, 174, 177
Raymond Spottiswoode 10
Sylvester Stallone 23, 171
Ringo Starr *162*, 163

Peter Stolz 156
Bill Strothers 117
Max von Sydow *127*

T

Phil Tippet 13
Douglas Trumbull . . . 15, 65, 76, 80,
. . . . . . 174, 178
William Tuttle 123

U

Robert Urquhart *32*

V

Tony Verna 189
Carlos Villarias 30

W

Christopher J. Walas 108, 144
Vernon L. Walker 98
Orson Welles 98
Joseph Westheimer 15
Perc Westmore 123
James Whale 30
Albert Whitlock 59
Richard Widmark 115
Billy Wilder 173
Gene Wilder 115
Frank Williams 93, 96
William Wyler 174

Y

Hoyt Yeatman 111

A

A Clockwork Orange 11
Alien 23, *144*, 173
American Werewolf 123, 131
Amerika (TV-Serie) 176
Ein Andalusischer Hund
    s. Un Chien Andalou
Apocalypse Now 171
Das Appartment 173
Applause 36
Auf der Jagd nach dem
    grünen Diamanten 171

B

Barry Lyndon 33
Beau Brummel 26
Begierde 126, 124
Ben-Hur (1925) 96, 174
Ben-Hur (1959) 174
Beverly Hills Cop 173
Die Bibel s. The Bible
Billy the Kid *10*
Black Moon 15, 22, *153*
Der Blade Runner 8, 68, 78, 80,
    . . . 174, 178, 180
Blue Thunder 111, *116*, 121, *140*
Bonnie und Clyde 11
Brainstorm 178
Bringing up Baby *96*

C

Captain Eo *137*
Caveman 163
China Blue bei Tag und Nacht . . 173
Citizen Kane 98
Columbo (TV-Serie) 170
Conan der Barbar 171, 173
Creepshow *155*
Cujo *158*

D

Dallas (TV-Serie) . . . . 169f.
Der Denver-Clan (TV-Serie) . . . 170
Der Dieb von Bagdad 85
Das Ding aus einer
    anderen Welt 123, 143

Der Drachentöter s. Dragonslayer
Dracula 28, 30, 33, 98
Dragonslayer 144
Dr. Cyclops 28
Dr. Jekyll und Mr. Hyde (1931) . 36f.
Dr. Mabuse 26
Dune 22, 147, 164, 165, 171
Der dunkle Kristall 23, 142

E

Earth vs. the Flying Saucers . . . 163
Easy Rider 58
Der Elefantenmensch 108, 133
Elliott das Schmunzelmonster . . 99
Erdbeben 58, 59
E.T. — Der Außerirdische . . 15, 17,
    . . . . 22, 23, 48, 145, 174, 177
Der Exorzist 23, *127*, 132
Der Exorzist II 132

F

Fantasia 12
Fantastic Voyage 176
Die Farbe Lila 15, 48, 171
Firefox 65, *172*
Flame in the Wind *40*
Flash Gordon *64*
Die Fliege (1958) 108
Die Fliege (1986) . . . 105, 110ff., 150
Das fliegende Auge
    s. Blue Thunder
Der Flug der Phönix 171
Frankensteins Braut 30
Frankensteins Fluch *32*
From Beyond the Grave *136*
F/X—Tödliche Tricks 23

G

Galaxina *137*
Ghostbusters *50*, *51*, *64*
Ghoulies *51*, 123
Der Glöckner
    von Notre Dame (1925) . . . 133
Godzilla *51*
Der Golem 26
Das Grauen aus der Tiefe
    s. Humanoids of the Deep
Gremlins *51*, 108, 111, 139
Der große Eisenbahnraub 28

H

Hanky Panky—
    Der Geisterflieger . . . . . . 115f.
Hawaii 98
Herbie dreht durch 152
Herkules *128*, 129
Der Höllentrip . 127, 133, 134ff., *136*
Howard...ein tierischer Held . . . 23
Humanoids of the Deep *133*

I

Das Imperium schlägt zurück . . 13,
    . . . . 53, *64*, 97
Indiana Jones und der Tempel
    des Todes . . 23, 67, *84*, 85, 177

J

Jäger des verlorenen Schatzes . . . 47
Jenseits von Afrika *175*

K

Das Kabinett des Dr. Caligari . . . 26
Kampf der Titanen *137*, 163
Kampfstern Galactica 65, *137*
King Kong (1933) 13, 93, 98,
    . . . . . . 162, 163
King Kong (1977) *145*, 173
Die Klapperschlange *41*, 171
Krieg der Sterne . 15, 17, 55, 58, 59,
    60, 62, *64*, 65, 86f., 103, 106, 164
Krull *64*

L

Leoparden küßt man nicht
    s. Bringing up Baby
Lethal Weapon 140, *153*, 173

Lifeboat 117, 118
Little Big Man 126
Little Miss Marker 170

M

Maniac 123
Der Mann
    mit den Röntgenaugen *137*
Mark of the Vampire 33
Mary Poppins . . . . 87, 99ff.
Die Maske 133
Metropolis 12, 26
Miami Vice (TV-Serie) 170
Mighty Joe Young 163
Mission *175*
Missions of California *40*
Moby Dick 147, 158
Der mysteriöse Dr. Lao . . . 123, *137*

N

Nachts, wenn
    die Leichen schreien *137*
Napoleon 31
1941—Wo bitte geht's
    nach Hollywood? 177
Nosferatu 26
Nummer 5 lebt!   s. Short Circuit

P

Panik um King Kong
    s. Mighty Joe Young
Der Pate I+II . . . . 127, 154f.
Die phantastische Reise
    s. Fantastic Voyage
Planet der Affen 123, *175*
Planet des Schreckens *136*
Poltergeist . 92, 104, 105, 106f., 150
Projekt: Brainstorm   s. Brainstorm
Psycho 173

Q

Quo Vadis 87, 174

R

Rache aus dem Reich der Toten . *136*
Rambo 23
Rambo II 155, 171
Raumschiff Enterprise
    (TV-Serie) *105*
Die Reise zum Mond 27
Ein reizender Fratz
    s. Little Miss Marker
Roar 144
Rocky IV . . . . 23, 171f.
Royal Wedding *151*
Die Rückkehr der Jedi-Ritter . . . 15,
    . . . . .20f., *54*

S

Safety Last 117
Scanners *11*, 127
Die Schatzinsel 87
Das Schwarze Loch . 60, 87, 164, *165*
Short Circuit 111
Silent Running 65
Silverado 171
Sindbads siebente Reise
    s. The Seventh Voyage of Sinbad
Something Wicked
    this Way Comes *173*
Spaceballs 65
Spartacus 87
Spiel mir das Lied vom Tod 174
Staatsanwälte küßt man nicht . . . 60
Starfight 184
Starman 141
Star Trek 65
Star Trek IV 82
Der Stoff, aus dem die
    Helden sind   s. The Right Stuff
Stranger than Paradise 38
Die Straßen von San Francisco
    (TV-Serie) 170
Die Sunny Boys 127
Superman . . . 23, 53, 90, 92f., 94f.,
    . . . . 98, 177

T

Der Tag, an dem
    die Welt unterging 17
Taxi Driver 127
Die Teuflischen 132
The Bible 172

The Devil and Max Devlin *136*
The Ghoul *58*
The Howling 159
The Return of Dr. X 30
The Right Stuff 156
The Seventh Voyage of Sinbad . . 163
Das Tier   s. The Howling
Tootsie 133
Top Gun 156
Tron 164, 166f., 184, *186*

U

Uhrwerk Orange
    s. A Clockwork Orange
Un Chien Andalou 132
Under Fire 171
Unheimliche Begegnung
    der dritten Art 23, 171, 174
Unheimliche Schattenlichter . . . 143
Die unheimlich verrückte
    Geisterstunde   s. Creepshow
Der unsichtbare Dritte *116*

V

Die Vögel 144

W

Der Weiße Hai 15, 23, 147, 158
Der Wüstenplanet   s. Dune

Z

20000 Meilen unter dem Meer . . . .
    . . . . 147, 158
Zwei stahlharte Profis
    s. Lethal Weapon
2001 — Odyssee im Weltraum . . 13,
    . 26, *50*, 58, 119, 121, 147ff., 150
2010 — Das Jahr, in dem wir
    Kontakt aufnahmen *64*
Die 12 Geschworenen 109

Impressum

Herausgeber:	Dirk Manthey
Autor:	Elmar Biebl
Gestaltung:	Heico Forster, Andreas Berneike
Herstellung:	Andreas Berneike
Illustration:	Heico Forster
Fotos:	Archiv cinema, Archiv Elmar Biebl, Volker Correll, Tracey Willfong, Gregor Wolf
Satz, Lithos:	Dreisatz GmbH, Hamburg
Druck:	Westermann druck GmbH, Braunschweig
Verlag:	Kino Verlag GmbH
	Milchstr. 1
	2000 Hamburg 13
	Tel.: 040/41 41 020
	Telex: 2 164 084 cid
Copyright:	© 1987 Kino Verlag GmbH
	ISBN 3-89324-025-X